人文之蕴

北京记忆丛书

刘凤云　江晓成　张一弛 著

北京城的空间记忆

中国人民大学出版社

·北京·

中国人民大学人文北京研究中心（北京市人文北京研究基地）
组织编写

本书为北京市社会科学基金项目
"厚德载物与人文之魂：北京史迹研究"（项目编号：12LSB008）成果

总序

　　记忆，是最稀松平常的东西，在广泛意义上，所有生命体每时每刻都在产生记忆并留存下来影响存在，不管是有意还是本能，可以说生命活在记忆中。记忆，又是最意味深长的东西，对于人而言，它是一切认知和行为的基础，每一点滴的常识、情感、经验和智慧都离不开它的支持，所以，亚里士多德说记忆是灵魂的一部分。和记忆相伴的是遗忘，同样不管是有意还是本能，它总在发生。把该记的记住该忘的忘掉，是人类一直以来的愿望和追求。

　　大约百年前，有学者提出了集体记忆，后来逐步演化出国家记忆、城市记忆、乡村记忆等概念。比如城市，它是人群及其必需的自然、物质、社会等条件的合成，每一个城市如同一个生命体，有血脉、代谢、欲望和性格，也自然会有记忆和遗忘。这是一种特定的集体记忆，寄附于特定的时间和空间，由城市所有的人和物造就，有建筑、景物，有文字、图片，有习俗、风尚。与个体相比，集体记忆更需要人为建构，由于其记忆系统和影响因素极为复杂，故而记忆和遗忘的控制愈加艰难。

就说北京吧，纵着看，三千多年建城史，悠久绵长，八百多年数代都会，历经更迭；横着看，方正大气，精英荟萃，帝都气象。北京有多少记忆没人说得清，历代的版图、建筑、文献、艺术、习俗和传说遍布京城天地之间，各处缝隙，造就了北京独一无二的古今面貌与气质，融化在一代代北京人的性情中。在郁达夫笔下，北京"典丽堂皇，幽闲清妙"，是"五六百年来文化所聚萃""一年四季无一月不好"的地方；在老舍心中，北京好过欧洲历史都城伦敦、巴黎、罗马、君士坦丁堡的任何一处，北京的"每一小的事件中有个我，我的每一思念中有个北平"。

然而，北京也在自觉或不自觉中恣意遗忘。远的不说，明清以来的皇城古建已所剩无几，胡同、四合院、茶馆、庙会等北京符号黯然褪色，不少传统习俗和特质也渐渐有形无核，有腔无韵了。在现代化的滚滚车轮中，北京的变化之快让人喝彩，也让人感叹。著名古建筑学家罗哲文先生说，如果这一片古城可以存留至今，那将是世界上唯一得以完整保留，规模最宏伟、气势最磅礴的历史文化名城，就连今日之巴黎、罗马也难以企及。这个"如果"包含了多深的遗憾！洪烛先生将所著《北京的前世今生》一书前言命题为"找不着北京"，文中连连用了二十多个"找不着了"叹息老北京的失去。网上一组北京老照片的题目是："看哭了所有北京土著的60张照片！"马路、报廊、百货店、理发摊，那些本是昔日北京平常的景象，为什么要哭？当然，只是因为它们已成为过往，成为曾经陪伴一代人的记忆。

在惋惜、怀旧之余，很多北京人想为挽留北京随时发生的失去做些什么。除了传统的收藏、研究、著述之外，"北京土著""皇城根儿""最爱大北京"等一批网站、微信公众号相继上线，点点滴滴地挖掘和留下北京的过往。"老北京拍记队"抢在胡同拆迁的推土机到来之前拍摄和考察，留下了上千条胡同的七十多万幅照片和数千万字的文字资料。他们想通过图像在网上建立一个胡同的完整世界，他们用业余时间耗心耗力耗财，执着地为北京建立一份"世俗档案"。

中国人民大学人文北京研究中心肩负北京人文研究与传承之使命，如何兼顾书斋耕耘与大众分享？如何集跨学科之力面向过去与未来？大家思虑斟酌后开始做一件"力虽不逮志有余"的事，建立"北京记忆"数字资源平台。我们将北京历史文化这个大至无边的宝藏分解为类别和专题，逐一追寻、解析、展示，并和网友互动，希望经年累月形成一个用图文声像述说北京的资源集，让散落于今夕各方的北京集体记忆多一种相对集中的承载和时空传播的可能。其中尤为耗费心力的是"前站后库"模式，即在专题展示和大众互动网页的后台建立一个尽可能丰富的数字资源库，搜集相关图书、档案、报纸等文献、图片及口述、调查记录资料，经过数字化、著录等加工，使之成为可检索、可关联的活资源。

于是，研究员们带领同样热爱北京历史文化的学生们，蹲图书馆档案馆，访知情知底人，走原址看现貌，盯住一个个专题穷追不舍，竭力网罗，细心推敲，最终各自形成一对成果：线上专题网页及资源汇集，线下纸版图书。与"北京记忆"数字资源平台相对，我们把线下图书总汇定名为"北京记忆丛书"，这套丛书因作者和专题不同可能风格有异，但可以肯定的是，每一本都力图还原一方真实，唤起一种记忆。

在这个过程中，研究员们最深的体会大概集中在两方面。一是被北京文化的浩瀚与厚重所震撼和感动，越来越醉心其中，乐此不疲，享受陶冶与意义感。台湾大学数位人文中心主任项洁教授曾问我这个项目的边界，我以为它无边无界，宽广与深厚无限，有北京就有记忆，人们可以寄情寄趣一直续写下去。二是为与北京发展并发的失忆而惋惜和焦虑，不但是建筑街区，还有很多文献记录、技艺传说、民俗文脉不知所向，几乎每一个专题都要面对资料缺失的困惑和历史空白点。上个月我们访问了京郊爨底下村，这个被称为"黄河以北地区保存最为完好的明清古民居建筑群"排列井然，错落有致，基本上保存了原貌，然而关于这个村的历史文化，村民大多语焉不详，我们几乎找不到稍早一点的图文资料了。村支书带着遗憾和焦急告诉我们，近些年虽然旅游红火，但是丢了不少祖宗的文化，赶快抢救一些传给后人才好！

怀揣着对北京的深深敬意，我们愿意和这位村支书以及钟爱北京文化的所有人一道寻找、抢救、积累和传承。

冯惠玲

2017年5月

前言

北京，是一个永远说不完的故事。

北京的人文，是一座永远挖不完的宝藏。

近年，随着人们对中华文明的关注，北京文化及其历史的发掘与研究也越来越受到人们追捧，而北京的活力就在于它承载了深厚的人文底蕴。

城市，本是现代文明的投影，是被人们赋予现代性理念最多的地域空间，但不可否认的是，作为城市的重要要素和基本构成的城市建筑，在历史发展的长河中承担了保留住长时段历史信息的作用，是城市留给我们的带有尘封味道的记忆，而正是历史与现代性在城市的记忆与现实中的不断重构，使城市成为连接传统与现代的空间，使得城市的人文话题得以绵延。

中国是一个有着悠久历史的文明古国，人们对"人文"的认识也一如我国古老的文明一样悠久。"人文"作为一种文化现象，是人类一个民族或者一个群体共同具有的价值观及其规范，而通过聚焦城市中的建筑，我们可以在城市中发现历史的轨迹，这其中蕴含着城居者的思想理念和价值判断，是一个时代人文文化的集中表现。

一、中国历史语境中的"人文"思想

近年，人们对"人文"概念的话语形构，多以"人文精神"作为其概括，并于1993—1995年间开展了以寻求"人文精神"为主题的大讨论，这场讨论虽然是人文知识分子基于对在市场化过程中人文精神是否失落等问题的担忧，进而表达对道德价值重建的诉求，却也正是在对"人文精神"重塑的呼吁中，对其概念的思想内涵有了进一步的梳理。诸如，有学者指出："人文精神是一种普遍的人类自我关怀，表现为对人的尊严、价值、命运的维护、追求和关切，对人类遗留下来的各种精神文化现象的珍视，对一种全面发展的理想人格的肯定和塑造"[①]，明显强调了"人文精神"中的"人道""人本"内涵及其对所有精神文化的包罗。张汝伦认为："实际上人文精神是一切人文学术的内在基础和根据"[②]，强调这一概念中的中国内涵及其活力。但是，何为"人文精神"？它与欧洲启蒙运动中的"人文主义"又是怎样的关系？诚如张颐武所言，"人文精神"的概念在众多的讨论中并没有得到过明确的表述。[③]

---

①韩星. 儒家人文精神. 西安：陕西人民出版社，2012：2.

②张汝伦. 人文精神是否可能与如何可能？//罗岗，倪文尖. 90年代思想文选：第1卷. 南宁：广西人民出版社，2000：317-318.

③张颐武. 人文精神：最后的神话//罗岗，倪文尖. 90年代思想文选：第1卷. 南宁：广西人民出版社，2000：350.

近年，颇为流行的现代新儒学认为，"人文精神"就是中国文化的精神，亦即儒家的精神。其代表人物徐复观提出，儒家的"内在的道德性之沉潜陶铸的工夫，下开宋明的理学心学，以形成中国'道德性的人文主义'的基点"①。同时认为，如果从中国文化中找其本源，相对于西方人文主义的"范围狭而特性易见"的特点，被赋予儒家精神内核的中国人文主义不仅范围广泛，且内容也不易举全。

对于多数学者而言，在对"人文精神"的溯源中，则是接受并认同了西方文艺复兴乃至古希腊时期的"人文主义"。②但由于人文的话语在中国可以追溯到先秦儒家的经典《易经》，故中国的人文话语不可避免地有儒学与人文主义、启蒙以及现代性等问题的碰撞与牵缠。也就是说，人文、人道、人本虽是西方的现代概念，却也是中国的古老词汇。学界对"人文精神"定义的模糊与游移，恰恰说明人们对人文概念的把握中不仅融入了西方的现代性，而且也将中国古代的思想纳入现代的"人文精神"中。

这里，我们尝试使用"人文"一词去叙述并解读北京的历史故事，只是要把人文概念作为一种思想资源，而不欲作理论与逻辑上的探讨。因此我们对人文话语的把握偏重于对中国文化的应用。为了叙述方便并自成逻辑，这里将从中国古代的典籍开始叙释，并作四点说明，也可视

---

① 徐复观. 中国人文主义精神之阐扬. 北京：中国广播电视出版社，1996：201.

② "人文主义"来源于英文humanism，英文的这一词汇来自德语humanismus，系尼采于1808年讨论教育问题时所创，其源头来自古罗马哲学家西塞罗，有"人受到的文科教育"之意。半个世纪后，历史学家乔治·伏伊格特于1859年出版其《人文主义的第一个世纪》一书，首次将人文主义用于文艺复兴，翌年，瑞士历史学家雅各布·布克哈特的《意大利文艺复兴时期的文化》，确定了文艺复兴与人文主义的同一性。此后，人文主义广泛流行，尽管解释稍有不同，但以人文主义肯定人性和人的价值，充分发挥人的个性为核心的观点，成为大多数人的共识。

为我们对中国古代人文内涵之包容性的一点认识。

其一，"人文"一词最早不仅见于儒家经典《易经》，而且也被儒家置于"礼"的解释介绍中。《易经》有曰："刚柔交错，天文也。文明以止，人文也。观乎'天文'以察时变；观乎'人文'，以化成天下。"[①]这里十分清楚地阐明了天文与人文、人文与文明之间的关系，文明即是人文，而人文的作用则是教化天下。至于何为人文？唐代大儒孔颖达在《周易正义》中说："言圣人观察人文，则《诗》《书》《礼》《乐》之谓，当法此教而化成天下也"[②]，明确提出了"诗""书""礼""乐"四者为人文的元素，并将其视为可以规范天下秩序的思想。宋代理学家程颐进一步阐释曰："天文，天之理也；人文，人之道也。天文谓日月星辰之错列，寒暑阴阳之代变。观其运行，以察四时之速改也。人文，人理之伦序，观人文以教化天下，天下成其礼俗，乃圣人用贲之道也。"[③]

这里进一步明确了"天文"关乎自然，是自然界的秩序，而"人文"则是人理，是人类社会的伦序、礼俗。

毋庸置疑，在儒家的眼里，"人文"是服务于政治的，是"道"，也是"礼"，故孔子主张"克己复礼"，就是意在克制自我的欲望，遵从周王所制定的"礼制"。孔子的所谓"非礼勿视，非礼勿听，非礼勿言，非礼勿动"，都是以约束限制个人意志为前提的。而自汉代董仲舒的"独尊儒术"思想被汉武帝用于国家意识形态后，儒家的"礼"又被升

①周易正义：卷3. 王弼，注. 孔颖达，疏. 北京：北京大学出版社，2000：124.

②同①.

③程颢，程颐. 二程集·周易程氏传：卷2. 王孝鱼，点校. 北京：中华书局，1981：808.

华为表达国家秩序及皇帝权力的思想文化，宋代理学家尤为明确了个人面对礼的位置。朱熹有"学者须是革尽人欲，复尽天理，方始是学"[1]的说教，完全剥夺了人的基本要求和意志。

那么，能否将这种禁锢个人自由、有精神枷锁作用的文化视为"人文精神"呢？当然，这不是具有现代性的"人文精神"，但却是中国古代士大夫的"人文"世界，他们的"人文精神"就体现在"道统"上。"道统"决定了他们的思考是建立在如何缔造人顺乎天的社会秩序上的。他们是古代中国人文思想的一个组成部分。

其二，中国古代的"人文"与西方的"人文主义"确有异曲同工之妙。诸如，在孔子强调的以"礼"和"仁"为核心的思想体系中，包括了伦理观与道德观。即孔子的"仁"，包含着"修身"与"事亲"，他所谓"仁"的基本含义就是"爱人"，这种"爱人"是基于自身修养并发自于人的内心的，是符合人的本性的。而且，他强调了人的主体地位，不再唯天命是从，又将仁与人之自然天性联系起来，即不仅重视礼的形式方面，更强调了对礼的自觉。这应该被视为古代思想家们有关"人文"的理解的重要内容。这种思想与西方强调的"人本"，即"以人为本"，以及"人道"提倡的以人为中心的自由、平等、博爱等价值观，不能不说是何其相似乃尔。

此外，在孔子的"礼"中，还有对人与人之间关系的关照。正所谓"礼之用，和为贵"。又说："博学于文，约之以礼，亦可以弗畔矣夫。"这是要求人们习礼以养成以"和"为价值标准的社会伦理道德。理学家

朱熹也强调："修身以上，明明德之事也。"并把作为内圣的"修身"置于"齐家""治国""平天下"的"外王"之先。这不难说明，在中国传统文化的广博庞杂的体系中，实则有着与近代"人文主义"相近的文化内涵，尽管世界各个国家的历史道路不同，但是人类文明的脚步、文化的历程却有着某些相似性。

其三，在古代文人对"人文"的认识中，有将"人文"视为文化总汇或文化渊薮的思考。如南北朝时期文学理论批评家刘勰在其《文心雕龙·原道》中说："人文之元，肇自太极。"太极及其八卦，是基于文化发源之角度的考虑，同时也将道家文化揽入其中。唐代大诗人白居易说："夫文尚矣！三才各有文，天之文，三光首之；地之文，五材首之；人之文，六经首之。"[①]诗人所说的人文又是泛指文章、典籍，当为文化之属，但是他同时认同儒家的经典当居人文之首。至清朝，康熙年间的内阁学士徐秉义曾言："我皇上缵承丕基，重熙累洽，典谟风雅之篇。故老名儒之说，循环乙夜。而熟讲于经筵，念终始典于学，以观人文之化成。"[②]这里则是将人文视为古代政治文化的总汇。故而，可以说中国历史上对"人文"的解读是有差异性的。

其四，在17—18世纪的中国，人性、人伦、人道亦同样受到士大夫的关注和倡导。当西方的文艺复兴运动直接排除了中世纪上帝创造世界的神的意志，使人重新成为历史的主角时，中国的士大夫亦有对于"人"的个性解放的心灵呐喊。例如，被誉为明末杰出思想家的李贽有言："夫私者人之心也，人必有私而后其心乃见，若无私则无心

①白居易. 白居易集：第3册. 北京：中华书局，1979：960.
②徐秉义. 内府藏书记//贺长龄，魏源. 清经世文编：卷56. 北京：中华书局，1984：1425.

矣。"① "虽大圣人不能无势利之心。"②在《答周二鲁》中，李贽表达了对人格、人性的认识，他说："士贵为己，务自适。如不自适而适人之适，虽伯夷、叔齐同为淫僻；不知为己，惟务为人，虽尧、舜同为尘垢秕糠。"③他针对朱熹"存天理，灭人欲"的说教，提出了"穿衣吃饭，即是人伦物理；除却穿衣吃饭，无伦物矣"的平等思想。④此外，同一时期的流行小说《三言二拍》，在内容上是以情感为线索突出了人的欲望与人的价值的，表达了作者冯梦龙对人的本质上的认识与理解。

到了清代，在各种社会因素的推动下，人文、人本的思潮更加四溢。在文学界，蒲松龄所写的《聊斋志异》、吴敬梓所作的《儒林外史》、曹雪芹所著的《红楼梦》等，都可被视为强调人性的人文之作。而同类代表人物还有风流才子袁枚、考据大师戴震等。

尤其是袁枚，他承袭晚明启蒙思想之遗风，尊孔而疑孔，入俗又超俗，是传统社会中思想叛逆的代表人物。他在诗坛中提倡"性灵说"，主张直抒胸臆，写出个性和个人的"性情遭际"，其核心便是重情，即重视人的自然情感。他提出"人欲当处，即是天理"⑤，承认人的正当欲求。为追求这种个人的自由，他弃官不做，构园野居，悠游其间。而且，他公开承认自己"好味""好色""好货"。

与袁枚相较，戴震是另一类型的倡导"人道"与"人本"的学者。在他的一部重要著作《孟子字义疏证》中，戴震通过训诂字义和注经的

---

①李贽.藏书.北京：中华书局，1959：544.

②李贽.道古录：卷上.//张建业.李贽文集：第七卷.北京：社会科学文献出版社，2000：358.

③李贽.焚书·续焚书校释.陈其仁，校释.长沙：岳麓书社，2011：442.

④同③543.

⑤袁枚.再答彭尺木进士书//小仓山房文集：卷19.南京：江苏古籍出版社，1993：340.

方式，明确提出"体民之情，遂民之欲"的社会理想，阐述其"人本"的主张。在批判禁欲主义的同时，戴震还倡导情感哲学。他说："理也者，情之不爽失也，未有情不得而理得者也。"[①]"生养之道，存乎欲者也；感通之道，存乎情者也；二者自然之符，天下之事举矣。"[②]梁启超在《清代学术概论》中评论戴震说："《疏证》一书，字字精粹"，"与欧洲文艺复兴时代思潮之本质绝相类"，"其志愿确欲为中国文化转一新方向。其哲学之立脚点，真可称二千年一大翻案。其论尊卑顺逆一段，实以平等精神，作伦理学上一大革命，其斥宋儒之糅合儒佛，虽辞带含蓄，而意极严正，随处发挥科学家求真求是之精神，实三百年间最有价值之奇书也"[③]。

二、北京古都的"人文史迹"

揆诸人类历史，不难发现城市化和城市现代化的历史一直是同人类的进步以及"人文"的不断积累联系在一起的，任何一座城市都无法割断它自身的历史和古老文明的联系，而古今中外的城市发展史都在证明，城市的魅力是以其"人文化"的程度为权衡的。

在今日的北京，不难看到高楼大厦林立，剧院、博物馆、音乐厅、咖啡厅等文化及休闲设施应有尽有，并新建了西单金融街、建国门商务圈、鸟巢奥运场馆等。但是，它们都属于现代文明，而非一个古都的

---

①戴震.孟子字义疏证：卷上//张岱年.戴震全书（六）.合肥：黄山书社，1995：152.
②戴震.原善：卷上//张岱年.戴震全书（六）.合肥：黄山书社，1995：10.
③梁启超.清代学术概论.上海：上海古籍出版社，1998：41-42.

"人文"建筑。诚然，北京同时也加强了对历史文化的保护，大力实施"民居修缮工程""胡同整治工程"，积极推进"四合院修缮整治工程"和"名人故居会馆的保护修缮和开发利用"，有效保护了北京的历史风貌，也在努力彰显古都的人文底蕴。但在加大公共文化投入的同时，更要注意挖掘古都自身悠久而醇厚的历史文化，也即城市自身的人文文化，这样方能保持城市自身的个性，特别是要突出城市精神的元素，如此这个城市才能够拥有永久的魅力。

从历史路径来看，一个城市的品格，既来自历史进程中的自然积累，也来自时代的需求和人的培育。而在今后城市的发展中，将传统"人文"的精华注入城市建筑及城居者的素质培育上，当是一件最值得重视的事情。

那么，如何更彻底、更精准地清理和发掘历史赋予北京的城市品格和特质呢？与其从书本上、从对国外现代化建筑的参照上来进行这项工作，不如回到北京城市的自身。为此，我们将以叙史的方式，复活文物古迹的历史精神，从中阐发作为现代城市要素的人文意识，使建筑古迹不再只是一个存在着的物体，而是展现历史场景并与时人共建城市文化生态的人文场域。为此，本书所言之"人文"是广义的，囊括了中国传统文化的所有"思想资源"，在一定意义上超出了前文所述学界对"人文思想"的涵盖与界定。但就研究选材而言，本书将关注以下几个话题：

一是，城市布局凸显了"礼"制下的权力序列。北京作为一个历经千年之久的古都①，有着悠久的文明和灿烂的文化，积聚了中国传统城市

---

①本书认为，北京作为首都的时间应从辽朝938年在此建燕京计算。详述见第一章。

的人文精髓，同时其城市样貌又是由辽朝的契丹、金朝的女真、元朝的蒙古、明朝的汉、清朝的满等诸多民族汇集、交融形成。可以说北京城的每一寸土地都散发着中华民族的人文气息。但是，值得关注的是，这个由不同北方少数民族与汉族建造的都城，几乎无一例外地注重儒家的"礼"制，并在"礼"的规范下打造了城市的空间。即便是今日已不复存在的辽、金、元的都城遗址，同样可以依稀从中辨别出儒家文化的印迹，其已经形成规制的"方形城"俨然是一个模板，而自宫城、皇城，到内外城（包括子城）的空间等级序列，正是"礼"对权力及其等级序列的赋予。这既是中华多民族统一国家的文化交融的象征，也是中国人文思想中"道统"的体现。

二是，城市的坊巷街区所体现的空间秩序。尽管代表传统城市特征的城墙与护城河在北京已经风光不再，但是，棋盘式的街道、纵横交错的胡同等，大多以旧有的风貌和形式承载着人文的内容。

街道布局一向是城市规划的重点，也是构成城市整体空间布局的关键。所谓"平治道路，王者所先"，可以考诸历史资料的元大都就是按照《周礼·考工记》为蓝本构建的城市。在街道规划上，元朝的蒙古人遵照了"国中九经九纬，经涂九轨"的设计，形成了纵横交错各九条大街的格局。在此基础上，明朝在修建北京时增加至十六条大街，南北纵横，构成了城市交通网络的干道。而清承明制，在城市道路规划上未做改动。

此外，北京城还有许多的"胡同"经纬交错。这些胡同同样也形成于元朝。《析津志》中记载，元大都有"三百八十四火巷、二十九衖通"。它告诉我们，元朝时"衖通（胡同）"有29条，而明人张爵于

《京师五城坊巷衙衙集》中列举的近1200条街巷中，称"衙衙"（胡同）者有464条，相对于元朝已多出15倍。可见，明朝沿袭了元朝的街道建设风格，进一步增建胡同。进入清代，称"衙衙"者又较明朝增加一倍多，为1121条。这些胡同多东西走向，宽度在4～7米之间。

这足以表明，在北京城的规划及建设中有着多民族人文元素的存在，并有民族文化之间的交融。但最重要的还是这些胡同的名字，它既是历史上的一个符号，也是人文在地域空间的印记，是家户屋宇之外的公共空间，充满了生活的气息。所以，每一条胡同都是一部完整的日常生活史。特别是那些有着"故事"的胡同，它们无疑已成为北京城人文记忆的一个部分。

此外，在北京的西城还有一个最能代表传统"人文"精华的社区，即"宣南"社区。这个社区以"琉璃厂"商业文化街为中心，周围聚居着清朝汉人在京旅居的众多士大夫。因位于宣武门以南，故称"宣南"，又因这里文人荟萃，是创造传统"人文精神"的一个重要场所，又有"宣南文化"之称。而"宣南文化"已然成为清朝"人文精神"的象征。

三是，商业空间的伸展进而对城市格局及文明产生了影响。明清时期，北京城不仅是一个政治、文化的中心，也是一个商业发达的城市。悠久的历史，繁盛的人口，诸多的旅人，都令这座城市蕴含了相当庞大的商业潜力。而北京当地的物产亦颇多著称于世者，进一步催生了本地的商业文化。商业在这座城市中，一直不仅仅是一种获取利益的手段，它受到了以人文特质为核心的城市文化的影响，进而被改造、被纳入到了北京文化的体系中。这种改造的洪流异常强力，使得北京城在商业上成了海纳百川的城市，这在历史上不难找到相关的例证。

诸如北京有许多耳熟能详的"老字号","同仁堂"药铺是浙江人所开，"瑞蚨祥"绸布店是山东人所开，钱庄票号是山西人的专利，"北京的漆铺大半都是山西买卖"，"翎子这行买卖，向来是山西人所作"。而在饮食方面，北京的传统饮食也是来自四面八方，烤鸭来自山东，萨其马源于东北，火锅的走热也与满人有着密切的关系。但这些都不妨碍它们冠名北京，被纳入北京的文化之中并成为北京城市的人文特色。

虽然在明清历史上，北京城市的商业活动出现过许多新的现象，处于不断变动的状态中，但是人文思想始终与商业活动之间存在密切的相互作用。其最终结果是，城市商业活动一直在城市的文化轴线附近游走，构成了城市文明的一部分。商业空间影响着人们在城市中的文化体验，其中庙市就是一个鲜活的范例。在中国，商业与文化在庙市中并非是彼此孤立的，商业活动为文化活动吸引了城市居民的关注，令文化因素更方便地介入到城市居民的生活中去。

但北京商业空间的兴盛，从根本上说还是与北京城市中"王朝首都""天下中心"的文化特征紧密结合起来的。工商业的兴旺，表现在商业网点对城市社区（街巷胡同）的渗透，而且商业场域还扩大到了北京城的周边，诸如通州城就切实表现出一个为首都服务的商业城镇的功能和性质。

四是，政治权力与政治体制对古代城市的影响无处不在，而这一点又与出入庙堂的文人官僚有着直接的关系。作为人文层面上的意识，历史文化的底蕴同群体的历史记忆与传承密不可分，而历史记忆、对历史文化的认知，则同历史文化的沉淀与再阐发有着密切的联系。那么，能够对这种记忆进行认知并阐发的人，无疑是那些掌握文化知识并具有一定话语权的文人官僚以及士大夫群体。在古代中国，士大夫群体包括那些入仕成为官僚的文人，他们在文化活动中历来都承担着重要的使命，包括政治使命。而在文化的传承中，他们尤其起到了核心的作用，甚至构成了文化的主体。

对于士大夫而言，考论经史、吟诗作赋，是其文化活动的基本形式。而当这些基本的文化活动以北京城市风貌为对象时，北京的历史文化便开始被阐发、被建构、被积淀了。因此，士大夫不仅是人文文化的主体，也是人文精神的阐发者。而"阐发"在历史记忆的过程中占据非常重要的位置，它令处于散落状态的、片面的、仅作为普通生活经验而存在的知识升华到文化的层面上，而利用这些零散的意识滋养共同记忆，是一个地域群体的人文文化形成的重要途径。

也就是说，一个城市的历史遗迹从来不曾自己言说，它们的故事有赖于历史上的人来为其表达，从而使城市的物质进入到文化意识的范畴。而讲述人的特质，则对历史遗迹的文化意义有着重要的影响。明清时期的北京士大夫正是利用了他们自身的文化意识，赋予了北京这座城市人文情怀的想象。在他们的笔下，北京拥有了皇室的典雅，有了儒者的礼敬，有了智识的传承，有了盎然的古意，也有了生态的和谐。这些人文情怀，最终进入了北京文化，成为这座城市人文思想积淀的重要组成部分。

五是，构屋与安居中的人本观念。在中国传统文化中，住宅的选址及营建被赋予了厚重的人文内涵。其中，与传统文化有着直接关系的"堪舆"与择居的个性化乃至安全诉求联系到了一起。许慎在《说文解字》中对"堪舆"作了如下解释："堪，天道也；舆，地道也。"可以看出，"堪舆"的原意本来是有关天道与地道的，是人类对于天和地的认识，讲的是地上的人与代表自然界的天的关系。它虽然被排斥在正统儒家学说之外，被视为"江湖"道理，但其理论根源却可在儒学的《易经》中找到归属。汉代的训诂著作《释名》中有这样的解释：宅，择也，择吉处而营之。显然，堪舆的观念源自于初民择吉避凶的朴素经验，也可说是人们以趋吉避凶为目的选择阳宅阴基的技艺和理论，是基于人本的考虑。

而剔除风水中的神秘性，我们仍可看到人们在造屋与择居上表现出的人文情怀。这就是，人居空间讲究亲近自然，追求人与自然的和谐，在选址方面注重周边的人文与自然环境，在布局方面善于因势借景、崇尚天然，从而不仅趋吉避凶，而且将住所与周围的自然环境融为一体。这具体可表现在高高的院墙、宽敞的庭院与错落的平房之间的搭配，由此打造出一个注重隐私与安全的独立空间，一种祥和安宁的氛围，让居住者感到放松、自如和舒适。

院墙是中国传统建筑的一大特色，有道是"墙乃居室之表，有内外之分、亲疏之别，为宅之最重者，可以御奸，可以壮观"①。明清时期北京城的居所大都保持了这种风格。乾隆五十八年（1793年），来华的英国使团成员斯当东即观察到院墙在住宅中的普遍存在。他们在进入北京城后，看见皇城以东"不显眼的普通人家的住宅，每一所房屋前面都有一面墙或一幅门帘，为的是不使街上来往行人看到房子里院"②。

此外，在高墙以内，便是由院与房组合的庭院式住宅，而这种住宅

---

① 张宗法. 三农纪校释. 邹介正，等，校释. 北京：农业出版社，1989：647.
② 斯当东. 英使谒见乾隆纪实. 叶笃义译. 北京：群言出版社，2014：348. 引文略有改动。

的典型莫过于遍布于北京城的四合院。数百年来，四合院成为北京城一代又一代人的生活空间。在四合院自成体系的民居建筑中，处处都可以看到传统文化的巨大影响，方方正正的井字格局，隐含着居中与四面的方位意识。方正、对称，又是儒家平和、中正的中庸思想的具体体现，而中轴、轴线的对称和排列的有序性，则是封建伦理纲常长幼有序、上下尊卑的社会关系与家庭关系的完美体现。所以，四合院的民居，是以儒家的礼法为标准，融入了阴阳五行学说的价值判别，而在使用与分配上的等级划分，则是对传统伦理道德的奉行与恪守。说明自周公制礼作乐，经孔子"齐之以礼"，最终形成传统文化系统而严密的典制，它以政治规范和道德规范作用于人们的思想和行为，由此建立起严格的空间等级序列。

同时，四合院又可呈现出一幅四季咸宜的家居画卷和生活的场景。四合院的庭院即是一家一户的私人小花园。在这片私有的"领地"上，既有观赏性的各种鲜花和常青树，也有梨树、枣树、山楂、海棠等可供品尝的果树，甚至还有应季的蔬菜，所以老舍先生形容北京是"花多菜多果子多"，这些花草树木增添了家庭生活的情趣，是人居个性化及其满足于"自我"的空间。

六是，京城士大夫官僚的园居生活，反映了他们向往"世外桃源"的精神世界以及对个性生活空间的追求。我国传统园林艺术，秉承了崇尚自然、效法自然的理念，融入古代文人寄情于山水之间的浪漫情怀，是一种独特的人工造园的设计理念和方法。在几亩大的私家园林中浓缩大千景象，尽把秀丽山川、江河湖海纳入方寸之地。

北京的私家名园，大都在叠山理水、凿池垒石上表现出一种合乎自然的景观组合，在以适应自然为原则的构园过程中，园林的布局以朴实、自然、含蓄、淡雅为格调，它成为时人追求的一种人文精神境界。从他们的游园诗中不难看出，园林中山石、花木、洞泉、楼台，浑然天成，幽邃、古朴，且富于山野的自然气息。园中错落有致的亭台楼阁，水榭池塘，是为了满足主人的旨趣与其追求的精神世界，他们荡漾在"春有百花秋有月，夏有凉风冬有雪"的"自然"中，已将自身融入了"一花一世界，一叶一如来"的诗情画境。所以，士人们一旦置身于园林中，便会有回归自然的感受。可以说，正由于古代传统文化注重的是人与自然的和谐统一，追求的是人在自然中返璞归真的精神享受，才能够最终形成一种淡泊、高远、幽雅而又古朴的人文精神和以自然为本的价值观念。

同时，园居也是古人淡泊名利，清心寡欲，物我两忘，柔弱守中的意境写照。欲在无争、无为、无欲中修身养性，清净如空。对于园居生活的感受，道光时的大学士阮元在其《蝶梦园记》中称，自以为"在城中为佳境矣"，"花晨月夕，不知门外有缁尘也"①。与阮元同时的文人钱咏在谈到京城圆明园东南隅的澄怀园时，也谓园中"真仙境也"。于内"读画评书，征歌度曲，殊不知有春明门外十丈红尘也"②。可见，园居使士大夫乃至官僚可以从中感受到那份摆脱世俗的超脱和轻松，是一种追求安贫乐道的心理情境。

此外，园居还是士人官僚们于自然中修心养性、陶冶情操、舒展情趣的地域空间。清代文人张潮曰："艺花可以邀蝶，垒石可以邀云，栽

①震钧. 天咫偶闻：卷5. 北京：北京古籍出版社，1982：103-104.
②钱泳. 履园丛话：卷20. 北京：中华书局，1979：519.

松可以邀风，贮水可以邀萍，筑台可以邀月，种蕉可以邀雨，植柳可以邀蝉。"[1]将人与自然的关系作了最美的描述。此外，园林还是追求个性、展示个性空间的场域，是以植花邀蝶为趣，还是垒石成山为旨，是欲栽松凿池，还是要筑台建阁，完全取决于主人的意向，这与四合院的模式化有着根本性的区别，所以，园林也是散发个性化人文气息的地方。

可以这样认为，在人文思想的宝库中，记忆与传统是一个永久充满魅力的话题，城市的历史是现代性的一部分，在有着自觉意识的现代城市中，传统和历史都是现代城市的遗产。同时，也是一个城市的人文精神的积淀。

---

[1]张潮. 幽梦影：卷上. 海口：三环出版社，1991：9.

目　录

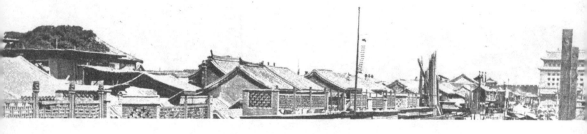

第一章

北京城营建中的『礼』

权力与秩序

《礼记》：「乐者，天地之和也；礼者，天地之序也。」

孔子曰：「克己复礼。」

在中国传统文化中，"人文"所强调的"人之道"，首先是"礼"，"礼"始终处于核心的地位。《礼记》曰："乐者，天地之和也；礼者，天地之序也。"它不仅可以"教化天下"，且天地万物无不在"礼"所营造的秩序中。自先秦孔子的"齐之以礼"，到宋儒程颐的"天下成其礼俗"，阐述的都是同一认识。而我们对人文北京的阐述，也将从一个"礼"字开始，因为北京城的建造就是一个"礼"的思想在现实空间的复制。

北京，作为一个中国历史上的古都，经历了漫长的文明历程，早在十六国及北朝时期，相继有匈奴、鲜卑、羯等多个少数民族以此地为治所。五代时期，沙陀人又在此连续建立起后唐、后晋、后汉三个政权。在北方长期内乱中，它始终处于历史文明的旋涡中，将中华文化的多元因素卷入其中。明人刘侗、于奕正说："（北京）地从石晋割后，不隶中土六百余年，而辽、金、元递都之，故奇迹异闻，事多三史。编中为表旧事，不尽删削，退夷进夏，深用怃然。"①清人周家楣、缪荃孙在《顺天府志》中亦有相同的认识，曰"溯辽、金肇都，犹沿唐藩镇旧

---

①刘侗，于奕正. 帝京景物略. 北京：北京古籍出版社，1980：6.

城。元、明以降，规体增廓"①。至清代又有修补，所谓"明筑清修"即是也。

值得注意的是，在上述活跃在北京这块土地上的多个王朝中，除了明王朝为汉人建立外，其他王朝的统治者多为北方少数民族。而且，经宋、辽、金、元的政权对峙与宋、元、明、清的朝代更迭，燕京的地位急剧上升，由少数民族政权的陪都和都城变为了全国的政治、经济、文化中心。

因此，通过对北京城建设过程中的历史文化的考察，我们将不难发现，历史上的动荡多变与边缘地位，造就了北京这一地域文化的包容性，特别是在融入了契丹、女真、蒙古、满族以及汉族等多个民族的文化元素之后，北京已成为南北各民族文化交流融合乃至开始接受外来文化的中心，凝聚了独特而厚重的历史文化。

不过，有一点尚需指出，在北京城体现的多层次多内容的文化中，尽管各个民族的差异性依然存在，但同一性却是主流，即北京城体现的仍然是中国传统儒家文化的精髓，其人文内涵追逐的是儒家文化的根本精神。对于今日的北京城而言，尽管代表传统城市特征的城墙与护城河已经风光不再，而棋盘式的街道、纵横交错的胡同、青砖瓦的四合院、尽显自然风光的园林，以及茶馆、会馆、祠庙、钟鼓楼、牌楼、牌坊等，都依然展示着它们已经物化的人文内涵，依然诉说着绵延不尽的历史故事。而我们的叙述也将从儒家文化的"礼"展开。

---

① 周家楣，缪荃孙，等. 光绪顺天府志：第1册. 北京：北京古籍出版社，1987：1.

一、方形城市的奠基：辽、金、元遵从"汉礼"

在中国古代社会，圆形的天与方形的地，构成人们最基本的形态观念，因此有了祭祀天的圆形天坛祈年殿，又有了祭地的方形地坛。而与地相关的，还有方形的井田、方形的房屋、方形的城池。可见这种方块形状的土地形态，就是人们最理想的居住空间，而形成此观念的源头则来自儒学的周礼。《周礼·考工记》有云："匠人营国，方九里，旁三门，国中九经九纬，经涂九轨，左祖右社，面朝后市，市朝一夫。"对照周礼中的营国元素，这种方形城市的形态不仅常见于汉人建立的王朝，也同样为古代中国北边的少数民族王朝所接受并遵循着。

今天，我们讲到北京城建都的历史，通常总要从1153年金朝肇建中都说起，由此，北京城作为都城的时间便有了860余年的说法。但这对于对北京城有着重要贡献的契丹辽人来说，明显有失公允。事实上，辽人不仅先于女真人半个世纪就已经建都幽州（北京），而且其城建工程亦然成为金朝建都的蓝本。而在元、明、清三朝中，有关北京城建的叙事，也无不从辽朝开始。

○ 辽朝燕京城

在契丹辽人建都之前，北京曾以古城幽州闻名，而幽州自古就是一个军事要地。有记载曰："幽州在渤、碣之间。""其地负山带海，其民执干戈，奋武卫，风气刚劲，自古为用武之地。"①早在汉代幽州就有州刺史派驻，唐朝时其依然为军事重镇，曾经是卢龙节度使的管辖区，有过昔日的辉煌。五代时，后晋高祖石敬瑭借助契丹人的军事力量建立起自己的割据政权，而为了巩固自己的统治，石敬瑭不惜以割地称臣为代价，将幽州在内的"燕云十六州"一同割给了契丹人。于是，辽朝拥有了幽州。

据《辽史·地理志》《金史·地理志》以及《析津志辑佚》等文献记载，会同元年（938年）冬月，辽主耶律德光升幽州为"南京"，又曰"燕京"，府曰幽都。这一年当是辽朝奠都幽州的开始，也是北京成为都城最早的年份记载。而后70余年，辽圣宗开泰元年（1012年），契丹人改幽州府为永安析津府，幽州城修建的历史也始于这一时期。因此，正是在这一意义上，北京作为都城的历史当始于辽朝，即从938年算起，或者可以说，北京作为都城至今已历经千余年。虽然，辽朝在幽州所建的南京城不过是辽国五个都城中的一个，但辽朝在幽州建城的奠基作用是不容忽视、更不容抹杀的。

在史籍的记载中，辽人虽为契丹族，注重保持着其固有的民族习俗，但却始终把黄帝、炎帝视为本民族的祖先，在文化上也追求并践行着"学唐比宋"的方针，尤其表现在以中原文化命名城市和规划城市上。其南京析津府就是依照汉俗儒风，"取古人以星土辨分野的办法，以为燕分野旅寅，为析木之津"②。而且，在辽朝设置的五个京城中以南京析津府最大，其城址在今北京市西南。

辽朝都城的遗址今天已不复存在，但辽的析津府是建在古城幽州的

---

①脱脱. 辽史：卷37. 北京：中华书局，1974：487.
②熊梦祥. 析津志辑佚. 北京图书馆善本组，辑. 北京：北京古籍出版社，1983：1.

基址上的，在今北京城的西南。据《辽史》云，城中东北隅有燕角楼，此即今广宁门内之南北烟阁胡同。以地势言之，则辽城即唐城也。[①]兹采集清人的各种相关考证及记载，罗列如下：

辽之故城即因唐藩镇城之旧，其地在今城西，偏及郊外地，今琉璃厂在正阳门外，而乾隆间得李内贞墓志，称其地为燕京东门外之海王村。又今黑窑厂在永定门内慈悲庵，而今存辽寿昌慈智大师石幢，亦称为东京。北盟汇编：郭药师袭辽，由固安渡卢水，夺迎春门，陈于悯忠寺前。是辽东门在悯忠寺之东，慈悲庵之西，界址规模，略可想见，若后人所谓萧太后城，即辽之故城，并非别有一城也。[②]

唐采师伦《重藏舍利记》谓：智泉寺，在子城东门东百余步，大衢之北面。景福《重藏舍利记》曰：大燕城内地东南隅，有悯忠寺，门临康衢。而金人记土地庙，在北门内道旁路西。以此度之，则今外城之西南，乃金代内城之东北也。盖金代内城在今西南，元人别建北城，南城当时即毁。故元遗山诗注云：大安殿基改为卖酒楼，今则益不可问矣。然如宣武门外有所谓老墙根者，正在土地庙之北，或是金西城北面故基。而烂面胡同近金城东面，其西南二面则在城外。《呆斋集》所谓梁氏园，在京城西南五六里，其外有旧城，号为萧太后城者，即是也。余尝徘徊于天宁寺左近，以大路考之，则昔日街衢之迹，犹有可验。又广渠门内外土中，古砖累累。元瓷片随锸而出，琢为带板、画轴头等物，至今未已。且多琉璃瓦，疑是殿基也。

乾隆中，琉璃厂窑内得辽李内贞墓志，知厂地在辽名海王村。按：海王村亦名海王庄，见《金史·后妃列传》，在城东三里。[③]

观王秋涧《复隍谣》云：炀城咫尺不划去，适足囊奸养狐魅。又云：禁军

①震钧.天咫偶闻：卷10.北京：北京古籍出版社，1982：222.
②周家楣，缪荃孙，等.光绪顺天府志：第1册.北京：北京古籍出版社，1987：4.
③震钧.天咫偶闻：卷7.北京：北京古籍出版社，1982：172-173.

指顾旧筑空，郊遂坦夷无壅隔。夫曰炀城，则其为海陵之城明矣。秋涧此作，在至元二十五年。其后大德八年，虞伯生《游长春宫记》犹云：燕京故城。又云：长春宫，压城西北隅。是足为辽城犹存之证。若金城则长春宫居其正北矣。又明徐中山令指挥叶国珍计度南城，南城至明初尚在，则是辽城未全毁之一证。又明人记梁家园外有废城者，亦即此城也。故今宣武门外迤西，有地名老墙根，此亦即辽城之基之东北隅也。①

清人的多方考证，都旨在证明，辽朝的南京城是建在古幽州的基址上的。所谓萧太后城，即辽之故城。辽之故城即因唐藩镇城之旧，其地在正阳门外、城西的琉璃厂一带。另外，又有刘定之游梁园记曰：

梁氏园，在今京师西南五六里，其外有旧城。旧城者，唐藩镇、辽、金别都之城也。

并记载，由于元朝迁都稍东向，旧城东半部入于朝市间而全无踪迹：

而西半犹存，号为萧太后城，即梁氏园所在也。

其城仅存土。②

而且，清人同时考证出，辽人建的南京析津府要比幽州城大些，"幽州城周二十五里"，而辽的南京城"城方三十六里"③。这在说明辽朝建立的南京析津府是一个标准的方形城市的同时，也佐证了古城幽州也是一个方形城。

此外，南京析津府的城市空间自内而外由宫城（大内）、皇城、内城、子城四部分构成，其样态有这样的记载：

①震钧. 天咫偶闻. 卷10. 北京：北京古籍出版社，1982：223.

②孙承泽. 春明梦余录. 卷3. 北京：北京古籍出版社，1992：21.

③吴长元. 宸垣识略. 卷1. 北京：北京古籍出版社，1981：8；周家楣，缪荃孙，等. 光绪顺天府志：第1册. 北京：北京古籍出版社，1987：429.

城方三十六里，崇三丈，衡广一丈五尺。敌楼、战橹具。八门：东曰安东、迎春，南曰开阳、丹凤，西曰显西、清晋，北曰通天、拱辰。大内在西南隅。皇城内有景宗、圣宗御容殿二，东曰宣和，南曰大内。内门曰宣教，改元和；外三门曰南端、左掖、右掖。左掖改万春，右掖改千秋。门有楼阁，球场在其南，东为永平馆。皇城西门曰显西，设而不开；北曰子北。西城巅有凉殿，东北隅有燕角楼。坊市、廨舍、寺观，盖不胜书。其外，有居庸、松亭、榆林之关，古北之口，桑乾河、高梁河、石子河、大安山、燕山——中有瑶屿。府曰幽都，军号卢龙，开泰元年落军额。统州六、县十一。[①]

根据上述记载，辽燕京城的城墙高三丈、宽一丈五尺，有八个城门。在方三十六里的空间内，不仅建有大内（宫城），其宫室各有匾额，曰永兴、曰积庆、曰延昌、曰彰愍、曰长宁、曰崇德、曰兴圣、曰敦睦、曰延庆、曰长春、曰太和、曰延和等，而且还有坊市、廨舍、寺观。

但是关于辽的南京城还有另外一种记载。

辽人宫阙，于内城外筑四城，每城各三里，前后各一门，楼橹池堑一如边城。[②]

这里所说的"内城"应该是指"城方三十六里"之城，而外筑之四城，当为拱卫内城之"子城"。"子城"空间不大，"各三里"，却"楼橹池堑一如边城"，足见"子城"的战略防御功能，其"前后各一门"则进一步说明了"子城"在护卫城市中的作用。

此外，值得强调的还有城中的社区，即城中设坊。辽代"城中凡二十六坊，坊有门楼，大署其额，有阗宾、肃慎、卢龙等坊，并唐时旧坊名也。居民棋布，巷端直，列肆者百室"。"南京户口三十万，大内壮

---

① 脱脱．辽史：卷40．北京：中华书局，1974：494．
② 于敏中，等．日下旧闻考：卷37．北京：北京古籍出版社，1985：588．

丽，城北有市，陆海百货聚于其中。僧居佛寺冠于北方"。"至夕，六街灯火如昼，士庶嬉游"。①繁华之象依稀可见。这些坊区分布在皇城周围，从文献中可以确定方位的有归厚、显中、棠阴、甘泉、时和、仙露、敬客、铜马、奉先等九坊。坊内的一些寺观一直留存到今日，如现在的法源寺即当时的悯忠寺，现在的天宁寺塔即是当时天王寺内之塔。

图1-1　天宁寺塔（清末）

图片来源：三本赞七郎的摄影作品《北京》(1906)。

---

① 江少虞. 宋朝事实类苑：卷77. 上海：上海古籍出版社，1980：1011；于敏中，等. 日下旧闻考：
　卷5. 北京：北京古籍出版社，1985；69；脱脱. 辽史：卷17. 北京：中华书局，1974：198.

总之，在辽人留下的不甚清晰的记载中，我们依稀能够看到的是，契丹人在幽州城的旧址上建立的是一个汉制的都城，方形形态、宫室建制、坊市庙宇，以及30万人口聚居在坊内，其空间形态将一个汉文化的都城要素淋漓尽致地展现了出来。

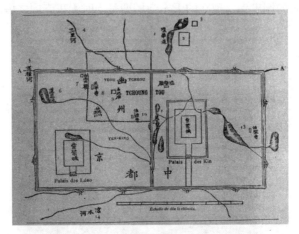

图1-2　北京城市变迁图（先秦—元代）

图片来源：Alphonse Favier. Péking. histoire et description. 1897: 3.

○ 金中都城

金王朝为女真族所建，最初的都城在会宁府（今黑龙江省阿城县南白城子）。公元1125年，金朝在政治及军事上取代辽朝后，其社会的文明推进却远不及其军事征服来得迅猛，至其第三代皇帝熙宗时，国家对城市的建设仍然没有重视起来，国无城郭，民且星散而居。

金志：国初无城郭，星散而居，呼曰皇帝寨、国相寨、太子庄。后升皇帝寨曰会宁府，建为上京，辽上京改作北京。城邑、宫室，与中原州县廨宇制度，极草创。居民往来无间，自前朝门至后朝门，皆出入之路，无禁。孟春，击土牛，士庶老幼咸观于殿侧。[①]

金朝的这种状况，在海陵王时得到改变。海陵王名迪古乃，字元功，汉名完颜亮，为金太祖完颜阿骨打庶长孙，完颜宗干次子，母大氏。皇统九年（1149年）十二月，完颜亮弑杀熙宗登上帝位，十二年后，在南征途中又在内乱中被部下杀死。他以残暴、嗜杀、荒淫而闻名后世，死后又被贬为庶人。但在金朝历史上，完颜亮却是一位有着"撼摇霹雳震山河"气魄的皇帝。他的作为不仅体现在严肃吏治、完善中央集权等改革方面，更值得称道的是，他对北京城的建设。

天德三年（1151年），完颜亮以上京辟在一隅，而燕京乃天地之中为由，下令迁居燕京。两年后，即海陵贞元元年（1153年），以"燕"乃列国之名，不当用为京师名为由，改燕京为中都，府曰大兴，改汴京为南京，中京为北京。大兴府领节镇三，刺郡九，县四十九[②]，并开始扩建中都城。

完颜亮是个汉文化功底甚深的女真人，他能诗善文，经常儒服雅歌，喜好与辽宋名士品茶弈棋、一道谈古论今。他仰慕中原的文化制度，在政治上大批起用渤海人、契丹人、汉人，以延揽人才，扩大政权的基础。而他在汉化上迈出的最大一步，就是将诸宗室亲族及其所属诸猛安[③]尽数迁至中都。与此同时，他仿汉制扩建中都城，更是在中国城市建设史上留下了重重的一笔。

---

① 熊梦祥. 析津志辑佚. 北京图书馆善本组，辑. 北京：北京古籍出版社，1983：112.

② 脱脱. 金史. 卷5. 北京：中华书局，1975：115；脱脱. 金史. 卷24. 北京：中华书局，1975：572.

③ 猛安，是金朝军政合一的社会基层组织编制单位及其主官名称之一。

金中都城址建于辽燕京之上，在元代尚可找见其遗址。[1]而且，元朝将金中都称作南城。但是，随着明朝外城（南城）在嘉靖年间的修建，金中都遗址亦不见于今日。而元朝将金中都遗址称作南城，也间接地告诉了我们，辽金都城在元大都的南面。对此，清人朱彝尊、于敏中等根据诸多前人志集、文集、碑刻所记，并以当时尚且存在的地面建筑遗迹参稽互证，考证出，元朝称为"南城"境内的悯忠寺、昊天寺在今宣武门之南，与广宁门相近。当时城外的白云观西南的广恩寺，是辽金时的奉福寺，距西便门尚远。而根据金人的碑记，这些寺都在中都城内。还有，在正阳门外的琉璃厂，可以在辽人的墓碑中找到其归属的位置，其地当为燕京东门外之海王村。对此，清人孙承泽的考辨尤其清晰。他说：

若夫金城，今惟八里庄西，地名十里河东岸有废城，以准望计之，此为海陵故城，正与围七十五里之广输相准。此外，永定门外旧有九龙冈，土冈回环，此金城东南隅也。盖金之城，其西北直包今钓鱼台（金名同乐园），东北包今西苑（金名万安宫），而西南包今丰台，东南抵南苑矣。若元城，其东西与今城同，北则抵今北顶，包黄、黑寺于内；南则止及今两长安街而止。至徐中山改缩其北面，永乐又展其南面，是为今城。自朱氏《日下旧闻》及吴氏《宸垣识略》，皆不能详指辽、金、元故城所在。故考古者，遂茫无头绪，直等诸殷土芒芒而已。余尝于暇日走都城西南，遍搜遗迹，归而发书证之，如是者非一日矣。一旦天启其衷，恍有所悟，亟援笔而成。是图推之于辽、金、元、明四史，旁及诸家之说，广征博考，无不悉合。今而后如出喉鲠，大快人意，亟登之此书，以资佐证。[2]

---

[1]金末，蒙古军攻占中都城，金中都被毁，经考古发掘，得金水关遗址，并认定此水关应该毁于元代中晚期。水关遗址曾在1990年被评为十大考古新发现之一。

[2]震钧. 天咫偶闻：卷10. 北京：北京古籍出版社，1982：223.

代表官方的《日下旧闻考》亦曰："辽金故都在今外城迤西，以至郊外之地。其东北隅约当与今都城西南隅相接。"元朝的所谓"南城"即在明清北京城的西南，为"唐幽州藩镇城及辽金故都城也"①。这也可以视为金中都建在辽燕京旧址之上的明确记载。

对于中都修建事宜，完颜亮十分重视，先是命人绘制京师宫室图，交予左丞相张浩等按图增广燕城。张浩为辽阳渤海人，在辽太宗时曾奉命提点修缮东京大内，入金后，再次受命于海陵王完颜亮。从文献记载看，张浩修建中都城，是在原"燕京旧城周围二十七里"的基础上改造并扩建的，这应该就是内城。而除了张浩之外，受命修城的还有左右丞相张通古、蔡松年等。从他们修筑的中都城中可以看到这样几个特点：

首先，中都城继续沿袭了方形城池，以及在内城中修建宫城，内城外建子城、外城的空间格局。

清人根据《元一统志》考证说："金盖因辽旧城展拓其东北隅，当与今（清朝）都城西南隅相接。"此为一说。又根据《金史》蔡珪、刘颖二传，"海陵筑城时，于辽故城之东南二面，皆大为增广"②。此又一说。而宋金的文献也大都证实了清人的考证，所谓"金天德三年展筑三里，见析津志所引金蔡珪大觉寺记"③。金中都共周三十里，楼台高四十尺，楼计九百一十座，池堑三重，此为金中都城内城。城门"十二，每一面分三门，一正两偏焉。其正门四旁皆又设两门，正门常不开，惟车驾出入，余悉由旁两门焉"④。

①于敏中，等. 日下旧闻考：卷37. 北京：北京古籍出版社，1985：589，590.
②周家楣，缪荃孙，等. 光绪顺天府志：第1册. 北京：北京古籍出版社，1987：6.
③吴长元. 宸垣识略：卷1. 北京：北京古籍出版社，1981：9.
④徐梦莘. 三朝北盟汇编：卷244. 上海：上海古籍出版社，1987：1750.

由此可知，金人在修建中都城内城时，以受阻河道之故向东面扩展是可以确定的，扩展三里许也是可以接受的。只是无法确定扩展的方向是向东南还是向东北。

金人营建宫室，则取真定府潭园材木。"宫城四围凡九里三十步"，内殿凡九重，殿三十有六。[1]诸如寿康宫、大安殿、朵殿，以及常朝之所仁政殿等。"宫城之前廊，东西各二百余间……将至宫城，东西转各有廊百许间，驰道两傍植柳，廊脊覆碧瓦，宫阙殿门则纯用碧瓦。"[2]如此浩繁的工程，需要往返于北京与真定之间取材，所需之人力之众可想而知。

此外，金中都保留了辽南京的四个子城建筑，而且是在海陵王定都中都之前。四子城建在内城与外城之间，用于内外城之间的连接。建子城，主要是为了满足军事守备的需求。"至大金国志所称城周七十五里者，则指外郛而言，犹今外城之制也。"[3]据文献记载：

金太祖天会三年（此处有误，应该是太宗天会元年，1123年），宗望取燕山府，因辽人宫阙，于内外城筑四城，每城各三里，前后各一门，楼橹壕堑，悉如边城。每城之内立仓廒甲仗库，各穿复道，与内城通。

其子城有四，皆在大城内，如完颜律明请守大城用章希古，曰：大城汗漫，凡七十余里，如何去守！设或不利，必皆走入小城。所谓小城，即此四城也。观于大军攻内城，四城兵皆迭至，自城上击之，则知此四城原为护内城之用，而金主亮复筑外城以包之。今外城遗址已失，而四城地界方位，更无从辨矣。[4]

由上述记载可以基本断定，金中都城由宫城、皇城、内城、子城、外

①于敏中，等．日下旧闻考：卷29．北京：北京古籍出版社，1985：409．

②脱脱，等．金史．卷24．北京：中华书局，1975：572-573．

③同①589．

④周家楣，缪荃孙，等．光绪顺天府志：第1册．北京古籍出版社，1987：5-6．

城五部分构成。但仍有一个问题没有解决，那就是金中都城的周长究竟是多少里？在相关记载中，有"幽州城周二十五里"之说，契丹人在此基础上将燕京建成"城方三十六里"的城市。①那么为什么金朝在重建中都时，就变成"燕京旧城周围二十七里"了呢？而金朝最后建成的中都城，据称"周三十里"。但在穆鸿利的研究中，金中都周长18 690米，折合37华里，全部为夯土板筑而成。②鉴于资料的缺失，这一疑问暂时无解。

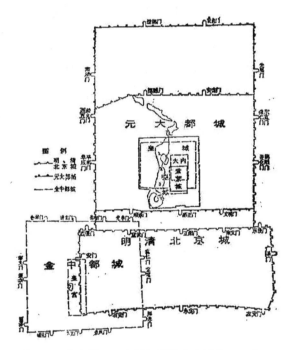

图1-3 金中都、元大都与明清北京城位置示意图

图片来源： 杨宽. 中国古代都城制度史研究. 上海：上海古籍出版社，1993：524.

①吴长元. 宸垣识略：卷1. 北京：北京古籍出版社，1981：8；周家楣，缪荃孙，等. 光绪顺天府志：
第1册. 北京：北京古籍出版社，1987：429.

②穆鸿利. 大金国走向盛世的历史摇篮——金中都//朱明德，梅宁华. 蓟门集. 北京：燕山出版社，
2005. 根据《日下旧闻考》记载，金中都旧基，周围凡五千三百二十八丈。据此计算金中都周长约
为一万七千六百余米。

其次，金朝内城中除了皇城、宫城外，亦设置坊区，但坊的数量已增至62个。西南、西北隅有42坊，东南、东北隅有20坊，其坊名俱载于《元一统志》。清人根据《析津志辑佚》《元一统志》《京师五城坊巷胡同集》参酌考证，其中可考的有：时和坊、奉先坊、延庆坊、仙路坊、棠阴坊、显忠坊、北开远坊等，"大约皆在宣武、广宁二门之间，其余则多不可考矣"①。《金史·地理志》记载，贞元元年，"户二十二万五千五百九十二"②。其户数人口与辽南京的30万户口相比略有缩减。

此外，金中都还有学校的建制。据记载，"辽太祖时立南京太学，而规制不可考"。但在金海陵王天德三年，"始置国子监，定制词赋经意生百人，小学生百人，以宗室及外戚皇后大功以上亲、诸功臣及三品以上官凡兄弟子孙年十五以上者入学，不及十五，则取有物力家子弟年十三以上、二十以下者充。凡会课，三日作论策一道，季月私试，如汉生制"③。

由此可见，金中都城不仅依然保留了方形城的形态，其规制均效仿北宋都城汴梁，且其坊制、皇城、宫城亦效仿汉制。也就是说，金中都城的修建，是女真进入中原接受并遵从汉文化的标志。关于这一点，清人多有评价：

金本无宗庙，不修祭祀。自平辽后，所用执政大臣多汉人，往往说天子之孝在尊祖，尊祖在建宗庙，金主方开悟。遂筑室于内之东南隅。庙貌虽具，制

---

① 于敏中，等. 日下旧闻考：卷37. 北京：北京古籍出版社，1985：593.
② 脱脱，等. 金史：卷24. 北京：中华书局，1975：573.
③ 孙承泽. 天府广记：卷3. 北京：北京古籍出版社，1982：34.

极简略。迨亮徙燕，乃筑巨阙于南城之南，千步廊之东，曰太庙。标名曰衍庆之宫。[①]

金自天德（海陵王立）以后，始有南北郊之制。大定、明昌，其礼寝备。南郊坛在丰宜门外……北郊方丘在通玄门外……朝日坛曰大明，在施仁门外之东南……夕月坛曰夜明，在彰义门外之西北。[②]

及海陵立，有志都燕，而一时上书者争言燕京形胜，梁汉臣曰：燕京自古霸国，虎视中原，为万世之基。何卜年曰：燕京地广坚，人物蕃息，乃礼义之所。[③]

上述文字表达了两个主要的意思：一是在金朝的高层统治中用了许多汉人，且为"执政大臣"，他们以自身的思想理念及文化素养影响着金朝的政治决策。在海陵王迁都并修建中都城的过程中，得到了他们当中相当一部分人的支持，这对于改变此前金朝的村寨式的星散居住状态，摆脱无城无郭的游牧社会性质起到重要的作用。二是海陵王完颜亮定都中都后，金朝的礼制发生了很大的变化，所谓"始有南北郊之制"。而在中国的礼制中，南北郊的祭天与祭地，均属于国家的大祀。说明，对于金朝的女真人而言，进入北京城后，是其向中原文化迈进的一个关键步骤。换言之，奠都中都，对金朝而言，意义重大。

有关金朝的汉化，刘浦江有一经典的评价，他说：

女真人建立的大金帝国是一个典型的汉化王朝，但它对汉文明的接受毕竟有一个过程。太祖、太宗时代，金朝的政治制度基本沿袭女真旧制，部族传统

---

①于敏中，等. 日下旧闻考：卷29. 北京：北京古籍出版社，1985：410.
②于敏中，等. 日下旧闻考：卷29. 北京：北京古籍出版社，1985：593-594.
③周家楣，缪荃孙，等. 光绪顺天府志：第1册. 北京：北京古籍出版社，1987：5.

根深蒂固。当时女真人对于汉文化传统中的京师制度还懵懂无知，完全不理解一国之都的政治意义，因此在建国多年之后，前朝旧都竟然仍被称为上京，而作为本国政治中心的金上京却长期没有州府名称和京师名号，姑且称之为"御寨"而已。金朝政治制度全面转向汉化，是熙宗即位以后的事情。熙宗朝的汉制改革，从天会末年至皇统初年，大约持续了八九年之久。改革所涉及的内容极为广泛，包括中央职官制度、地方行政制度、法律制度、礼制、仪制、服制、历法、宗庙制度、都城制度等等。①

但在上文中，刘浦江并未提到海陵王修建中都的意义。而这一点，我们可以从时人的认识中找到答案。

据称，在海陵王之后，金世宗有迁都金莲川②之意，却被谏止。金世宗将幸金莲川，梁襄上疏极谏曰：

臣闻高墙峻池，深居邃禁，帝王之藩篱也。行宫非有高殿广宇，城池之固，是废其藩篱也。燕都地处雄要，北倚山险，南压区夏，若坐堂隍，俯视庭宇。本地所生，人马勇健。亡辽虽小，止以得燕，故能控制南北，坐致宋弊。燕盖京都之首选也。况今又有宫阙井邑之繁丽，仓府武库之充实，百官家属皆处其内，非同曩日之陪京也。③

正因为修建中都"止以得燕，故能控制南北，坐致宋弊"，意义重大，故金人投入的人力物力都远远超过了辽人，仅从这一点，也可看出

---

① 刘浦江. 金朝初叶的国都问题——从部族体制向帝制王朝转型中的特殊政治生态. 中国社会科学，2013（3）：161–179，207.

② 金莲川，原名曷里浒东川，位于河北省北部塞外沽源县老掌沟境内，是白河支流黑河的源头，是辽、金、元三代帝王的避暑胜地。金大定八年（1168年），金世宗策马来此，正值金莲花盛开之际，他从"莲者连也"取金枝玉叶相连之意，遂将此地更名为"金莲川"。金朝在这里建高宫，元代建陪都于此，称元上都。

③ 于敏中，等. 日下旧闻考：卷5. 北京：北京古籍出版社，1985：75.

金人对营建中都的重视程度。《金史》：

> 营南京（燕京）宫殿，运一木之费至二千万，牵一车之力至五百人。宫殿之饰，遍傅黄金而后间以五采，金屑飞空如落雪。一殿之费以亿万计，成而复毁，务极华丽。[①]

《顺天府志·金故城考》记载：

> 人置一筐，左右手排立定，自涿至燕京传递，空筐出，实筐入，人止土一畚，不日成之。[②]

《天府广记》曰：

> 炀王亮经营北都，规模出于孔彦舟，役民八十万，兵夫四十万，作治数年，死者不可胜计。金世宗谓宰臣曰：宫殿制度苟务华饰，必不坚固。今仁政殿辽时所建，全无华饰。但见他处岁岁修完，惟此殿如旧。以此见虚华无实者不能经久也。[③]

此外，金人还在宫阙北部累土积石堆起一座"万岁山"。万岁山位于子城东北的玄武门外，周二里许，高百余丈，由金人积土所成，为大内之镇山。对此，清人孙承泽考证说："当蒙古初时臣服于金，其境内有一山，石皆玲珑，势皆秀峭。金人望气者谓此山有王气，谋欲压胜之，使人言欲得此山以镇压我土，蒙古许之。金人乃大发卒凿掘，辇运至幽州城北，积累成山。因开挑海子，栽植花木，营构宫殿以为游幸之所。"[④]及元人灭金，迁都于燕，并营建大都，此山适在元大都的禁中，遂赐名"万岁山"。

通常，人们认为海陵王迁都意味着他同旧势力的决裂，但深层次上还可以说，他是义无反顾地接受了汉文化，是对汉文化的认同。而"万

①脱脱，等. 金史：卷5. 北京：中华书局，1975：117.
②周家楣，缪荃孙，等. 光绪顺天府志：第1册. 北京：北京古籍出版社，1987：5.
③孙承泽. 天府广记：卷5. 北京：北京古籍出版社，1982：49.
④孙承泽. 天府广记：卷37. 北京：北京古籍出版社，1982：554.

岁山"所表达的金人对堪舆、谶纬等神秘力量的崇拜，也在说明金人自
身文化与汉文化有着许多相同的价值认同。

○ 元大都

崛起于漠北的蒙古族相继灭金灭宋后，于1264年建立元朝，改元至
元。至元四年（1267年），由金中都城向东北建新城并迁都于此。九年，改
名"大都"，史称"元大都"。但元朝虽建有大都新城，却仍然保留了原来
的上京，实行两京制度。而元朝对大都的改建规模却相当大。

首先在城址上，元朝没有选择辽金的旧城址，而是从金中都内城东
北三里处向北拓地建新城，新城只将金中都外城东面的琼岛、液池圈进
城内，并以此作为元朝大内的营建地。

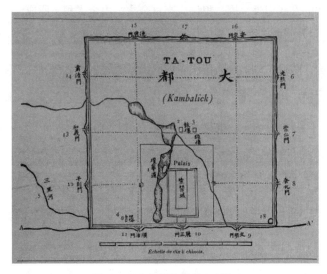

图1-4　元大都的城墙与城门

图片来源：Alphonse Favier．Péking．histoire et description．1897：5．

有关元朝迁都建都的过程,《元史·地理志》有比较详细的记载:

元太祖十年,克燕,初为燕京路,总管大兴府。太宗七年,置版籍。世祖
至元元年,中书省臣言:"开平府阙庭所在,加号上都,燕京分立省部,亦乞正
名。"遂改中都,其大兴府仍旧。四年,始于中都之东北置今城而迁都焉。京
城右拥太行,左挹沧海,枕居庸,莫朔方。城方六十里,十一门:正南曰丽正,
南之右曰顺承,南之左曰文明,北之东曰安贞,北之西曰健德,正东曰崇仁,
东之右曰齐化,东之左曰光熙,正西曰和义,西之右曰肃清,西之左曰平则。
海子在皇城之北、万寿山之阴,旧名积水潭,聚西北诸泉之水,流入都城而汇
于此,汪洋如海,都人因名焉。恣民渔采无禁,拟周之灵沼云。九年,改大都。
十九年,置留守司。二十一年,置大都路总管府。户一十四万七千五百九十,
口四十万一千三百五十。用至元七年抄籍数。领院二、县六、州十。州领十
六县。①

其次,大都城虽然废弃了辽金的旧城址,但新建城池的空间形态
没有改变。《析津志》曰:至元四年二月己丑,始于燕京东北隅,辨方
位,设邦建都,以为天下本。四月甲子,筑内皇城。②元陶宗仪的《辍
耕录》亦曰:"宫城周回九里三十步,东西四百八十步、南北六百十五
步,高三十五尺。砖甃。至元八年八月十七日申时动工,明年三月
十五日即工。分六门,正南曰崇天……凡诸宫门,皆金铺、朱户、丹
楹、藻绘,彤璧、琉璃瓦饰檐脊。"③由此可知,新建的大都城也是方
形的。

①宋濂,等.元史:卷58.北京:中华书局,1976:1347.
②熊梦祥.析津志辑佚.北京图书馆善本组,辑.北京:北京古籍出版社,1983:8.
③陶宗仪.南村辍耕录:卷21.北京:中华书局,1959:250.

至于大都城内的分布大都见于清朝人的记载。《日下旧闻考》曰：

元都城周六十里，以围三径一衡之，城中南北相直应二十里。

中为天子之官，庙社朝市各以其位，而贵戚功臣悉受分地以为第宅。然则元之大内在今地坛之右矣。①

《光绪顺天府志》曰：

（元大都之南门之丽正门）内曰千步廊，可七百步，建灵星门，门外萧墙，周回可二十里许。②

这门外"二十里许"的萧墙应该是皇城之墙。可见，元大都的空间格局主要由皇城、宫城和坊构成，没有外城。此外，清人震钧还引证时人的记载，对大都的形制、宫殿、城门、宫门等作了进一步的说明：

《辍耕录》：京城方六十里，里二百四十步，分十一门。

《禁扁》：城之正南曰丽正，左曰文明，右曰顺承；正东曰崇仁，东之南曰齐化，东之北曰光熙；正西曰和义，西之南曰平则，西之北曰肃清；北之西曰建（健）德，北之东曰安贞。宫城，正南曰崇天，左曰星拱，右曰云从。东有东华，西有西华，北曰厚载。

《大都官殿考》：南丽正门内千步廊可七百步，建灵星门，门建萧墙，周回可二十里，俗呼红门阑马墙。墙内二十步有河，上建白石桥三座，名周桥。桥四石白龙擎载。旁尽高柳，郁郁万株，远与城内海子西宫相望。度桥可二百步为崇天门（按：此云海子西宫，则元大内在今大内少北）。③

---

①于敏中，等．日下旧闻考：卷38．北京：北京古籍出版社，1985：599．
②周家楣，缪荃孙，等．光绪顺天府志：第1册．北京：北京古籍出版社，1987：43．
③陈宗蕃．燕都丛考．北京：北京古籍出版社，1991：25．

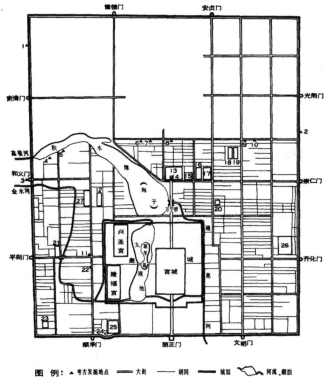

图1-5　元大都示意图

图片来源： 中国科学院考古研究所，北京市文物管理处元大都考古队．元大都的勘查和发掘．考古，1972（1）.

据记载，元朝大都的建置亦与汉人有直接的关系，这些汉人当中的代表人物是刘秉忠。刘秉忠，先世瑞州人，叔祖分别官辽、仕金，元世祖忽必烈在潜邸时，闻其"博学多才艺"，邀与俱行。既入见，"应对称旨，屡承顾问。秉忠于书无所不读，尤邃于《易》及邵氏《经世书》，至于天文、地理、律历、三式六壬遁甲之属，无不精通。论天下事如指诸掌。世祖大爱之"。刘秉忠久侍忽必烈，"参帷幄之密谋，定社稷之大计""秉忠既受命，以天下为己任，事无巨细，凡有关于国家大体者，知无不言，言无不听"①。而元朝初年，以金中都为大都，即为刘秉忠之议。

史载，就元朝于何地建都一事，忽必烈征询刘秉忠的意见。"元世祖尝问刘秉忠曰：'今之定都，惟唯上都、大都耳，何处最佳？'秉忠曰：'上都国祚近，大都国祚长。'遂定都燕之计。"②刘秉忠正是以国家社稷与国运久远的角度来思考建都之地，并以此说服了忽必烈。

先是，世祖忽必烈命刘秉忠相宅于桓州东、滦水北之龙冈，于此修建城郭，三年而毕，中统元年，名其城为开平府，而以燕京为中都。五年，以此地为大汗阙庭所在，加号开平府上都。而在此前一年，即四年，忽必烈又命刘秉忠筑中都城，始建宗庙宫室。至元元年（1264年）八月，刘秉忠请定都于燕，忽必烈从之。诏营城池及宫室，仍号中都。八年，奏建国号曰大元，而以中都为大都。他如颁章服，举朝仪，给俸禄，定官制，皆自刘秉忠发之，为一代成宪。③至元二十年（1283年），另一汉人崔彧上疏言，大都非如上都止备巡幸，不应立留守司，应置总管府。次年，置大都路总管府。④元朝都城的建制逐渐完备。而自修城到工程告竣，前后历时数年，修城投入了相当多的人力。仅修建宫城一项，自"四年十月，议筑宫城，发中都、真定、顺天、河间、平滦民二万八千余人，至八年二月工成。宫城周围九里

---

①刘秉忠传//宋濂，等.元史：卷157.北京：中华书局，1976：3688，3693.

②于敏中，等.日下旧闻考：卷5.北京：北京古籍出版社，1985：79-80.

③宋濂，等.元史：卷58.北京：中华书局，1976：1347；宋濂，等.元史：卷157.北京：中华书局，1976：3693.

④于敏中，等.日下旧闻考：卷4.北京：北京古籍出版社，1985：61.

三十步"①。

相比辽、金的都城，元大都留下的文献更多一些，我们可以见到的文化内涵也更加丰厚。

首先是大都城内设五十坊，"以大衍之数成之，名皆切近"。"大衍之数五十"系《易·系辞上》中之语。而大衍之数，是从河图洛书中来的，它是古人在论述古易揲蓍草取卦、卜筮之法时提到的，所谓"大衍之数五十，其用四十有九"，这是中国传统儒学中一种推理换算的概念，是用数字来表达对世界的认识。同时，又是取天地本不全，一切显象之物皆不能圆满之义。由此，元大都的五十坊（据相关研究，元大都实设四十九坊），可被视为儒家思想在城市中的投影。

而且，元朝的许多祀典也都渐从汉礼，这就要求其都城的建制也一应遵从汉礼：

> 元之初，祀礼皆因国俗。世祖十二年十二月，以受尊号，遣使谕告天地，下太常检讨唐宋金旧仪，于国阳丽正门东南七里建祭坛，设昊天上帝，皇地祇位二，行一献礼。三十一年，成宗即位，夏四月壬寅，始于都城丽正门外南七里建坛壝。②

其次，元大都城虽略显长方形，但"方九里"的筑城原则没变。

综上所述，无论是辽南京、金中都还是元大都，虽然都系北方少数民族政权修建的都城，但其修建的人文内涵却依然沿袭了中原方形城市建筑的特点，这与儒家文化影响的广泛程度有关。

---

①孙承泽．天府广记：卷5．北京：北京古籍出版社，1982：49．
②孙承泽．天府广记：卷6．北京：北京古籍出版社，1982：58．

长方形或正方形的城市，固然与北方平原辽阔、地域平坦的自然条件有很大的关系，但从根本上说，它仍是一种文化理念在现实中的体现。如果我们追本溯源，仍不难发现它的原始形态为"匠人营国，方九里"的规范，中心体现一个"礼"字，并爱取了儒家文化的天圆地方之说。因而，以黄河流域为中心的北方，作为古代文明的发祥地，其人文文化的厚重是可以想象的，而地理环境又为文明的发展提供了客观的条件。

二、明朝四修北京城：突出了都城的权力意识[①]

明朝建立对全国的统治之后，也开始了对北京城的大规模修建，先后组织了四次大修工程，主要发生在两个时期，一是在明太祖朱元璋洪武建国之初，另一是在永乐迁都之际。所谓"元代宫室一毁于明徐达改筑都城之初，再撤于永乐迁都之岁"[②]。但在城市的营建形态上北京城依然保持了方形城的礼制特点。

○ 新都"北京"之壮丽

"北京"之称始于明，而且明人又称"北京"为"帝京"。如刘侗、于奕正作《帝京景物略》，有曰：

> 长安，都秦称也，都燕，非所称也。战国曰燕，金曰燕京，元曰大都，我

---

① 刘凤云. 北京与江户：17—18世纪的城市空间. 北京：中国人民大学出版社，2012：19-32.
② 于敏中，等. 日下旧闻考：卷30. 北京：北京古籍出版社，1985：429.

明而袭古称，奚可哉！我明曰顺天，迄八府而一称之；曰北京，对南京而二称之。今约略古甸服内也，称曰帝京。①

先是，洪武元年（1368年）八月，朱元璋建立明朝后，欲建都于元故都，被翰林院修撰鲍频力谏而止，乃改元大都为北平府，开始在战后的残垣上修建北平府的城池，奉命督修城池的正是攻陷元大都城的征虏大将军徐达。

时徐达以元旧土城太广，且出于元朝皇帝及其贵族出塞向北遁出，势必将来有南侵之忧的考虑，下令减元大都城迤北之半，向南缩其城五里，废元大都东西北面的光熙、肃清二门，其余九门仍照旧。同时，一改元大都城墙的土夯之制，开创将土城墙外包砖甓之法，命指挥华云龙经理督修。

新筑北城垣，"南北取径直，东西长一千八百九十丈。又令指挥张焕计度故元皇城，周围一千二百六丈，又令指挥叶国珍计度南城，周围凡五千三百二十八丈。南城故金时旧基也"②。

南移工程改变了元大都南北长、东西短的长方形城郭形状，使北京城在形态上更趋于正方形，城围四十里。同时由于积水潭引水渠的影响，新筑北城墙西南呈一斜角。也就是说，明朝的北平府挪移了都城城址，改土城墙为砖砌，城市空间有所缩减，但方形城市的规制没有变。当然，这期间的后两项工程重在"计度"，并以北城垣的修筑为主。

---

① 略例//刘侗，于奕正. 帝京景物略. 北京：北京古籍出版社，1980：5.
② 吴长元. 宸垣识略：卷1. 北京：北京古籍出版社，1981：14；于敏中，等. 日下旧闻考：卷38. 北京：北京古籍出版社，1985：605.

这虽然说的是元代都城的毁弃，但从另一个角度刚好说明，这一时期正是明朝大兴城建土木之际。所谓"辽，南京，今城西南，唐幽州藩镇城也。金增拓之，至元而故址渐湮。元之大都，则奄有今安定、德胜门外地。明初缩城之北面，元制亦改。永乐初，重拓南城，又非复洪武之故矣"①。

明初的北平府，还多少保留了元朝的一些旧址、旧称。例如，"人呼崇文门为海岱，宣武门为顺承，阜成门为平则，仍元之旧也"②。时明成祖朱棣初封燕王，其府邸就设在元故宫，即后来的西苑，开朝门于前，朝门外有大慈恩寺。大慈恩寺乃元代建筑，以重佛故也。而且，由于徐达将城址南移，城市占地也随之缩小，还不及明南京城的一半。这主要是因为明初的城建规划是按照"改大都路为北平府"的定制。这应该是用作解释明代的北京城为何既小于明南京城也小于元大都的原因所在。③

事实上，将北平府作为都城进行营建是在燕王朱棣称帝之后的永乐年间。朱棣作为明朝第一位以北京为都城的皇帝，对于营建工程十分重视，他在修建北京城池的诏令中说道，北京地势雄伟，山川巩固，四方万国，道里适均。"乃仿古制，徇舆情，立两京，置郊社、宗庙，创建宫室。"④

先是，永乐元年（1403年）正月，朱棣改北平府为顺天府，并相对

---

①赵尔巽，等. 清史稿：卷54. 北京：中华书局，1977：1894.

②孙承泽. 天府广记：卷4. 北京：北京古籍出版社，1982：41.

③南京内城周围九十六里，"外城则因山控江，周回一百八十里，别为十六门。紫金诸山，环互于东北，大江回绕于西南，龙蟠虎踞，古称雄镇"（张瀚. 东游记//松窗梦语：卷2. 北京：中华书局，1985：36.）。

④孙承泽. 春明梦余录：卷1. 北京：北京古籍出版社，1992：6.

于南京留都，改"北平"为"北京"。永乐四年（1406年）闰七月，诏建北京宫殿及城垣，为迁都北京进行准备。据《明史·地理志》记载：这期间的工程主要是两项，一是建北京宫殿，二是修城垣。明朝在将北城墙南移的同时，平毁了元朝的宫城，故朱棣登基继位后立即着手修建紫禁城与皇城。这项工程历时十五年，至永乐十九年（1421年）正月告成。宫城周六里一十六步，亦曰紫禁城。皇城，周一十八里有奇。皇城之外曰京城，周四十五里。①

此外，大规模的修筑还有始于永乐十七年（1419年）冬的北京南城拓建工程，"计二千七百余丈"②。关于这一连串功役，后人有更多记载：

国家起朔漠日，塞上有一山，形势雄伟。金人望气者，谓此山有王气，非我之利。金人谋欲厌胜之，乃求通好。既而曰：愿得某山以镇压我土。乃大发凿掘，运至幽州城北，积累成山。因开挑海子，栽花木，构宫殿。至元四年筑宫城，山适在禁中，遂赐名"万岁"。

《寰宇通志》：洪武初，改大都路为北平府。缩其城之北五里，废东西之北光熙、肃清二门，其九门俱仍旧。《明实录》：永乐十七年十一月，拓北京南城，计二千七百余丈。③

（永乐十五年）改建皇城于东，去旧宫可一里许，悉如金陵之制而宏敞过之。④

---

①张廷玉，等．明史：卷40．北京：中华书局，1974：884．

②于敏中，等．日下旧闻考：卷38．北京：北京古籍出版社，1985：606．

③震钧．天咫偶闻：卷9．北京：北京古籍出版社，1982：222．

④孙承泽．天府广记：卷5．北京：北京古籍出版社，1982：51．

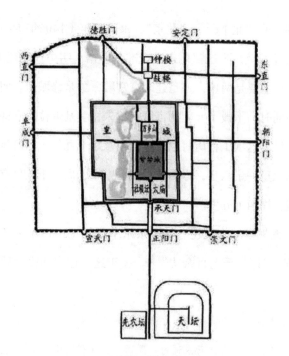

图1-6　明前期北京城平面示意图

图片来源：乔匀，等．中国古代建筑．北京：新世界出版社，2002：177．

这里有一个数字需要说明一下，就是《明史·地理志》记载，明朝"京城周四十五里"，其余文献多持四十里之说。对这一差异，喜仁龙认为，"这些数字都不尽准确，城墙的实际总长度应为四十一里到四十二里之间，严格地说是41.26里或23.55公里"①。

明代对北京城的第三次大规模修筑发生在正统年间。但是，这一次的修筑没有对城市空间进行重新规划，主要是修建京城九门城楼，"正阳门正楼一，月城中左右楼各一，崇文、宣武、朝阳、阜城、东直、西直、安定、德胜八门各正楼一，月城楼一。各门外立牌楼，城四隅立角

----

①奥斯伍尔德·喜仁龙．北京的城墙和城门．北京：北京燕山出版社，1985：35．

楼”①。并加固城墙、城濠、桥闸，即增固崇丽而已。但这次工程耗费的人力物力之大却是超乎想象。

京师九门城楼工程始于正统元年（1436年）十月，由太监阮安、都督同知沈清、少保工部尚书吴中率军夫修建。据记载，"命下之初，工部侍郎蔡信飏言于众曰：役大非征十八万人不可，材木诸费称是。上遂命太监阮安董其役。取京师聚操之卒万余，停操而用之，厚其饩廪，均其劳逸。材木工费一出公府之所有，有司不预，百姓不知，而岁中告成"。此次不仅修建了九门城楼，且对城濠、城门桥也进行了大修，换九门前木桥为石桥，两桥之间各有水锸，濠水自城西北隅环城而东。②

正统四年（1439年）四月，修造京师门楼、城濠、桥闸告竣，不仅有"焕然金汤巩固"之态，且"重台杰宇，巍巍宏壮。环城之池，既浚既筑，堤坚水深，澄洁如镜，焕然一新"。以故，满朝文武无不欢欣鼓舞，内阁阁臣杨士奇为之记曰："耆耋聚观，忻悦嗟欢，以为前所未有，盖京师之伟望，万年之盛致也。于是少师建安杨公，少保南郡杨公偕学士诸公，以暇日登正阳门之楼，纵览焉。"③可见，城墙的修筑，特别是都城城墙的修筑，已被视为关系国家兴旺盛衰之大事。而每一次兴工都可视为是国力及国家威德的炫耀。

在杨荣的《大一统》赋中有曰："历观前代，迄于往古，帝王所都，虽可毕举。丰镐之美，崤函之固，宛洛之奇，汾晋之富，虽或雄踞于一时，控驭于中土，而于今兹帝都之壮丽，又岂可同年而语哉？乃岁

---

①于敏中，等．日下旧闻考：卷38．北京：北京古籍出版社，1985：607．

②同①．

③孙承泽．天府广记：卷4．北京：北京古籍出版社，1982：42．

庚子，告成阙功。""皇都之钜丽，壮宏规于往古。"①此外，讴歌皇都之赋，还有蒋德璟的《三殿鼎新赋》和翰林李时勉的《北都赋》。

○ 修筑外城之艰难

明代京城的第四次大修，是嘉靖年间的外城城墙修筑工程。在我国古代，凡重城皆有内城与外城之修筑，外城的修筑除了体现城市的防御功能外，尤以满足城市不断增加的人口的居住需求为要。明初的北京城"当时内城足居"，但到了嘉靖年间，随着外来人口的聚集，特别是边患的加剧，筑城已提到议程上来了。

明朝建国后，北部蒙古势力仍是其最大的边患，蒙古瓦剌崛起，既而不断南犯，北边的大小战争从未休止。于是，出于防御的需要，朝廷中有人提出了修筑外城的建议，并以明南京城有外城之城防作比。成化十二年（1476年），有定西侯蒋琬上言：

太祖皇帝肇基南京，京城之外复筑土城，以护居民，诚万世不拔之基也。今北京止有内城而无外城，正统己巳之变，额森长驱直入城下，众庶奔窜，内无所容，前事可鉴也。且承平日久，聚众益繁，思为忧患之防，须及丰亨之日。况西北一带，前代旧址犹存，若行劝募之令，加以工罚之徒，计其成功，不日可待。

但是，"廷议谓筑城之役宜俟军民息肩之日举行"②。虽然，北部有元大都旧城墙遗址可以利用，但明朝的大多数人还是认为修城劳民，于是，蒋琬的筑城之议被以百姓乏力当休养生息为由而搁置了下来。

---

①孙承泽. 天府广记：卷4. 北京：北京古籍出版社，1982：627.

②于敏中，等. 日下旧闻考：卷38. 北京：北京古籍出版社，1985：608.

嘉靖以后，蒙古首领俺答汗更是屡屡入塞、频频叩击边门，明朝警讯踵至。嘉靖二十一年（1542年），御史焦琏等有"修关厢墩堞，以固防守"之请。随后，都御史毛伯温等则奏请修筑外城，理由是城外居民过多。其书曰：

古者有城必有郭，城以卫民，郭以卫城，常也。若城外居民尚多，则有重城。凡重地皆然。京师尤重。……成祖迁都金台，当时内城足居，所以外城未立。今城外之民，殆倍城中，宜筑外城，包络既广，控制更雄。且郊坛尽收其中，不胜大幸。[1]

此次明朝上下虽未即刻否定修筑外城，可也没有立即启动修城事宜。

然而在嘉靖二十九年（1550年），蒙古俺答汗的铁骑再一次叩响了边门。蒙古大军自宣府、大同再度攻陷明朝北边的古北口，掳掠北京附近的通州、畿甸等州县，从间道黄榆沟入，直逼京城东直门。时蓟镇兵溃，京师戒严。明朝诸将皆不敢言战。于是，蒙古退兵后，上诏命修筑北京城南的前三门，即正阳、崇文、宣武三关厢外城。

此时明朝筑城，似应以先北后南为轻重缓急之选，但从当时所筑关厢外城系京城南面的前三门来看，其考虑的主要因素，当是南面城外居民众多，急需安置。清人吴长元于所辑《宸垣识略》中谈到北京外城的修建原因时说，当时南面城外"大街石道之旁，搭盖棚房为肆，其来久矣"[2]。一旦兵临城下，城外居民将直接遭受战火的浩劫。所以，鉴于城外居民增多，官员多有疏请兴工外城者。而明朝的外城修建工程，虽与当时紧张的边关形势有关，但从根本上说还是由于城门外，特别是正阳

---

①孙承泽．春明梦余录：卷3．北京：北京古籍出版社，1992：20．
②吴长元．宸垣识略：卷9．北京：北京古籍出版社，1981：163．

门外已聚集起大量的外来人口。

但是，此时的明朝已非建国初年之国力，外城之工因财政匮乏未果，"既而停止"。嘉靖二十九年这次倡修外城之议，虽然有必举之势，却也因凑不足修城之费而不了了之。

三年后，扩建外城之议再起。嘉靖三十二年（1553年）正月，给事中朱伯辰言：

> 城外居民繁夥，无虑数十万户。且四方万国商旅货贿所集，不宜无以围之。……臣尝履行四郊，咸有土城故址环绕，周规可百二十余里。若仍其旧贯，增庳培薄，补缺续断，即可事半而功倍矣。①

通政司的通政使赵文华亦上书奏请修城，然而最有力的推动者是当时的权臣大学士严嵩，严嵩"力赞之"。于是，嘉靖帝命兵部尚书聂豹会同掌锦衣卫都督陆炳、总督京营戎政平江伯陈圭、协理戎政侍郎许论，督同钦天监监正杨纬等查勘城外四周宜筑城处。寻聂豹等人回奏：相度京城外四面宜筑外城，约七十余里。"大约南一面计一十八里，东一面计一十七里，北一面势如倚屏，计一十八里，西一面计一十七里，周围共计七十余里。内有旧址堪因者约二十二里，无旧址应新筑者约四十八里，其规制具有成议。"②

此次筑城之议，正是在大学士严嵩等人的一致赞同之下，经过反复商议并仔细查勘之后，嘉靖皇帝下旨允行的。随后，遣成国公朱希忠告太庙，敕谕陈圭、陆炳、许论及工部左侍郎陶尚德、内官监右少监郭晖提督工程，锦衣卫都指挥使朱希孝、指挥金事刘鲸监督工程，又命吏科

---

①龙文彬. 明会要：卷75. 北京：中华书局，1956：1467.
②吴长元. 宸垣识略：卷1. 北京：北京古籍出版社，1981：18.

左给事中秦梁、浙江道御史董威巡视工程。参与工程的有工部、锦衣卫、内廷宦官、监察系统的言官等，如果此次工成，北京的内外城将成"回"字的空间形态。

但是工程开工后，由于西南地势低洼，土脉流沙难以施工，而且经费仍然不敷修城的浩大工程。面对经费和施工的问题，嘉靖皇帝很是犹豫，便委派严嵩视察工程。所谓"上又虑工费重大，成功不易，以问严嵩等。嵩等乃自诣工所视之，还言：应先筑南面，俟财力裕时，再因地计度以成四面之制"①。严嵩率人亲临工程视察，随后提出，先筑南面，其东西北三面另行计议。未几，严嵩等再度更变原议，彻底放弃了修筑东西北三面城墙的原议，奏曰：

南面横阔凡二十里，今既止筑一面，第用十二三里便当收结，庶不虚费财力。今拟将见筑正南一面城基东折转北，接城东南角，西折转北，接城西南角，可以克期完报。报允。②

当年十月，南面城墙完工。自此，北京内外城整体呈"凸"字形。

《明史·地理志》记载曰："嘉靖三十二年筑重城，包京城之南，转抱东西角楼，长二十八里。门七：正南曰永定，南之左为左安，南之右为右安，东曰广渠，东之北曰东便，西曰广宁，西之北曰西便。领州五，县二十二。弘治四年编户一十万五百一十八，口六十六万九千三十三。万历六年，户一十万一千一百三十四，口七十万六千八百六十一。"③

南城竣工后，词臣张四维（万历时曾任内阁首辅）有《新建外城

---

①周家楣，缪荃孙. 光绪顺天府志：第1册. 北京：北京古籍出版社，1987：11.

②于敏中，等. 日下旧闻考：卷38. 北京：北京古籍出版社，1985：609.

③张廷玉，等. 明史：卷40. 北京：中华书局，1974：884.

记》曰：

　　皇上临御之三十二年，廷臣有请筑京师外城者，参之佥论，靡有异同。天子乃命重臣相视原隰，量度广袤，计工定赋，较程刻日。于是京兆授徒，司徒计赋，司马献旅，司空鸠役，总以勋臣，察以台谏，与夫百官庶职，罔不祗严。乃遂画地分工，授规作则，制缘旧址，土取沃壤。寮藩输锾以赞工，庶民子来而趋事。曾未阅岁，而大工告成。崇庳有度，瘠厚有级，缭以深隍，覆以砖垣，门墉矗立，楼橹相望，巍乎焕矣，帝居之壮也。夫易垂设险守国之文，诗有未雨桑土之训。帝王城郭之制，岂以劳民？所以固围宅师，尊宸极而消奸伺者也。国家自文皇帝奠鼎燕畿，南面海内，文经武纬，细大毕张，而外城未逮者，非忘也。都城足以域民，而外无阛阓，边氛时有报急，而征马未息，故有待于我皇上之缵绪而观扬之耳。夫以下邑僻陬，即有百家之聚，莫不团练垣寨，守望相保。况夫京师天下根本，四方辐辏，皇仁涵育，生齿滋繁，阡陌绮陈，比庐溢郭，而略无藩篱之限，岂所以巩固皇图，永安蒸庶者哉？故议者酌时势之宜，度民情之便，咸谓外城当建。……以隆王者居重之威，以奠下民安土之乐，以绝奸宄觊觎之念，丰芑贻谋，苞桑定业，不亦永世滋大也哉！呜呼！此固圣人因时之政，不得不然者耳。①

　　张四维虽从筑城的防御功能讲起，我们却不能不注意到，当时京城"生齿滋繁，阡陌绮陈，比庐溢郭，而略无藩篱之限"的状况，更是将外城的修筑置于迫在眉睫的境地。

　　《管子》有曰："内为之城，城外为之郭。"城郭的出现，在相当程度上反映了居民聚集的情形，是城市由小到大发展的结果。换言之，古

---

①张四维. 词臣张四维新建外城记//孙承泽. 天府广记：卷4. 北京：北京古籍出版社，1982：43-44.

代中国城市的扩大是从城到郭逐步完成的，郭的出现，总是伴随着城市扩展的要求而来，而人们的"城以盛民""郭以守民"的传统观念，又是城郭得以修建的思想基础与文化环境。

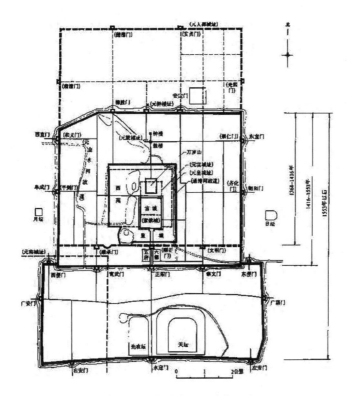

图1-7　明北京城发展三阶段示意图

图片来源：潘谷西．元、明建筑//中国古代建筑史：第4卷．北京：中国建筑工业出版社，2009：30．

○　**方形城里的中轴线**

在明代北京城中可以找到最为标准的"礼数"，首先就是城市的

"方九里"与"旁三门"。

宫城周六里一十六步，亦曰紫禁城。门八：正南第一重曰承天，第二重曰端门，第三重曰午门，东曰东华，西曰西华，北曰玄武。宫城之外为皇城，周一十八里有奇。门六：正南曰大明，东曰东安，西曰西安，北曰北安，大明门东转曰长安左，西转曰长安右。皇城之外曰京城，周四十五里。门九：正南曰丽正，正统初改曰正阳；南之左曰文明，后曰崇文；南之右曰顺城，后曰宣武；东之南曰齐化，后曰朝阳；东之北曰东直；西之南曰平则，后曰阜成；西之北曰彰仪，后曰西直；北之东曰安定；北之西曰德胜。[①]

但是，方形城市的形态并非明朝建城的唯一特色，最值得提出的是建于北京城中心的一条通贯南北的中轴线。

中轴线体现了"中心"的意识，是"王者必居天下之中"的权力意识的体现。中轴线好似北京城的脊梁，鲜明地突出了九重宫阙的位置，体现封建帝王居天下之中"唯我独尊"的思想。所以，在我国古代建筑史上，往往在大建筑群的平面中设置一条统率全局的"中轴线"，这条中轴线将儒家文化的价值理念、政治思想、伦理观念与审美融为了一体。在中国历朝的都城中，不乏设置了中轴线的建筑，诸如唐朝长安城、洛阳城等，然而中轴线最长的还是明代的北京城。

北京的中轴线的历史可以追溯到元朝，元世祖忽必烈弃金中都，在其东北方择址建设元朝国都——元大都，中轴线正式形成，位置在今旧鼓楼大街的中心线及其向南的延伸线，越过太液池东岸的宫城中央，

[①] 张廷玉，等. 明史：卷40. 北京：中华书局，1974：884.《明史》中所记紫禁城八门，实际列出者六门，据《日下旧闻考·京城总纪》：紫禁城门凡八，"曰承天门、曰端门、曰午门，即所谓五凤楼也，东曰左掖门，西曰右掖门，再东曰东华门，再西曰西华门，向北曰玄武门"，左掖门与右掖门没有列出。

这时中轴线长3.7公里。到了明代，统治者将北京中轴线向东移动了150米，明朝初年，大将军徐达将元大都北城墙拆掉南移，东、西、南仍沿用元大都的城墙，中轴线长4.78公里。明朝永乐年间，沿用了元大都的城市中轴线，并修建紫禁城，开始营建皇城，又将元大都南城墙再向南推2里，至此，形成了明朝北京的内城。明嘉靖年间，为加强京城的护卫安全，开始增建北京外城。清朝定都北京之后，没有做大的改动，只是沿袭明代格局，中轴线长度为7.86公里。

建筑学家梁思成对北京中轴线有过这样的赞誉，他说："一根长达八公里，全世界最长，也最伟大的南北中轴线穿过了全城。北京独有的壮美秩序就由这条中轴的建立而产生。前后起伏左右对称的体形或空间的分配都是以这中轴为依据的。气魄之雄伟就在这个南北引伸、一贯到底的规模。"[1]

历史地理学家侯仁之则对北京的中轴线非常重视并进行了深入的研究。他认为，明代紫禁城坐落在元大内旧址上，东西两墙的位置仍同元大内旧址，与北京城墙南移对应，紫禁城南北两墙也分别南移了400米和500米。紫禁城中，外朝三大殿和内廷后三殿与元朝大明殿及延春阁一样，均位于全城的中轴线上，充分体现了中轴线的核心地位。城市中轴线的出现不仅仅确立了城市布局对称分布关系，而且具有深厚的象征意义。由于明代紫禁城南北墙均有向南的移动，所以明王朝在延春阁故址上堆筑"万岁山"（景山），虽意在压胜前朝，但却加强了中轴线的地位与象征意义。而且万岁山取代了元代"中心台"的位置，成为全市几

---

①梁思成. 北京——都市计划的无比杰作. 新观察，1951，2（7）：14.

何中心。此其一。其二，侯仁之还认为，明代紫禁城、皇城、大城依次南移，紫禁城前方空间大为拓展，明代利用这一空间，在中心御道即中轴线两侧布置了太庙、社稷两组对称建筑，开辟了"T"字形宫廷广场。广场两侧的宫墙外，集中布置了中央衙署。[①]这是明朝在都城建筑上的创举。

李建平以其多年对北京的研究，撰写了《魅力北京中轴线》一书，从五行、五镇、阴阳天象、围合空间等方方面面详细解构了北京的中轴线。

他认为，明代北京中轴线在建设和布局上，将紫禁城、皇城向南拓展，突出了坐北朝南的帝王都市特点，而紫禁城、皇城位置准确地布局在中轴线的正中间，又是皇权至上、唯我独尊思想的充分体现。它达到古代都城建筑的最高峰，把几千年来人们对古代帝王都城的设计、文化、智慧、想象都浓缩在这条中轴线上。而中轴线的核心是一个"中"字。他说：

从外城最南的永定门说起，从这南端城门北行，在中轴线左右是天坛和先农坛两个约略对称的建筑群，经过长长的一条市楼对列的大街，到达珠市口的十字街之后，才面向着内城的第一个重点——雄伟的正阳门箭楼、城楼。在箭楼门前百余公尺的地方，拦路是一座大牌楼和大石桥，为这第一个重点做了前卫。……从正阳门城楼到中华门（明为大明门——引者注），由中华门到天安门，一起一伏，一伏而又起，御路的长度和天安门的宽度，是最大胆的围合空间处理，衬托着建筑重点的安排。由天安门起，是一系列轻重不一的宫门和广

---

①侯仁之.北京紫禁城在规划设计上的继承与发展//侯仁之文集.北京：北京大学出版社，1998.侯仁之.明清北京城//侯仁之文集.北京：北京大学出版社，1998.

庭，黄色的琉璃瓦顶，一层又一层的起伏峋嵘，一直引导到太和殿顶，便到达中轴线前半的极点。然后向北，重点逐渐退削，以神武门为尾声。再往北，又奇峰突起，宽阔的景山做了宫城背后的衬托，景山中峰上的万春亭正在南北的中心点上。由此向北是一波又一波的远距离重点建筑的呼应。由地安门、钟楼、鼓楼，高大的建筑都相继在中轴线上。[1]

图1-8　从景山拍摄穿过皇城的中轴线（1901年拍摄）

图片来源：小川一真的《北清事变写真帖》（Views of the North China Affair, S. YAMAMOTO, KANDANISHIKICHOTOKIO, JAPAN.February, 1901）。

三、明筑清修：清朝"悉仍前明之旧，第略加修饰而已"

在中国历史上，改朝换代或政权重建时，兴建都城历来都是首要之举，高大的城墙意味着可以把政治权力与经济利益统统包裹进去，而都

---

[1]李建平. 魅力北京中轴线. 北京：文化艺术出版社，2008：2.

城中的每一建筑都是权力的张扬与胜利者的炫耀。战争的毁坏意味着秩序结构的失灵，意味着以往用以控制这些社会结构的力量不复存在。就北京城的营建而言，无论是辽金、金元，还是元明之间的朝代更替，都伴随着大规模的城墙修筑。但是，唯独明清鼎革是个例外。

清军入关，京城宫阙制度，"悉仍前明之旧，第略加修饰而已"，"明筑清修"①可谓最贴切的比喻。基于此，接下来我们需要关注的应该是清代对"京城遗产"的认识及继承问题。这里，会让我们注意到这样几个问题：

其一，方形空间与中心观念。北京自辽、金朝建都就以方形为制，元明两朝虽利用了原有旧基，但从根本上还是各有规划，属于大修大建，但所建的形制亦没有改变方形的城墙形态。唯独清军入关，没有修建新城，而是完全接受了明代京城的原貌，客观上也是接受了方形形制和中轴线建筑的规划原则。

清代的京城由四部分组成，紫禁城、皇城、内城和外城。所谓"国家定鼎燕京，宫殿之外，环以紫禁城"②。紫禁城又称"宫城""大内"，周长六里许，"南北各二百三十六丈二尺，东西各三百二丈九尺五寸"③。紫禁城外由皇城包围，周长18里有余，也即"三千六百五十六丈五尺"④。李建平说："皇城呈不规则方形，西南角出缺，正好与北京内城西北角出缺一样，受地形、地势所限。皇城周长18里，实测东西宽2500

---

① 于敏中，等. 日下旧闻考：卷37. 北京：北京古籍出版社，1985：1，577.

② 于敏中，等. 日下旧闻考：卷39. 北京：北京古籍出版社，1985：612.

③ 周家楣，缪荃孙，等. 光绪顺天府志：第1册. 北京：北京古籍出版社，1987：18.

④ 同②613.

米，南北长2750米。"①皇城之外由内城环绕，内城周围40余里，"城南一面长一千二百九十五丈九尺三寸，北一千二百三十二丈四尺五寸，东一千七百八十六丈九尺三寸，西一千五百六十四丈五尺二寸"。而北京外城则是"包京城南面，转抱东西角楼，止长二十八里。……城南一面长二千四百五十四丈四尺七寸，东一千八十五丈一尺，西一千九十三丈二尺"②。

从上面城墙四边的数字不难看出，内城南北各在一千二百丈，大致相等，东西在一千七百与一千五百丈，相差不过二百丈，是一个比较端正的正方形，故有"周正如印"③之喻，外城的东西边墙相差更少，不足二十丈，则为标准的长方形。总之，京城的空间形态在外国人的眼中是符合几何立体形状的，诸如英国人有曰，"城是平行四边形，四边面对四个方位基点"④。

此外，明筑清修还表现在宫城即紫禁城内的大殿上。诸如最重要的殿——乾清宫，位于乾清门内，顺治十二年建，康熙八年重建，皇帝召对臣工，引见庶僚皆御焉。宫广九楹，深五楹，正中设宝座，左右列图史、玑衡、彝器。楣间南向，恭悬世祖章皇帝御书匾曰："正大光明"。⑤

其二，城门及命名。北京内城号称九门，外城号称七门。清代将九门和七门之称俱仍明旧，九门"南曰正阳，南之左曰崇文，南之右曰宣武，北之东曰安定，北之西曰德胜，东之北曰东直，东之南曰朝阳，

---

①李建平. 魅力北京中轴线. 北京：文化艺术出版社，2008：57.

②吴长元. 宸垣识略：卷1. 北京：北京古籍出版社，1981：17—18.

③史玄. 旧京遗事. 北京：北京古籍出版社，1986：3.

④斯当东. 英使谒见乾隆纪实. 叶笃义，译. 北京：群言出版社，2014：362.

⑤鄂尔泰，张廷玉，等. 国朝宫史：卷12. 左步青，校点. 北京：北京古籍出版社，1987：204.

西之北曰西直，西之南曰阜成。"① "中国城（外城）共有七座城门，南面有三座（永定、左安、右安），东面有一座主要的城门（广渠），西面一座（广安），此外东西两面还各有一座辅助城门，叫东便门和西便门。"②城门的多寡，在一定程度上体现了传统城市的等级序次，这是古代中国城市政治属性的特征。而中国传统城市大都在四门以上并按方位开设，则是完全体现了儒家文化的四方观念在城市空间中的影响。比如，在四方观念中，重轻的关系依次为南、北、东、西，而传统城市无论大小，其城门基本上是按照先南北后东西的顺序设于四个方面的。所以"紫禁城四门，南即午门、北曰神武、东曰东华、西曰西华"③，就是取儒家文化的四方或天圆地方之意。清朝也将这一理念欣然接受了下来。因此，对城门的继承在一定程度上是对文化的继承。

但是，清朝还是对皇城城门名称作了修订。《日下旧闻考》云：皇城"正南曰大清门，少北曰长安左门、曰长安右门，东曰东安门，西曰西安门，正北曰地安门。大清门之内曰天安门，天安门之内曰端门，端门之内，左曰阙左门，右曰阙右门"。"正南门于顺治元年上大清门牌额。天安门为皇城正门，明曰承天门，顺治八年重修工成，改定今名。地安门明曰北安门，亦顺治九年改定。"④也就是说，清朝的皇城中有三门换了名字，正南的大明门改为大清门，另外两个分别是一南一北的天安门与地安门。更重要的是，这里明确了天安门是皇城的正门，天安门

---

①陈宗蕃．燕都丛考．北京：北京古籍出版社，1991：18．

②Rennie D F, Peking and the Pekingese during the First Year of the British Embassy at Peking, John Murray, 1865.

③于敏中，等．日下旧闻考：卷10．北京：北京古籍出版社，1985：142．

④于敏中，等．日下旧闻考：卷39．北京：北京古籍出版社，1985：612-613．

似取代了大清门的正门地位，但是，在前述六门中却又没有包括承天门，即天安门。对此，李建平作了深入细致的研究，他指出：顺治八年，清重修承天门，竣工后改承天门为天安门，同时将皇城后门北安门改为地安门，表明大清王朝希望天下安定，由此天安门完全具备了皇城正门的地位和作用。而大清门与长安左门、长安右门一起成为天安门前的罩门。这种变化在乾隆二十五年编纂的《大清会典》中就体现出来了，到嘉庆《大清会典》就更明确了"皇城，其门七"的情况，七门与六门相较自然是增加了天安门。[①]

本朝大内之制，全因明旧，无所损益，但易大明门为大清门，余正衙便殿皆仍之。惟各朝房旧在午门外者，今皆移于景运、隆宗二门外。盖国初御门之典，在太和门。后改御乾清门，因亦移入，即唐代之常朝也。常朝五日一举，故御门五日为期。凡题本大除授皆于此降旨。[②]

其三，皇城内集止齐民。据清人记载："皇城周十八里有奇。前明悉为禁地，民间不得出入。我朝建极宅中，四聪悉达，东安、西安、地安三门以内紫禁城以外，牵车列阓，集止齐民，稽之古昔，前朝后市，规制允符。"[③]对此，曾任吏部侍郎的孙承泽在《天府广记》中也有记载。他说："宫阙之制，前朝后市。在玄武门外，每月逢四则开市，听商贸易，谓之内市。"[④]

从文献记载看，清代允许百姓于皇城北部的三门内居住往来，设市齐民，打破了明代的禁规，似有开放之意。而且，从建筑格局上也符合

①李建平. 魅力北京中轴线. 北京：文化艺术出版社，2008：58.
②震钧. 天咫偶闻：卷1. 北京：北京古籍出版社，1982：1.
③朱一新. 京师坊巷志稿：卷上. 北京：北京古籍出版社，1982：27.
④孙承泽. 天府广记：卷5. 北京：北京古籍出版社，1982：56.

45

中国传统文化营城造屋的儒家理念。但实际的情况恐怕未见如此。从清朝实行内外城满汉分治的政策看，更主要的原因或许是清人在将内城的商业服务行业全部驱逐至外城后，为满足皇家后宫及内城贵戚的生活所需，不得不设置一个较为固定的街市而已。统治者在做这种设置时，或许还来不及思考体制及文化方面的问题，不过是从实际需要出发的一种简单而直接的想法。所谓的"前朝后市"，恐怕是士大夫们理想境界中的文化附会而已。但是这一点却又成为清朝在京城空间布局上与明朝的最大不同。

其四，对于北京城市空间的中轴线，清朝似乎没有什么大的改变，因为也没有可以利用的改建空间。不过，赵洛指出："到了清代乾隆年更在景山顶上建式样各异但布局对称的五个亭子，而万春亭雄峙中央。于是把中轴线引向空间立体化了。"从前帝王称孤道寡正是奇。①

图1-9　景山五亭图景（清末）

图片来源：三本赞七郎的摄影作品《北京》（1906）。

---

① 赵洛. 京城偶记. 北京：北京出版社，2000：3.

对此，我们不妨将其理解为中华文明中对神秘力量崇拜的文化传统。而在宫阙北面堆山建亭也素有渊源可循可比，明清宫阙后的景山与金元的万岁山有着惊人的相似之举。据记载，万岁山位于金朝中都子城东北的玄武门外，周二里许，高百余丈，为大内之镇山。金人为堆此山，调集了大量的人力。清人孙承泽考证说："当蒙古初时臣服于金，其境内有一山，石皆玲珑，势甚秀峭。金人望气者谓此山有王气，谋欲压胜之，使人言欲得此山以镇压我土，蒙古许之。金人乃大发卒凿掘，辇运至幽州城北，积累成山。"①而后，金人又开挑海子，栽植花木，营构宫殿，此地遂成游幸之所。及元人灭金，建都于燕。"至元四年，兴筑宫城。山适在禁中，遂赐命万岁山。山上有广寒殿七间。仁智殿则在山半，为屋三间。山前白玉石桥长二百尺，直仪天殿。后殿在太液池中圆坻上，十一楹，正对万岁山。山之东为灵囿，奇兽、珍禽在焉。车驾幸上都，先宴百官于此。"明朝的大内虽已迁移，但及明成祖建宫阙时，仍对此益加修治，皇帝"每遇休沐，辄赐大臣游览"。②其文化中的象征性及神秘力量的影响犹在。

所以，李建平认为，清乾隆年间，清王朝在景山建成五座山亭，后在每座山亭立铜铸佛像一尊，为五方佛，并认同五方佛系密宗，清代在中轴线上展示的是佛家文化，承载佛教文化的建筑是景山上的五座山亭。这分析是有一定道理的，因为它符合清朝利用宗教特别是黄教达到思想统一的一贯方式。这种设计所强调的也是中华文明中的一些神秘元

①孙承泽．天府广记：卷37．北京：北京古籍出版社，1982：554.
②孙承泽．春明梦余录：卷64．北京古籍出版社，1992：1236.

47

素和力量。

可以看出，无论是以城墙为标志的城市体系还是以紫禁城的方形中轴为特点的皇宫都城，都在空间上诠释了政治体制与权力的影响，如果说前者展示的是官僚等级制思想的话，那么后者所要表达的是皇权的至尊。而这些思想的表达，都可视为中国古代人文思想中的重要内容。

第二章

城市经纬

街区坊巷的形态

城市的发展是人类文明进步的重要标志。马克思曾说："城乡之间的对立是随着野蛮向文明的过渡、部落制度向国家的过渡、地域局限性向民族的过渡而开始的，它贯穿着文明的全部历史直至现在"①诚然，与自然且相对分散的农村聚落相比，城市作为政治、经济与文化中心，具有无可争议的支配地位。通过人为的规划和精心营建，每一个城市都会形成反映自身特质的空间格局，而这一人为秩序正是城市人文价值与社会价值的集中体现。

北京作为一个有着近千年历史的古都，其城市的发展饱含了历史的沧桑。在城墙围合的空间中，纵横交错的街巷作为城市的经纬，划分出秩序井然的街区和社区。这些道路和社区系统的构建，正是中国传统空间秩序的体现。从北京城建史的角度来看，现代北京的城市格局可以追溯到元朝。虽然此前的各朝也曾在此营建城市，但这些城市在改朝换代中多遭到严重的破坏或改建。而且，作为第一个在北京定都的大一统王朝，元代重新规划了北京的城市布局，在规模上极大地拓展了城市空间，在空间布局上奠定了此后数百年北京城的格局。正如清人所修《光绪顺天府志》所言，"周官之制，度地居民，九经九纬，经涂九轨。颛

---

① 马克思恩格斯选集：第一卷．3版．北京：人民出版社，2012：184.

若画一，所以建皇极而隆上仪也。京师衢巷，大氐袭元明之旧"①。故本章将从元代讲起，探讨元明清三朝北京城的街道与坊巷格局。

一、元大都的街道、坊巷与胡同

元大都是在金中都东北方向重新规划而营建的新城市，摆脱了旧城区原有街巷房屋格局的制约，这座新城市拔地而起，呈现出规整的特征。除了城市规模、城门设置与宫殿建筑明显受到《周礼·考工记》和《易经》术数的影响外，街道、坊巷与胡同的布局也多依托传统经典，展现出这座城市厚重的人文文化及其对空间秩序的追求。

○ 元大都的街道格局

街道布局是城市规划的重点，也是体现城市整体风貌的关键。元大都是以《周礼·考工记》为蓝本构建的城市，在街道规划上遵照了"国中九经九纬，经涂九轨"的设计，形成了纵横交错各九条大街的格局。据侯仁之先生的研究，这十八条干道的分布具体如下：

每座城门以内都有一条笔直的干道，两座城门之间，除少数例外，也都加辟干道一条。这些干道纵横交错，连同顺城街在内，全城共有南北干道和东西干道各九条。其中丽正门内的干道，越过宫城中央，向北直抵中心台前，正是沿着全城的中轴线开辟出来的。从中心台向西，沿着积水潭的东北岸，又开辟了全城唯一的一条斜街，从而为棋盘式的干

①周家楣，缪荃孙，等. 光绪顺天府志：第2册. 北京：北京古籍出版社，1987：333.

道布局，增添了一点变化。①

这些主干道将城市分为棋盘式的网格，保证了城市总体格局的整齐有序。

据元人记载，元大都的街道宽度有严格的规定，所谓"自南以至于北，谓之经；自东至西，谓之纬。大街二十四步阔，小街十二步阔"。《析津志》中列举的大都的主要长街有："千步廊街、丁字街、十字街、钟楼街、半边街、棋盘街、五门街、三叉街"②。元代大都城街道笔直与整齐的特征，给当时的欧洲旅行家马可波罗留下了深刻印象，他在行纪中说，大都城"街道甚直，此端可见彼端，盖其布置，使此门可由街道远望彼门也"③。

除了纵横交错的大街划分的大区之外，元政府对小街、小巷围合的街区也有系统的规划，其目的都在于保障城市空间的秩序井然。据记载，至元二十二年（1285年），元政府诏令金中都的居民迁入大都新城，当时明确规定："旧城居民之迁京城者，以赀高及居职者为先，仍定制以地八亩为一分；其或地过八亩及力不能作室者，皆不得冒据，听民作室。"④元政府通过"八亩一分"的制度规定，优先考虑富贵之家占地建房，从而形成了此后大都城市街区的整齐划一。对此，马可波罗也不吝笔墨，他称赞说："各大街两旁，皆有种种商店屋舍。全城中划地为方形，划线整齐，建筑屋舍。每方足以建筑大屋，连同庭院园圃而有余。以方地赐各部落首领，每首领各有其赐地。方地周围皆是美丽道路，行人由斯往来。全城地面规划有如棋盘，其美善之极，未可言宣。"⑤

---

①侯仁之. 北京城的生命印记. 北京：三联书店，2009：174.
②熊梦祥. 析津志辑佚. 北京图书馆善本组，辑. 北京：北京古籍出版社，1983：4-5.
③马可波罗. 马可波罗行纪. 冯承钧，译. 上海：上海书店出版社，1999：208.
④宋濂，等. 元史：卷13. 北京：中华书局，1976：274.
⑤同③211.

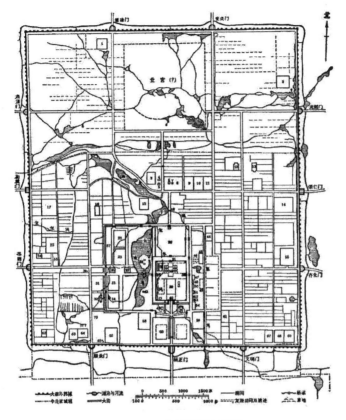

图2-1 元大都平面复原图

图片来源：赵正之. 元大都平面规划复原的研究//《建筑史专辑》编辑委员会. 科技史文集：第2辑（建筑史专辑）. 上海：上海科学技术出版社，1979.

中国官方的记载和马可波罗的观察得到了今日考古学的证明。20世纪后半叶，考古学界在北京发掘了数次元代的居住遗址。比如，1965—1972年，"后英房元代居住遗址"在今北京西直门里后英房胡同西北的明清北城墙基下被发掘，据考古报告中的遗址剖面图，现存居住遗址东西宽度约为70米，考古学者进一步分析认为，"从现存遗址的平面上来看，应是这处居住址的主要建筑的偏北部分……从南边的大门开始，至后园为止，应相当于元大都两个胡同之间的距离。元大都两个胡同之间的距离约为70米"①。这样的分析是非常合理的，因为这样的占地规模正好符合"八亩一分"的规制。1972年，在旧鼓楼大街豁口以西150米许的明清北城墙下，考古学者发掘了西绦胡同元代居住遗址，该遗址"东西总长34.60米"，大概也正好是一个胡同的宽度。②综合勘察工作，考古学者认为："勘查工作证明，大都城内街道分布的基本形式是：在南北向的主干大道的东西两侧，等距离地平列着许多东西向的胡同。大街宽约25米左右，胡同宽约6-7米。今天北京内城的许多街道和胡同，仍然可以反映出元大都街道布局的旧迹。"③

○ 元大都的坊制

从历史上看，坊、乡、都、鄙的行政社区，行之久远，可谓古代中国最为普遍的社区规划形态，而"坊"尤其在中国城市的发展史上占据了重要的地位。"坊制"在唐代已经趋于成熟，表现为坊的地区四周有坊墙，设有坊门，坊内除三品以上高级官员及权贵之家而外，余者不得面街私开门向，夜间坊内有宵禁之规，凡鸣鼓警示后，坊门关闭，行人不得出入，违例之人视犯夜禁者而论。作为城市的管理单元，坊在划分城市居民居住空间的同时，也划分了城市的社会结构空间。《易经》中

---

① 中国科学院考古研究所，北京市文物管理处元大都考古队. 北京后英房元代居住遗址. 考古，1972（6）：2-11，69-73，76.

② 中国科学院考古研究所，北京市文物管理处元大都考古队. 北京西绦胡同和后桃园的元代居住遗址. 考古，1973（5）：279-285，333-336.

③ 中国科学院考古研究所，北京市文物管理处元大都考古队. 元大都的勘查和发掘. 考古，1972（1）：19-28，72-74.

有"方（坊）之类聚，居必求其类"的论说。可见，坊的另一社会功能就是对城市居民在地域上完成类别的区分，分类的标准自然是反映身份与等级的职业，即官僚、手工业者、商人等。因而，坊的实质是封建等级制对城市居民居住环境与范围的限定，它在一定程度上反映了早期的中国城市完全从属于封建政治的特点与属性。坊的存在反映了政府对社会治安秩序和身份秩序的规训。

宋代以后，随着坊墙的毁坏、倾圮，严格的坊制已不复存在。元代继承了这一趋势，虽然大都城的居民区依然以坊为单位，但坊的周围已没有围墙，大街小巷成为坊与坊之间的界限。然而，还应该看到，坊墙拆除所带来的居住自由是有限的。坊仍是一个有效的行政社区，有一定的地界。此外，城居者虽然走出了封闭的居住空间，但却无法逾越已根植于人们头脑中的"类聚"与"群分"的等级观念。在居住上，伴随坊的名称的延续，坊的"分类"功能，仍然制约着城居者对居住地点的选择。它不仅成为人们行为的价值尺度，而且被人们以一种惯性延续下去。

关于元大都城的坊制，文献记载比较详细。元人所著《析津志》记载说，大都城开始设五十坊，"以大衍之数成之"。但据《元一统志》所载实为四十九坊①，有研究者认为这是记载遗漏所致。但所谓"大衍之数五十"，系《易经·系辞上》之语，又谓"大衍之数五十，其用四十有

①《元一统志》所载元大都城四十九坊如下：福田坊、阜财坊、金城坊、玉铉坊、保大坊、灵椿坊、丹桂坊、明时坊、凤池坊、怀远坊、安富坊、太平坊、大同坊、文德坊、金台坊、穆清坊、五福坊、泰亨坊、八政坊、乾宁坊、时雍坊、咸宁坊、同乐坊、寿域坊、宜民坊、析津坊、康衢坊、进贤坊、嘉会坊、平在坊、和宁坊、智乐坊、邻德坊、有庆坊、清远坊、日中坊、寅宾坊、西成坊、由义坊、居仁坊、睦亲坊、仁寿坊、万宝坊、豫顺坊、甘棠坊、五云坊、湛露坊、乐善坊、澄清坊。（于敏中，等. 日下旧闻考：卷38. 北京：北京古籍出版社，1985：600-601；周家楣，缪荃孙，等. 光绪顺天府志：第2册. 北京：北京古籍出版社，1987：430-432.）

九"。所谓"其用四十有九"，是取天地本不全，一切显象之物皆不能圆满之义。所以，元大都城实为四十九坊，当无疑义。不过，随着时间的推移，坊的数量和坊名都出现了新的变化，所以在《析津志》中，出现了一些不同的名称。

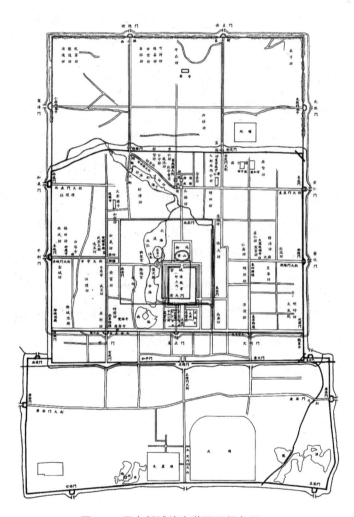

图2-2　元大都城坊宫苑配置想象图

图片来源：王璞子．元大都城平面规划述略．故宫博物院院刊．1960．

　　大都城原初四十九坊的坊名，也都蕴含着深厚的文化背景与道德寓意。大多数的坊名多附会于儒家四书五经等儒家经典，即所谓"名皆切近"。如时雍坊，因《尚书》"黎民于变时雍"之义而得名；乾宁坊，因地在西北乾位，取《周易》乾卦"万国咸宁"之义而得名；咸宁坊，取《尚书》"野无遗贤，万国咸宁"之义而得名；同乐坊，取《孟子》"与民同乐"之义而得名；和宁坊，取《易经》"保合太和，万国咸宁"之义而得名；邻德坊，取《论语》"德不孤，必有邻"之义而得名。玉铉坊，按《易经》鼎玉铉大吉，以坊近中书省取此义以名。明时坊，地近太史院，取《易经》革卦君子治历明时之义以名。怀远坊，取《左传》怀远以德之义以名。凡此等等。[①]而将儒家经典中的嘉语用于日常坊名，既是对国泰民安的期待，也是对美好生活的向往。

　　此外，另外一些坊名因为该坊的地理位置，而具有了对临近衙门或相关群体的期许和劝诫的意思，如睦亲坊和乐善坊都靠近诸王府，所以名中有敦促王族亲善和睦的寓意；阜财坊，坊近库藏，取虞舜南风歌阜民财之义以名。金城坊，取圣人有金城，金城有坚固久安之义以名。保大坊，按传曰：武有七德，定大定功，以坊近枢密院取此义以名。澄清坊地近御史台，取澄清天下之义，这也是对御史职责的讽喻。除了以儒家经典命名，佛教的影响也体现在坊名之中。如福田坊，就是"坊有梵刹，取福田之义以名"[②]。福田为佛教用语，佛教以行善修德能受福报，犹如播种田亩有秋收之利，故称，所以坊名有劝人为善之意。除了取自经典的坊名，也有些坊名取自燕地故事，典型即是灵椿坊与丹桂坊都是

①于敏中，等．日下旧闻考：卷38．北京：北京古籍出版社，1985：601．
②同①600．

取自燕山窦十郎的故事。窦十郎即五代人窦禹钧，因教子有方，他的五个孩子都先后考取进士，人称"窦氏五龙"，传为佳话。当时名人冯道赠窦禹钧诗："燕山窦十郎，教子有义方。灵椿一株老，丹桂五枝芳。"[①]以这样的诗句命名，其中也寓有训诫之意。

○ 元大都胡同的出现与发展

在《析津志》关于元大都街制的记载中，除了二十四步宽的大街和十二步宽的小街外，就是数量众多的火巷与衕通："三百八十四火巷，二十九衕通。"[②]不论名之为火巷还是衕通，都是我们今日所说的"胡同"，简言之，即是无法与相对宽阔的街道相比的小巷。对街巷的称呼因地而异。如"闽中方言，家中小巷谓之'弄'"[③]；又如"京师人呼巷为衚衕"[④]，衚衕又写作衕通，而"衕"即为"巷"也，指狭窄的街道。此外，还有称"衕堂"者，清人梁绍壬说："今堂屋边小径，俗呼衕堂，应是弄唐之讹。宫中路曰弄，庙中路曰唐，字盖本此。"[⑤]朱一新在《京师坊巷志稿》一书中总结概括说：今南方呼巷曰衖，北方呼巷曰衚衕。衚衕合音为衖，衖见尔雅，衚见说文，皆古训也。[⑥]

今日所言胡同，除了火巷和衕通外，还有其他多种写法，在此也不必细究。古往今来，不少学者对胡同这一词汇本身做了诸多考证，但正

①彭定求，等．全唐诗：卷737．北京：中华书局，1960：8406．

②熊梦祥．析津志辑佚．北京图书馆善本组，辑．北京：北京古籍出版社，1983：4．

③谢肇淛．五杂组：卷3．上海：上海书店出版社，2001：60．

④吴长元．宸垣识略：卷5．北京：北京古籍出版社，1981：67．

⑤梁绍壬．两般秋雨盦随笔：卷1．上海：上海古籍出版社，1982：5．

⑥朱一新．京师坊巷志稿．北京：北京古籍出版社，1982：27．

如翁立先生所言，烦琐的考证无助于理解胡同本身。就定义而言，不妨说："'胡同'是元朝时开始出现在我国北方城市建筑布局中的一个专用名词，其作用是等同于街巷、里弄一样的通道，既连着民居院落，又是交通道路，当然它还有社会政治功能及文化诸方面的作用。"①

由于受季风气候影响，为更好地利用采光并避开冬季寒流，元大都的胡同沿着南北干道而呈东西向平行分布。在20世纪的对元大都的调查中，考古学家赵正之先生认为，今天北京市内城东西长安街以北的胡同，如东四南北、交道口南北各处，都沿袭了元大都的规划。此外，在元大都城内的东北和西北部分，从航空照片上可以辨认出若干平行胡同，这些都是元大都胡同的遗迹。②对于胡同的宽度，赵正之先生认为，按照《析津志》中大街二十四步阔、小街十二步阔的宽度比例推测，胡同的宽度当为六步，并认为这与北京现在的胡同宽度大体符合。以研究胡同而知名的翁立先生经过考察后也认为，胡同宽度当为六步（约合9.3米），而且认为东四北的几条胡同就符合这一宽度，因此"宽六步"当为元朝胡同的规模。③但1970年代的另外一些考古工作者通过发掘认为，元朝胡同宽约6～7米。④或许，前者更接近于事实。无论遵从何说，可以肯定的是，胡同的宽度在元代虽有定制，但随着屋宇的增多，后期的建筑者未必都遵从了开始的规定，从而导致了胡同规模的变化。

---

①翁立. 北京的胡同（增订本）. 北京：北京燕山出版社，1992：6.

②赵正之. 元大都平面规划复原的研究//《建筑史专辑》编辑委员会. 建筑史专辑. 上海：上海科学技术出版社，1979.

③同①7.

④中国科学院考古研究所，北京市文物管理处元大都考古队. 元大都的勘查和发掘. 考古，1972（1）：19-28，72-74.

可以想象，当居民在元初迁入新建的大都城时，除了城墙、宫殿等大型建筑与主要的大街、小街外，留出的空间都是按照"八亩一分"的定制自主建造屋宇。每家每户的房屋之间，自然会留出相应的小道，于是胡同就应运而生了。胡同作为居民社区之间的通道，也是家户屋宇之外的公共空间，充满了生活的气息：居民晨昏出入于此，小贩长期贸易于此，宾客不定时经行于此……所以，每一条胡同都是一部完整的日常生活史，见证了一代代居民在其间的喜怒哀乐。而且，不论改朝换代也罢，居民迁移也罢，胡同作为旁观者也是参与者，亲历了数百年的繁华沧桑，从而成为今日京味文化不可或缺的一部分。

二、明清时期的北京城的街道及其管理

经历明初短暂的沉寂，北京至永乐时期再次成为新朝的都城，再次焕发出勃勃生机，成为此后五个世纪中国的政治中心。经历明嘉靖朝的增筑外城之后，北京城的规模与格局从此确定下来，并未因1644年的明清鼎革而出现格局的变数。所以，从本节开始，我们将明清时期划为一个时间单元进行书写。

○ 京城的街巷胡同布局

对中国古代城市而言，城市干道的形成带有普遍性，即由城门对应城内的大街，形成市区的主要干道。此外，还有一些街道因为处于商业中心或者政治文化中心的位置而被提高了重要性，也被视为"大街"。

对明清时期的北京城而言，自明嘉靖朝修筑外城并增设城门之后，城市的街道格局便稳定下来。据清人朱一新的记载：

（内城）"其街衢之大者，中曰棋盘街。南北曰崇文门街、宣武门街、大市街、王府街、地安门街、安定门街、德胜门街、南小街、北小街、锦什坊街。东西曰江米巷、长安街、丁字街、马市街、朝阳门街、东直门街、阜成门街、西直门街、鼓楼东大街、鼓楼西斜街"①；外城"其街衢之大者，南北曰正阳门街、永定门街、崇文门街、宣武门街、东便门街、西便门街，东西曰南大街、南横街、打磨厂、西河沿"②。

不难看出，朱一新所列举的北京内外城的"街衢之大者"，包含对应城门的干道，因而它们直接以城门之名命名；其余"街衢"则各有街名，它们虽非直达城门，却因具有枢纽的地位，同样也被称作大街。此外，还有一些次要的街道，称作"街"或者"小街"。以称"街"者数量最多，称"小街"者则相对鲜见。例如《京师坊巷志稿》中有："北小街""朝阳门北小街""东直门南小街""小太平街"等。它们构成"街"的最小级次。③

尽管大街构成了城市交通网络的干线，但却不如小巷那样更贴近人们的生活。因为，大街两旁往往是商业区、官衙聚集之处，如内城"九

---

① 朱一新. 京师坊巷志稿. 北京：北京古籍出版社，1982：51.

② 同①183.

③ 明清时期形成的街制为民国时期所继承，据民国文献记载，北平"街衢之大者，内城自南至北，曰崇内大街，宣武大街，大市街，王府井大街，北新华街，府右街，地安门街，安定门街，德胜门街，南小街，北小街，锦什坊街。自东至西，曰东、西交民巷，东、西长安街，丁字街，马市街，朝阳市街，东直门街，文津街，阜城门街，西直门街，鼓楼西斜街。外城为正阳门大街，永定门街，宣外大街，崇外大街，东便门街，西便门街，和平门街，南新华街，是为南北经路。曰东、西珠市口，曰骡马市大街，彰仪门大街，三里河大街，广渠门大街，曰南横街，曰打磨厂，曰西河沿，是为东西纬路"（汤用彬，等. 旧都文物略. 北京：书目文献出版社，1986：81.）。

门八条大街之商店无不栉比鳞次"[1]。而小巷则穿行于一排排院墙和民居之间。如前所述，从元代开始，北京的小巷开始被称为胡同。《析津志》中称，元大都有"三百八十四火巷、二十九衖通"。这告诉我们，元代直接被命名为"衖通"者只有29条，而广义的"胡同"有413条。随着人口的增多与住宅密度的增加以及明代以来北京外城的修筑与发展，明清两朝的胡同也有了相当数量的增长。翁立先生根据明朝张爵的《京师五城坊巷衖衕集》和清朝朱一新的《京师坊巷志稿》统计，认为明代北京城的街巷胡同约为1170条，其中直接称为"胡同"的约为459条；清代北京的街巷胡同约为2077条，其中直接称为"胡同"的有978条。[2]胡同数量的不断增多，正是北京发展城市规模的一个重要标志。

需要说明的是，北京的次级街巷的称呼虽以称衖衕为多，但"巷"的称呼并没有完全被排斥，如明代有宝府巷、鞍子巷、豆腐巷、芝麻巷、粉子巷、禄米巷、铸锅巷、棺材巷、柳巷儿、宝鸡巷、扁担巷、果子巷等。清代仍不乏称"巷"的街道，如貂皮巷、三义巷、头甲巷、二甲巷、三甲巷、剪子巷、东江米巷、西江米巷、鲜鱼巷、方巾巷等。其中一些巷的名称一如明代，东西江米巷、豆腐巷等就属于这一类。[3]此外还有称"井"、称"寺"、称"营"、称"夹道"者。

总之，明清时期的北京，其街巷的序次如果按大小级次排列的话，当为大街、街、小街、衖衕、巷等。如果按照数量多寡排列的话，当依次为：衖衕、街、巷、大街、小街等。

①逆旅过客.都市丛谈.北京：北京古籍出版社，1995：175.

②翁立.北京的胡同（增订本）.北京：北京燕山出版社，1992：9-11.

③张爵.京师五城坊巷衖衕集.北京：北京古籍出版社，1982；朱一新.京师坊巷志稿.北京：北京古籍出版社，1982.

○ 京城的街道管理制度

对于街道的管理，明清两代均设有街道厅，隶工部管辖，"日街道厅，所以平治道涂者也"①。清代除设有"街道厅专司（外城）五城街道"外，康熙年间又议准内城街道"交步军统领专管"，并令"给事中兼管街道"②。而清代的街道厅"虽隶工部，然而却在都察院钦点御史满、汉二员"③，这表明街道厅的主要职责在于对街道的监督与维护，"监察"仍是政府在街道管理方面的主要职能。

明清两朝统治者不断采取措施加强对街道的管理和修治，并通过立法严禁损坏街道。如明中期成化年间，朝廷下令"皇城周围东、西长安街并京城内外大小街道沟渠，不许官民人等作践掘坑及侵占淤塞"④。"如街道低洼，桥梁损坏，即督地方火甲人等并力填修。"⑤弘治十三年（1500年），明令对破坏京城道路者给予处罚。规定"掘成坑坎，淤塞沟渠，盖房侵占，或傍城行车，纵放牲口，损坏城脚，及大明门前御道棋盘街，并护门栅栏，正阳门外御桥南北、本门月城将军楼、观音堂、关王庙等处，作贱损坏者俱问罪，枷号一个月发落"。至嘉靖十年（1531年），又将京城的一条主要街道，大通桥至京仓的运路，令"巡城御史督兵马司修筑"，时间限定在"每年二月内"。⑥万历年间，更是对南北两京的街道进行过全面的整饬，规定"凡五城兵马掌京城内外街道沟渠，

①震钧．天咫偶闻：卷4．北京：北京古籍出版社，1982：83．

②（光绪）清会典事例：第10册，卷932．北京：中华书局，1991：700-701．

③汪启淑．水曹清暇录：卷16．北京：北京古籍出版社，1998：253．

④龙文彬．明会要：卷75．北京：中华书局，1956：1456．

⑤申时行，等．明会典：卷200．北京：中华书局，1988：1001．

⑥同⑤．

各奉札付分坊管理"①。此外，为保证街道的干净和整齐，明政府制定了禁止违规占地和排污的规章："凡侵占街巷道路，而起盖房屋，及为园圃者，杖六十，各令复旧；其穿墙而出秽污之物于街巷者，笞四十，出水者勿论。"②这些规定大多为清代所继承。

在前近代的工程技术条件下，路面的维护殊为不易。进入清代之后，随着人口的增多和商业的发展，京城内交通道路承受着更大的压力，清廷对街巷的维护和对道路的修治也极为重视，其结果就是京城主要干道石路的形成与定期修治。在雍正朝以前，北京内城九门等干道虽有铺石，但多已损坏，"行走维艰"，一如土路，只有正阳门外一条御道尚为完整的石路。雍正二年（1724年），清廷开始关注内城石路的修葺问题，命工部及步军统领详勘九门石路损坏和应修应补之处，准备动用内库银两修治。同时，针对街道的脏乱，下令皇城一带禁止当街丢弃污秽之物、晒晾皮衣等，并决定对朝阳门和广安门外的道路进行重点整修。在财力、人力、物力诸多条件的限定下，清廷首先选择修葺朝阳门和广安门外的道路，是基于其重要的地理位置。广安门是北京外城的正西之门，是西南各省士民工商进出京城的一条要道。而位于京城东边的朝阳门，"为国东门孔道"，是众多官员、商人出入的交通干道，也是运河所载漕粮进入京城的必经之路。至雍正七年（1729年），这两条道路的修葺已经告竣。

乾隆帝即位以后，仍然十分重视修葺京城的街道。乾隆三年

①申时行，等. 明会典：卷200. 北京：中华书局，1988：1001.
②同①881.

（1738年）乾隆帝下令将京师朝阳、广安二门的铺石之路交地方官三年查勘一次，如有圮塌报部修理。时有参领王廷臣奏曰：京城"南之崇文、宣武，北之安定、德胜，东之东直，西之阜成等门，尚未修有石路，每遇阴雨泥泞，行走维艰，请增修石路，以惠行旅。再外城广渠门至广宁门，东西十余里，系商货丛集之要路，亦应增修联络"①。这项建议很快得到乾隆帝的允准，令常明办理京师街道。由此，北京城门附近的主要干道大都改成石砌。乾隆十七年（1752年），乾隆帝又下令对干道中尚未铺石的路面平治修垫。"议准广宁朝阳左安右安永定等五门土道，遇有应行修垫者，由巡城御史勘报都察院堂官，敷明咨部兴修。"②

　　乾隆二十二年（1757年），雍正年间重点修治的朝阳门和广安门外的石路再度损坏，由于这两条路是东西方向进京的交通要道，所以乾隆帝下令大修。在修治的过程中，乾隆帝十分关注工程质量，他反复强调要"毋节帑，毋狭材。帑节是重縻帑也，材狭是重废材也"。修成后，朝阳门石路长"六千六百四十四丈有奇，支户部金二十八万四千九百有奇"。广安门石路"因旧址修筑者一千九百八十四丈有奇，又新道增筑者四百七十七丈有奇，凡支帑金十三万八千一百有奇"③。至乾隆二十七年（1762年），清廷又颁谕旨令再修德胜门至清河道路。并说"近来朝阳、广宁等门缮修石道，官民均为便利"④。

　　由统治者对交通道路的关注，可以感受到时人在城市交通建设与

①清高宗实录//清实录：第10册. 北京：中华书局，1987：166.

②（光绪）清会典事例：第10册，卷932. 北京：中华书局，1991：704.

③清高宗御制文初集//故宫珍本丛刊：第569册. 海口：三环出版社，2000：185-186.

④同①510.

环境改造上已产生观念的变化。而经过清雍乾两朝对京城主要干道的修筑，京城形成了对应内外城门俱为石路的交通网络系统。为了加强对石路的保护，乾隆三十四年（1769年）清廷规定，京城各门内外石道保固三年后，每届三年，工部派员查勘一次，若有坍塌之处，即行奏明修补。①

清朝统治者如此重视京城街道的整修，从其多次所发上谕来看，目的在于"以肃观瞻""以便行人"。但从根本上说，这还是儒家政治思想作用的结果，在清朝统治者看来，"平治道路，王道所先，是以周礼有野庐合方之职。自四畿达之天下，掌其修治，俾车马所至，咸荡平坦易"②。客观上，清廷的措施收到了一定的成效，那就是铺石道路的增加，而石路本身也在一定程度上缓解了土质道路所带来的环境污染问题。然而，由于各方面条件及技术的限制，街道的完全改观已是清代晚期的事情。

三、明清时期北京城的坊巷与社区③

在前近代中国的城市中，坊是划分地域空间与居住空间的最主要单元。通过坊制来划分城市社区，属于一种行政上的管理措施，其中体现了统治者的意志，带有统治者的行政理念与管理思想，有权力的运行过程，属于政府行为。同时，城市居民在选择社区的同时，自然会遵从

---

① （光绪）清会典事例：第10册，卷932．北京：中华书局，1991：704．
② 同①702．
③ 刘凤云．北京与江户：17—18世纪的城市空间．北京：中国人民大学出版社，2012：62—71．

"物以类聚、人以群分"的观念，从而也会给一些社区带来某些特定的经济与文化内涵，从而界定坊的社会意义。

○ 明清时期北京城的坊制

自明代以来，北京便有五城与坊的划分，有文献记载曰："京师虽设顺天府、大兴、宛平两县，而地方分属五城，每城有坊。"[1]又有曰："按明制，城之下复分坊、铺，坊有专名……铺则以数计之，如南薰坊十铺之类"[2]。城区的划分是管理的需要，而五城之分则是人们从儒家方位观念出发划分城市的习惯方式，所谓"唐麟德殿有三面，故称三殿，亦曰三院。今京都五城，兼中、东、西、南、北而言，盖即此义"[3]。也就是说，五城即为五方之意，含东、西、南、北、中五个方位。五城之下设坊，明代共计三十六坊：

中城曰南董坊、澄清坊、仁寿坊、明照坊、保泰坊、大时雍坊、小时雍坊、安福坊、积庆坊。东城曰明时坊、黄华坊、思诚坊、居贤坊、朝阳坊。南城曰正东坊、正西坊、正南坊、崇南坊、崇北坊、宣南坊、宣北坊。西城曰阜财坊、鸣玉坊、朝天坊、河漕西坊、关外坊。北城曰：崇教坊、昭回坊、靖忠坊、灵椿坊、发祥坊、金台坊、教忠坊、日中坊、关外坊。[4]

连附县宛平亦设坊。

①吴长元．宸垣识略：卷1．北京：北京古籍出版社，1981：20．

②余启昌．故都变迁记略：卷1．北京：北京燕山出版社，2000：6．

③陆以湉．冷庐杂识：卷6．北京：中华书局，1984：310．

④张爵．京师五城坊巷胡同集．北京：北京古籍出版社，1982：5-19．清乾隆时人吴长元的《宸垣识略》中所记坊名与之略有差异，如保大坊作保泰坊、北居贤坊作朝阳坊、日中坊由西城列到北城之中、西城无咸宜坊而有关外坊，南城无白纸坊，北城将昭回、靖恭两坊合一等。

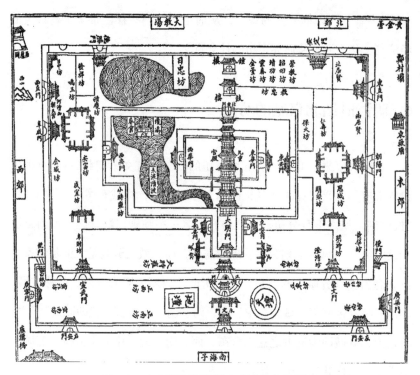

图2-3　古人所绘明晚期北京城坊巷格局图

图片来源：（明）张爵的《京师五城坊巷胡同集》。

而且，北京的坊铺分布也根据商业民居多少而不同，所谓"每坊铺舍多寡，视廛居有差"[1]。如内城西城之阜财坊，在"宣武门里，顺城墙往西，过象房桥，安仁草场，至都城西南角"，其下"四牌二十铺"。南城正东坊，自"正阳门外东河沿，至崇文门外西河沿"，辖"八牌四十铺"[2]。从这一点可以看出明代的北京城"城内地方以坊为纲"的行政区划特征。

---

①沈榜．宛署杂记：卷5．北京，北京古籍出版社，1980：34．

②张爵．京师五城坊巷胡同集．北京：北京古籍出版社，1982：11，14．

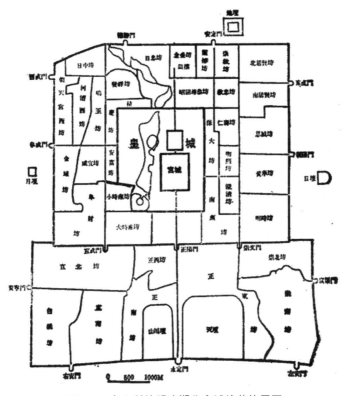

图2-4　今人所绘明晚期北京城坊巷格局图

图片来源： 明北京城复原图//徐苹芳，中国社会科学院考古研究所．明清北京城图．北京：地图出版社，1986．

　　从表面看，"清承明制"也适用于清人在京城布局及管理上对明制的接纳。确切说，清朝也像明朝一样，在京城设立司坊，即坊上有"司"，所谓"司"即五城之"司"，也称"司坊司"，"司"下设坊。但是，清代的坊无论在数量上还是作用上都发生了很大的变化。而这种变化首先是从清人对五城划分的改变开始的。换言之，清朝仍以五城规划城区，只是分法与明朝不同。根据明人张爵的《京师五城坊巷胡同集》记载，明代的中城在正阳门里，皇城两边；东城在崇文门里，街东往北，至城墙并东关外；西城在宣武门里，街西往北，至城墙并西关外；北城在北安门至安定、德胜门并北关外；而南城在正阳、崇文、宣武门外，即外城。也就是说，明代的北京城，中、东、西、北四城统统在内城，只有南城在外城。

那么，清人又是如何划分的呢？对此似有两种说法，一种说法是内外城通分五城，另一种说法是内城、外城各有五城之分。主张内外城通分五城之说的主要根据是康熙年间朱彝尊所编的《日下旧闻》，所谓"旧闻考据本朝定制，合内外城通分五城"①。对此，乾隆朝大学士于敏中在他主持纂修的《日下旧闻考》中作了解释，他说："朱彝尊原书因仍旧制，合内外城分中、东、西、南、北为五城，故前三门外俱谓之南城。今制，内城自为五城，而外城亦各为五城。正阳门街居中则为中城，街东则为南城、东城，街西则为北城西城。"②并指出了清代在划分上与明代的不同，如书中列举了，明代，"自宣武街西起至西北城角，俱为西城。本朝定制，自泡子街南则隶南城"。"又发祥坊，护国寺街起，至德胜门街西城墙止，原书（朱彝尊《日下旧闻》）隶北城，今隶西城"③。

但由于五城的划界，"或凭以墙垣屋址，或凭以胡同曲折"，很是复杂。在雍正五年（1727年），就有令御史"建立界牌"之旨。乾隆二年（1737年）又有"划清界址"之令。至乾隆三十八年（1773年），终于厘定各城各坊界址。④光绪时人朱一新的《京师坊巷志稿》似比较简明又比

---

①吴长元．宸垣识略：卷5．北京：北京古籍出版社，1981：78．

②于敏中，等．日下旧闻考：卷55．北京：北京古籍出版社，1985：886．

③同②788．

④（光绪）清会典事例：第10册，卷1032．北京：中华书局，1991：361-362．

较全面地辑录了明清两代北京坊巷胡同的名称变化、掌故传说。在是书中，朱一新由坊的隶属关系对五城的分界做了说明：

中西坊，隶中城。凡皇城自地安门以东；内城自东长安街以北，王府街以西，兵马司衙衙地安桥以南；外城自正阳门大街，西至西河沿关庙帝、煤市桥、观音寺前石头衙衙，南至西珠市口大街，又南至永定门西，皆属焉。

中东坊，隶中城。凡皇城自地安门以西；内城自西长安街以北，西大市街以东，护国寺街地安桥以南；外城自正阳门大街，东至打磨厂、萧公堂、草厂二条衙衙、芦草园，南至三里河大街，皆属焉。

朝阳坊，隶东城。凡内城自东大市街以东，东直门以南皆属焉。外厢则东便门、朝阳门、东直门外，其分地也。

崇南坊，隶东城。凡内城自崇文门街、王府街以东，交道口、北新桥以南；外城自崇文门外三转桥以东，左安门以北，皆属焉。

东南坊，隶南城。所属皆外厢，南则永定门、左安门、右安门外，东则广渠门外，西则广宁门外，其分地也。

正东坊，隶南城。凡内城东自崇文门街，西至太平湖城根，北至长安街；外城自崇文门大街，西至打磨厂，萧公堂，北至三里河大街西，南至永定门东、左安门西，皆属焉。

关外坊，隶西城。凡内城自西大市街以西，阜成门街、护国寺街以北，德胜门街以东，皆属焉。外厢则阜成门、西直门、西便门外，其分地也。

宣南坊，隶西城。凡内城自瞻云坊大街以西，报子街以北，阜成门街以南；外城自宣武门外大街迤南至半截衙衙以西，皆属焉。

灵中坊，隶北城。凡内城自德胜门街以东，地安桥、兵马司衙衙、交道口、东直门街以北，皆属焉。外厢则安定门、德胜门外，其分地也。

日南坊，隶北城。所属皆外城。自煤市桥观音寺前石头衚衕、板章衚衕以西，宣武门外大街、半截衚衕以东，皆属焉。[①]

这条资料清楚地说明了清代内城与外城各有五城之分，内外城的中城、南城、北城均互不搭界，唯内外城的东西城有连接。而且，坊的变化尤其显著。

其一，清代的坊，合内外城共计十个，相比明代的三十六坊减少了二十六坊。即作为行政区划的坊，在数量上已明显地减少。十个坊，分隶五城。其中，跨内外城的坊有五个，为中西坊、中东坊、崇南坊、正东坊、宣南坊；属于内城及关厢而与外城没有关联的坊有三个，为朝阳坊、关外坊、灵中坊；外厢有东南坊；日南坊则完全属于外城。十个坊中有八个坊的界区在内城，有六个坊界在外城。但是，尽管清朝将坊的数量进行了缩减，明代的许多坊名仍然被当作一个地区的记忆符号被保存下来，如乾隆年间官修的《日下旧闻考》中仍按明代的坊名列举各个辖区，按明代坊的划分排列城区街巷，兼议及掌故。

其二，坊在内城逐渐向坊表、牌楼、街巷的方向发展。如东江米巷西有坊曰"敷文"，西江米巷东有坊曰"振武"。东大市街和西大市街各有坊四：东曰"履仁"、西曰"行义"、南北曰"大市街"。其南，东大市街接"就日坊大街"，西大市街接"瞻云坊大街"。而东西长安街皆各有坊曰"长安街"。此外阜成门内有"锦什坊街"；内城府学胡同有坊曰"育贤"。[②]正如晚清人余启昌所说："内城各大街多建坊，如东、西

[①] 有关清代五城与各坊的划界，于敏中在《日下旧闻考》中有记载，但过于笼统，而光绪朝《钦定大清会典事例》的记载又过于详细。故本书以朱一新的《京师坊巷志稿》为依据进行说明。（朱一新. 京师坊巷志稿：卷上，北京：北京古籍出版社，1982：25—26.）

[②] 朱一新. 京师坊巷志稿. 北京：北京古籍出版社，1982：51，56，94，125.

交民巷口各有一坊，东、西长安街各有一坊，东、西四牌楼各有四坊之类。"①但这些坊已非行政社区意义的坊了。可见，清代在削弱了坊的行政社区功能的同时，也赋予了坊以新的内涵，特别是牌楼、牌坊，它已成为了京城的一道风景线。遗憾的是，清代所建的这些牌坊年久失修而致柱基腐朽。东西单两牌坊就是这样被拆除了，直到民国年间方得重建。

其三，坊虽然是划分城市社区的一级单位，但实际上，坊的存在只能说是一种形式上的继承，是对前朝"遗物"的保留而没有实际的作用。生活在光绪末年的余启昌就其亲身经历的变化谈道："清制于城下有司、坊。司设兵马指挥、副指挥各一员，坊设吏目，俗曰坊官（惟坊名久废）。"②可见，清朝对于传统社区的"坊"不仅仅是将其数量大大减少，一句"坊名久废"清楚地说明，自有清以来，坊已呈明显的衰落趋势，其行政社区的功能可有可无，其作用完全不比从前。

○ 清代北京内城的"旗分"社区及其变动

那么，坊的衰落、"坊名久废"，其原因又在哪里呢？取代坊的行政区划的又是什么呢？从理论上讲，任何制度，在传承过程中总会因政治的需要、人们思想观念的更新或现实环境的变迁而发生变化。清代对城市社区的调整也不例外，而且，其改变的原因完全是政治的因素，即取决于在满族社会中关涉到政治、经济、军事等各个方面的"旗分制"。

---

①余启昌. 故都变迁记略：卷4. 北京：北京燕山出版社，2000：45.
②余启昌. 故都变迁记略：卷1. 北京：北京燕山出版社，2000：16.

按照"只人寸土必八家分之"的"旗分制"原则，清人在入主中原之后，随即于京城实施了大范围的"圈地"，将明代的中东西北四城作为内城，安置由东北内迁的旗人，而这一举措的重大代价是，将原来居住在内城的汉人，不论何种身份地位，一律迁往外城（明代称作南城）。顺治元年（1644年）诏：

> 京都兵民，分城居住，原取两便，万不得已，其中东西三城官民，已经迁徙者，所有田地租赋，准蠲免三年；南北二城虽未迁徙，而房屋被人分居者，田地租赋，准免一年。

顺治五年（1648年）又诏曰：

> 北城及中东西三城，居住官民商贾，迁移南城，虽原房听其折价，按房给银，然舍其故居，别寻栖止，情殊可念，有土地者，准免赋税一半；无土地者，准免丁银一半。[①]

可见，清朝统治者以法令的形式，将原居住在北京内城的居民，不分官民，一律强行迁至外城。同年八月，又以减少满汉冲突为由，重申前令，勒令尚未迁出内城的民众限时迁出。其谕令为：

> 京城汉官、汉民，原与满洲共处。近闻劫杀抢夺，满、汉人等，彼此推诿，竟无已时。似此光景，何日清宁。此实参居杂处之所致也。朕反复思维，迁移虽劳一时，然满汉皆安，不相扰害，实为永便。除八固山投充汉人不动外，凡汉官及商民人等，尽徙城南居住。其原房或拆去另盖，或买卖取偿，各从其便。……其六部督察院、翰林院、顺天府，及各大小衙门书办、吏役人等，若系看守仓库，原住衙门内者勿动，另住者尽行搬移。寺院庙宇中居住僧道勿动，寺庙外居住的，尽行搬移。若俗人焚香往来，日间不禁，不许留宿过夜。如有

---

① 朱一新. 京师坊巷志稿. 北京：北京古籍出版社，1982：26.

违犯，其该寺庙僧道，量事轻重问罪，著礼部仔细稽查。

内城民众"限以来年终搬尽"[①]，居住寺院之外的僧道也要限时搬移。这种以强权手段实行的带有强烈民族压制与歧视色彩的迁徙，前后经历了大约五至六年。

经过数次大规模的清理，原来居住内城的汉族官员、商人、百姓除投充旗下者之外，全部被迁至外城，北京内城的田地房屋，"赐给东来诸王、勋臣、兵丁人等"[②]。内城由此成了满族人的聚居地。有记载曰："内城即正阳门内四隅也，多满洲贵家。"[③]以故内城也号称"满城""鞑靼城"。汉人中除了僧人外，只有少数高级官僚蒙皇帝恩旨赐宅，方得以居住于内城。如康熙年间奉命入职南书房的张英、高士奇等人皆得内城赐第，所谓"张文端以谕德，高江村以侍讲，朱竹垞以检讨，赐第西华门。江村先以詹事主簿赐第，后蒋青桐、查声山皆赐第西华门内"[④]。而外城由于居住的全部是汉人，所以被称作"汉人城"，又称"中国城"，从而形成了京城旗民分城而居的格局，人称"满汉分城"。

满汉分城的直接后果就是在内城与外城形成了不同的社区管理方式。按照清人余启昌的说法，就是"外城属司、坊，内城属旗"。"旗下

①鄂尔泰，等．八旗通志初集：卷23．长春：东北师范大学出版社，1985：434-435．

②鄂尔泰，等．八旗通志初集：卷18．长春：东北师范大学出版社，1985：309．

③张际亮．金台残泪记：卷3//清人说荟（二编）．上海：上海文艺出版社，1990．

④阮葵生．茶余客话：卷8．上海：上海古籍出版社，2012：170．康熙二十二年（1683年），日讲起居注官朱彝尊"入直南书房"，赐居景山北黄瓦门东南；雍正年间，大学士蒋廷锡，赐第李广桥；另一大学士、军机大臣张廷玉，赐第护国寺西，后来，此宅又相继赐给文渊阁大学士史贻直和《四库全书》总裁之一、户部尚书王际华。乾隆年间，军机大臣刘纶，赐第阜城门二条胡同；军机大臣汪由敦，赐第东四、十三条胡同（后名汪家胡同）。军机大臣刘统勋，赐第东四牌楼。尚书、《四库全书》总裁之一的裘日修，赐第石虎胡同。尚书董邦达，赐第新街口。军机大臣梁国治，赐第拜斗殿。文华殿大学士、军机大臣于敏中赐第兴化寺街。

设佐领，以数计之，如某处至某处为某旗第几佐领所辖。"①也就是说，清人在北京内城实施了"旗分制"结构的社区划分，并实行旗、佐领两级管理，坊这一管理形式只作用于外城。

按照"旗分制"，清人在内城以八旗驻防式的管理方式取代了坊的行政区划功能，而"旗分制"作用于城市社区，则又体现为对旗人居住的安置是以八旗方位为原则的。据记载，"八旗所居：镶黄，安定门内；正黄，德胜门内；正白，东直门内；镶白，朝阳门内；正红，西直门内；镶红，阜成门内；正蓝，崇文门内；镶蓝，宣武门内。星罗棋峙，不杂厕也"②。每旗下，满洲、蒙古和汉军，亦各有界址，按照佐领依次从内向外排列。如镶黄旗满洲界，西自旧鼓楼大街、东至新桥，北自安定门城根、南至红庙。蒙古住区：西自新桥东、东至东直门北小街口，北自北城根、南至汪家胡同西口。汉军住区：西自新桥东、东至东直门城根，北自角楼、南至南部街北口。③这种排列方法，使满洲紧临皇城四周，其次为蒙古、汉军，而皇帝所居的紫禁城则被层层围在皇城的中央。从而使内城的居住结构形成了以与皇帝所居紫禁城距离远近为标准的地域空间的等级序列。

此外，内城居住的等级还表现在房屋土地的多寡上。其时，进入京城的八旗王公贵族乃至各级官员除了占据明朝勋臣贵戚的府邸外，也在内城兴建府第。王府与宅第的建筑规格按亲王、郡王、贝勒、贝子、镇国公、辅国公等爵位的等级各有不同。旗下官员兵丁居住的旗房也按品

---

①余启昌. 故都变迁记略：卷1. 北京：北京燕山出版社，2000：6.

②赵尔巽，等. 清史稿：卷54. 北京：中华书局，1977：1894-1895.

③周家楣，缪荃孙，等. 光绪顺天府志：卷8. 北京：北京古籍出版社，1987：236-238.

级分配。据《大清会典事例》记载："顺治五年题准，一品官给屋二十间，二品官十五间，三品官十二间，四品官十间，五品官七间，六七品官四间，八九品官三间，拨什库、摆牙喇、披甲给房二间。"[1]顺治中后期，因京城旗房需求量增加，房屋短缺，顺治十六年（1659年），议准减少原已拟定的官兵住房配额，官员住房按品级递减，级别最低的披甲人仍然保持每人二间。

清人如此规划城市，其目的十分明确，雍正朝大学士鄂尔泰等编撰的《八旗通志初集》有曰："都城之内，八旗居址，列于八方。自王公以下至官员兵丁，给以第宅房舍，并按八旗翼卫宸居。其官司、学舍、仓庾、军垒，亦按旗分，罗列环拱。"[2]也即以八旗"群居京师，以示居重驭轻之势"[3]。当然，除了拱卫皇室之外，作为少数民族建立的政权，清人为了维护满族作为统治民族的利益，其政治中的旗民分治的原则也必然会影响到城市的空间。这就是，凡有八旗驻防的城市，清代一律实行满人城与汉人城并置的制度，满人城多是自成体系的城中之城或附城，而这种满汉分城而居的社区划分自然是以北京最为典型。

但是必须看到，当清人以"旗分制"取代了内城的"坊"的同时，也将北京的内城变成了一座"兵营"，而进入了京城的八旗兵，过的却是城市的生活。城市生活的消费需求、娱乐需求，城市生活的流动性、奢侈性，以及相对的自由与多变，都与"旗分制"存在着过多的矛盾。而且，这些矛盾几乎是在清人实行"旗分制"的城区规划伊始就暴露了

---

①（光绪）清会典事例：第10册，卷869．北京：中华书局，1991：82．

②鄂尔泰，等．八旗通志初集：卷23．长春：东北师范大学出版社，1985：429．

③梁诗正．八旗屯种疏//贺长龄，魏源．清经世文编：卷35，北京：中华书局，1992：867．

出来，并在不断改变着由"旗分制"所划定的内城社区。

最明显的是，王公贵族的府第无法履行"旗分制"与八旗方位的原则。在清人的笔记中，《宸垣识略》《啸亭杂录》《京师坊巷志稿》等，都对京城王公府第作了详尽的考察。由其文中可知，有清一代，京城共有王府40有余，《啸亭杂录》一书记载了42所，晚清人陈宗蕃编著的《燕都丛考》中列举了大约46所。①笔者比照上述王府，从雍正朝所编《八旗通志初集》中查到有旗属的25个王府，其中，可知按照旗分、八旗方位兴建的诸王府不过是六七所，如饶余亲王阿巴泰府在王府大街，其府在正蓝旗界内，阿巴泰亦隶属正蓝旗。又如，"武英亲王府在东华门，今为光禄寺衙门。……豫亲王府在三条胡同"②。武英亲王阿济格与豫亲王多铎初隶两白旗，入关后改隶正蓝旗，二人府第俱在正蓝旗界内；恒亲王允祺府在东斜街，隶镶白旗，府址亦在镶白旗。但是，多数王府不在其旗分界内，包括入关之初的王府。如肃亲王豪格府在"御河桥东"，"江米巷者曰中御河桥"，当在正蓝旗界内，而肃亲王豪格虽领过正蓝旗的几个佐领，但其旗属在镶白旗。礼亲王代善府在酱房胡同口、普恩寺东，府址在镶红旗界内，而代善则隶属正红旗。巽亲王满达海，为代善第七子，府第在缸瓦市，旗属亦在正红旗，而王府在镶红旗。睿亲王多尔衮隶正白旗，其府第最初在皇城内明南宫，但新府在石大人胡同，已在镶白旗界内。

可见，多数王府并非依照旗分方位兴建，不仅王府如此，贝勒、贝子、公以及其他非宗室封爵者，在进入城市后，似也没能考虑其府第的坐落与八旗方位的关系问题。如贝勒杜度（努尔哈赤孙）府在宣武门内

①赵志忠. 北京的王府与文化. 北京：北京燕山出版社，1998.

②昭梿. 啸亭续录：卷4//啸亭杂录. 北京：中华书局，1980：510.

绒线胡同，属镶蓝旗界内，旗籍却隶镶红旗；镇国公屯齐（郑亲王济尔哈朗兄）隶镶蓝旗，其府在甘石桥，属镶红旗界内；正蓝旗镇国公巴布泰（努尔哈赤子），其府在西安门大街，地属镶蓝旗。还有，乾隆朝大学士、一等诚谋英勇公阿桂府在灯草胡同，一等诚嘉毅勇公、定边右副将军明瑞第在勾栏胡同，二人之府第俱在镶白旗界内，但阿桂先隶正蓝旗，后因平回部、治伊犁有劳改隶正白旗，明瑞旗籍则在镶黄旗。[①]

当然，也可以找到按照旗分方位选择建府的例子。如惠献贝子傅拉塔（舒尔哈齐孙）府在背阴胡同，地属镶红旗，其旗籍亦在镶红旗；一等恭诚侯明安隶满洲正黄旗，府第在地安门大街，地处正黄旗与正红旗交界处。但这毕竟是少数，不能代表主流。所以可以说，清代以旗分制划分北京社区，从最初就没有在王公贵族等社会上层中得到贯彻实施。

旗人的城市化破坏了旗分制内城旗人不断流入外城，打破了满人城与汉人城的居住界限，也破坏了旗分制的原则。其时，居住内城的旗人，包括满洲人、蒙古人、汉军以及投充旗下的汉人，称京旗。外城居民主要是汉人，称民人。分配给旗人的房屋、土地，统称旗产。其中，土地称官地，或旗地；房屋称官房，或旗房。由于旗产和俸饷是八旗官兵的基本生活保障，因此，清朝统治者对旗产一向十分重视，颁行所谓"例禁"对旗产实行强制管理。而在诸多"例禁"中，尤以禁止京城旗人居住外城（后通融为禁止宗室居住外城）最为严厉，顺治十八年（1661年），强调禁令颁布之后，在外城买房屋土地者，"尽行入官"，"买者卖者，一并治罪"[②]。《大清会典》中还明确规定，"凡旗地，禁其私典私卖者，犯

---

①请参考吴长元所著《宸垣识略》中的内城及所绘之图。
②鄂尔泰，等. 八旗通志初集. 卷18. 长春：东北师范大学出版社，1985：315.

令则入官"①。也就是说，旗人居住内城是受法律保护并为之所约束的。

清朝对旗人居住的安排，以及为之颁发的各种禁令，固然是为了保证旗人的衣食无忧，但进入京城的旗人很快被"城市化"了，商品经济也以最快的速度蚕食着八旗的"供给"制度，至康熙初年，旗人内部的两大矛盾——贫富分化与人口压力已经出现。所谓"曩日满洲初进京时，人人俱给有田房，各遂生计。今子孙繁衍，无田房者甚多，且自顺治年间以来，出征行间致有称贷，不能偿还，遂致穷迫"。今"满洲兵丁，家贫者甚多"②，贫困旗人住房问题严重起来。

与此同时，内城旗人典当买卖旗房、旗地的逐年增加，而且，向外城迁居者也越来越多，所有的禁令已形同虚文。康熙二十二年（1683年）八月，议政王贝勒大臣等会议，似有承认八旗贫困人员可到城外居住的事实，但康熙皇帝表示反对。他说："今览所议无房产贫丁，令于城外空地造房居住等语。夫以单身贫丁，离本旗佐领地方远居城外，既难应差，又或有不肖之徒肆意为非，亦难稽察。八旗官员房屋田地虽皆系从前分占，亦有额外置买者，可令有房四五十间之人，量拨一间，与无房屋人居住。"③这种有房人分房给无房人居住的办法，仍然体现了八旗旗分制的"供给""均分"等原则。毫无疑问，它无法适应城市货币经济与存在巨大消费需求的社会生活，而为了解决旗人问题，康熙多次谕令大学士等"议满洲生计"，但却始终拿不出解决问题的办法，这使得康熙不得不作出了让步。康熙三十一年（1692年）十二月，康熙同意

---

①清会典：卷20. 北京：中华书局，1991：168.
②清圣祖实录：卷149//清实录：第5册. 北京：中华书局，1987：644.
③中国第一历史档案馆. 康熙起居注. 北京：中华书局，1984：1042.

在外城建造八旗官兵房屋①，并令各旗调查无房兵丁的人数。康熙三十四年（1695年）五月，康熙帝再谕大学士等曰：

> 览八旗都统所察，无房舍者七千有余人，未为甚多。京师内城之地，大臣庶官富家每造房舍，辄兼数十贫人之产，是以地渐狭隘，若复敛取房舍以给无者，譬如剜肉补疮，其何益之有。贫乏兵丁僦屋以居，节省所食钱粮以偿房租，度日必致艰难。今可于城之外按各旗方位每旗各造屋二千间，无屋兵丁每名给以二间，于生计良有所益。此屋令毋得擅鬻，兵丁亡退者则收入官。大略计之约费三十余万金，譬之国家建一大官室耳。敕下钦天监相视，汝等及八旗都统身往验看，宜建造之处奏闻。②

这表明内城旗人不但可以迁往外城，而且由政府出资盖房。而需要指出的是，清朝的这道禁令一开，旗人徙外城者便不仅仅是个别的八旗兵丁了。

至乾隆初年，旗人人口的压力加剧，生计问题凸显。正如御史赫泰所言："八旗至京之始以及今日百有余年，祖孙相继或六七辈……顺治初年到京之一人，此时几成一族。以彼时所给之房地，养现今之人口，是一分之产而养数倍之人矣。"③所以，随着旗人生计问题迫在眉睫，清廷决计迁移京旗到边地屯垦政策的实施，内城旗人徙居外城居住也在情理之中了。显然，正是旗人生计问题对内城居住格局的变化起了一种推动的作用。由于清廷不再明令禁止，旗人迁居外城者越来越多，至道光年间，竟发展到"宗室人等，居住城外，户口较多"的程度。清廷迫于

---

①清圣祖实录：卷157//清实录：第5册．北京：中华书局，1987：733-734．

②清圣祖实录：卷167//清实录：第5册．北京：中华书局，1987：813．

③赫泰．复原产筹新垦疏//贺长龄，魏源．清经世文编：卷35．北京，中华书局，1992：868．

现实，以无法"概令移居城内"为由，责令宗室同外城汉人"一体编查保甲"①，承认了宗室居住外城的合法性。直到同治三年（1864年），有人"诡托（宗室）姓名滋生事端"，才下令"由宗人府饬传各旗族学长佐领等，勒令即时（将宗室）迁回内城"。同治十三年（1874年），清廷再次重申禁令："宗室住居外城，匪徒畏官役查拿，多串结宗室以为护符，著宗人府严饬宗室，遵照向例在内城居住，除在京城外茔地居住者，仍从其旧外，不得寄居前三门外南城地面。"②

旗人由内城迁居外城，从表面看，它是人口增加、贫富分化所导致的结果，实质上，它是八旗制度在旗人城市化过程中的产物，是商品经济与供给制矛盾作用的结果。在客观上，它打破了旗民分治的制度，体现了历史发展过程中民族融合的趋势。正如道光年间大学士英和所言，"国家百八十余年，旗民久已联为一体"③。

随后，外城的商业区与娱乐场所重新出现在内城。如前所述，顺治初年，清政府在将内城全部圈占的同时，也将商业、娱乐等各种服务行业一并迁出了内城。但是，同无法禁止旗人流入外城一样，清人也无法将内城的商业与娱乐业全部禁绝。在顺治年间，清朝便恢复了大清门两侧棋盘街的朝前市，"许贸易如故"④。吴长元《宸垣识略》云：棋盘街"四围列肆长廊，百货云集，又名千步廊"⑤。但棋盘街仅限于内城一隅，又地近外城，自然无法满足整个内城的消费需求。于是，内城的商业在一度萧条之后便以另一种形式发展起来。

---

①（光绪）清会典事例：第11册，卷1033. 北京：中华书局，1991：373.
②（光绪）清会典事例：第11册，卷1031. 北京：中华书局，1991：355.
③英和. 会筹旗人疏通劝惩四条疏//贺长龄，魏源，编. 清经世文编：卷35. 北京：中华书局，1992：80.
④朱一新. 京师坊巷志稿. 北京：北京古籍出版社，1982：52.
⑤吴长元. 宸垣识略：卷5. 北京：北京古籍出版社，1981：80.

图2-5　大清门前棋盘街（清中期）

图片来源：冈田玉山等编绘的《唐土名胜图会》卷二，日本文化二年（1805年）刊。

首先是庙市。由于清人在驱逐内城汉人之时，唯独保留了庙宇寺观，于是，定期的庙市成为内城商业的重心。据清人汪启淑记载：其时京城以庙市可划分出三大商业空间，即"西城则集于护国寺，七、八之期，东城则集于隆福寺，九、十之期；惟逢三则集于外城之土地庙斜街"①。三大庙市有两个位于内城，且十天中竟有七、八、九、十，四天开市，足以说明庙市这种"期集"贸易在内城的重要程度。而庙市的贸易状况，在清人的笔记中也多有记载。如乾隆时期的文人戴璐曰："庙市惟东城隆福、西城护国二寺，百货具陈，目迷五色，王公亦复步行评玩。"②同一时期，居于北京的朝鲜使者朴趾源亦就隆福寺庙市日的情景

①汪启淑. 水曹清眼录：卷9. 北京：北京古籍出版社，1998：138.
②戴璐. 藤阴杂记：卷4. 上海：上海古籍出版社，1985：53.

描述说："是日值市，车马尤为阗咽，寺中咫尺相失"，"卿大夫连车骑至寺中，手自拣择市买"①。可见，在内城，庙市在相当程度上取代了店铺。

但是，庙市作为期集，对于城居者而言仍然有很大的局限性，于是，走街串巷的负贩者成了往来于内城的常客。由于内城有定时启闭之制，负贩的小商贩们往往来不及在规定的时间内离开内城，于是，寺庙作为内城少有的公共空间，又有"私庙房间仍准照旧出租"②之例，而且还是小商贩于庙市日经常光顾的地方，自然成为他们临时的寄宿场所。久而久之，小商贩们又在内城重新开起了店铺，以经营粮、酒等行业为多。而且新开店铺不断增加。据记载，嘉庆年间，竟有"山东民人在八旗各衙门左近，托开店铺，潜身放债，名曰典钱粮"③，做起了旗人的买卖。

图2-6　清末大清门前的街市

图片来源：三本赞七郎的摄影作品《北京》（1906）。

---

①朴趾源. 热河日记：卷5. 上海：上海书店出版社，1997：346.

②（光绪）清会典事例：12册，卷1161. 北京：中华书局，1991：563.

③同②567-568.

除了商业之外，满族人在娱乐方面也照样接受了那些原本属于中原文化的东西。清初虽然将戏园等场所限制在外城，但乾隆三十九年（1774年），内城统计旧存戏园共有九座，据清人震钧说，"隆福寺之景泰园，四牌楼之泰华轩"皆是当时开设的戏园。[1]清廷没有明令取缔戏园，只是规定"不准再行加增"，同时重申"嗣后无论城内城外戏园，概不许旗人潜往游戏"[2]。但是，乾隆末年仍然出现了城内戏院日渐增多的现象，甚至还出现了伶人居内城官房的状况。这是因为，戏曲的魅力不但征服了内城的八旗满洲，也引发了皇室贵戚们对戏剧的极大兴趣，于是，朝廷将南长街以西的南府（原为驸马府）改为升平署，专门组织排练为宫廷服务的曲目。有记载曰："升平署总管一人，首领四人，所部太监并能演剧，但以时唱宴差一出而已。"而且，"（乾隆）南巡后，伶人始得供奉……然伶人不住府中，杂居于邻近之官房，每人例得挈眷占官房三间，领十名之口粮及钱（银）四两。嘉庆中，有首领号王拐棍者，最得宠"。直到"同治以还，伶人多移居南城，官房则为总管据为己有"[3]。

正因如此，嘉庆四年（1799年），清廷虽有将内城戏院"著一概永远禁止，不准复行开设"的谕令，但因宫廷尚在豢养戏班，所以对内城戏院的复行开设，在监管上便采取了较为通融的办法，即"俾开馆人等，趁时各营生业，听其自便，亦不必官为抑勒"[4]。所以，直到光绪末年，京城的戏园越来越多，清末人崇彝说：

①震钧．天咫偶闻：卷7．北京：北京古籍出版社，1982：174-175.

②（光绪）清会典事例：12册，卷1160．北京：中华书局，1991：559.

③陈宗蕃．燕都丛考．北京：北京古籍出版社，1991：425.

④同②561.

（内城西）曲班始于咸、同之际，至同、光间为盛，起初仅三两家，皆本地贫户之女，或大家之婢。其时礼貌甚恭。后渐有天津乐户，渐有江南伎女，皆厕诸京班之内。迨庚子前一年，戴澜为右翼总兵，重编保甲，于是大驱曲班，一朝顿尽。[①]

虽然戏园曲班最终仍被赶出内城，但是它能返回内城并长期存在，表现出城市生活对文化娱乐的需求以及满汉文化在城市这种特定环境下的交融。满族统治者虽然将汉人逐出了内城，但是，却没有拒绝人文文化的传播，这就是西城曲院诞生的社会基础。

①崇彝. 道咸以来朝野杂记. 北京：北京古籍出版社，1983：50.

第三章

空间的伸展

商业文明对城市的形塑

《周礼》：「左祖右社，面朝后市。」

孙诒让注引《尚书》孔颖达疏云：「市处王城之北，朝为阳，故在南，市为阴，故处北。」

孟子云：「王发政施仁，使……耕者皆欲耕于王之野，商贾皆欲藏于王之市。」

在人类历史上，城市历来就具有商业的意义。美国社会学家科斯托夫在列举古代城市起源的诸多条件时，其中之一便是"有利于获取收益"，比如贸易的集散地等等。[①]事实上，世界诸文明在其发展至现代社会的前夜，其城市早已发展为多种功能并存的聚落，构成了人们心中辉煌文明的标志。[②]一方面，大多数城市拥有相当数量的人口聚集，其居民的日常物质及精神生活需求令城市产生出满足这种需求的功能，进而产生与这些功能相对应的社会组织和场所。另一方面，城市自身也在不断发展，某一行业发育逐渐成熟后，便会不断膨胀、不断分化，社会组织日益复杂，手工业、农产品交换活动盛行，商业活动与贸易往来也越来越繁密，最终在城市中形成发达而复杂的商业文明。[③]

清代北京的情况，与上述以欧洲城市为元模式归纳出的发展轨迹，颇多契合。北京不仅是一个政治、文化的中心，也是一个商业发达的城市。悠久的历史，繁盛的人口，诸多的旅人，都令这座城市蕴含了相当

---

① 斯皮罗·科斯托夫. 城市的形成：历史进程中的城市模式和城市意义. 北京：中国建筑工业出版社，2005：38.

② 爱德华·格莱泽. 城市的胜利：城市如何让我们变得更加富有、智慧、绿色、健康和幸福. 上海：上海社会科学出版社，2013：206-215.

③ 亨利·皮雷纳. 中世纪的城市. 北京：商务印书馆，2006：134-140.

庞大的商业潜力。北京还是华北区域社会经济活动的中心，是华北地区贸易活动网络中最重要的城市①，具有商业网络的龙头地位。同时，北京本地的物产亦颇多著称于世者，如玉田香稻、黄芽白菜、董四墓桃、魏六工巨李等，均"甲于天下"②，这进一步催生了本地的商业文化。

然而如果仅仅把北京的商业文明归为一种经济现象，忽视了其中的文化因素，则是对北京城市史的一种低估。中国古代城市普遍具有明显的、普遍的文化权力，城市的模块服从于礼制，其组织、安放与日常运作，更是涉及王朝的文化理念。③事实上，商业在这座城市中，一直不仅仅是一种获取利益的手段，它还受到了以人文特质为核心的城市文化的影响，进而被改造、被纳入到北京文化的体系中去了。这种改造的洪流异常强力，虽然在明清历史上，北京城市的商业活动出现过许多新的现象，处于不断变动的状态中，但是人文思想始终与商业活动之间存在密切的相互作用。其最终结果是，城市商业活动一直在城市的文化轴线附近游走，构成了城市文明的一部分。

不过，问题尚存在另一方面。应该看到的是，北京的城市模式，既不同于简单的栅格型城市，亦不同于自然生长而产生的"有机"城市。④诚然，北京的城市规划与中央政府的意志有着重要的关联，反映了历代统治者试图从城市规划与设施建设的角度与神秘力量沟通，完成"天人感应"这一儒家文化基本精神的意旨，但城市的实际运行，毕竟不是政

①施坚雅. 中国封建社会晚期城市研究——施坚雅模式. 长春：吉林教育出版社，1991：144-232.

②继昌. 行素斋杂记：卷上. 上海：上海书店，1984：70.

③鲁西奇. 中国古代历史的结构. 桂林：广西师范大学出版社，2014：328.

④斯皮罗·科斯托夫. 城市的形成：历史进程中的城市模式和城市意义. 北京：中国建筑工业出版社，2005：1-13.

府力量所能决定的。城市居民的日常生活，犹如流过坚石侧畔的柔水，逐渐改变了中央政府对城市的形塑。这令北京城在栅格化的基本规划之上，增添了许多游走的元素，让城市在发展中带有了更多的人文色彩。商业活动的渗透，就是一个典型的例子。

商业文明对城市文化的形塑，其主要作用方式是通过商业空间中的人与人关系。后现代城市学者理查德·桑内特曾写道：

人类的身体与空间的关系，明显影响了人们彼此间的互动方式……若从现代人的眼光来看威廉·荷加斯（William Hogarth）于1751年所画的两幅版画，一定会觉得很奇怪。……《啤酒街》显示了一群人紧挨着坐在一起喝啤酒，男人将他们的手臂搭在女人的肩膀上。对荷加斯来说，彼此身体的接触代表着社会的联结以及秩序。……相反的，《杜松子酒巷》展示了一个社会场景：在这个场景中，每个主要人物都只看到自己，他们都喝醉了……肉体都已经失去了感觉，他们感觉不到别人的存在，甚至也感觉不到楼梯、板凳以及街上的建筑物。①

尽管后现代思想并不能揭示文化现象中的全部事实，但这一论述已经充分体现了商业空间如何影响着人们在城市中的文化体验。在商业空间中，人们通过对空间的感知和与其他同在这一空间中的社会成员间的相互作用，共同构成了城市的文化模块。特别是，对于一个存在整体规划的城市而言，商业空间被纳入到了城市规划的一部分。它的管理也是城市扩张、维存或衰落过程中不可忽视的重要因素。这些都令商业空间成为城市空间，特别是城市中的文化空间的重要结构之一。

---

① 理查德·桑内特. 肉体与石头：西方文明中的身体与城市. 上海：上海译文出版社，2006：3, 5-6.

在这一节，我们将通过北京商业空间中的文化特征，探寻这一一般意义上的"经济"模块里蕴含的人文精神，进而对北京城市中的文化内核产生更深刻的认识。这座城市里，文化并不仅体现在文化场所之中，而且渗透在城市的各个角落；即使是在以往被认为文化气息较淡薄、商业气息较浓郁的商业空间中，人文精神亦多有体现。

一、布局：商业空间在都城的伸展过程

人类诸文明都曾出现过繁荣且辉煌的都城，都城聚集的国家权力不仅聚拢着政治资源，也不断吸收着文明中的经济资源。欧洲历史上，奉行重商主义的国家总是奋力把物质财富聚集到它们的核心——都城中来，并且将相当数量的物质财富通过商业手段换成他们需要的实物。[1]类似的情况在东方国家也非常普遍。故而举凡势力强大、幅员辽阔、国力兴盛的政治体，其都城一般也具有巨大的商业能力。

○ 面朝后市的空间格局

中国历史上很早就有都城建市的传统。成书于春秋战国时期的《管子》一书，已有"野与市争民、家与府争货"[2]的记载了。此处"野"指国都以外之地，代指都城外的田亩，因而"市"必是国都之中具有商业属性的空间。古人注解此句称："民务本业，则野与市争民"，益证其

---

①刘易斯·芒福德. 城市发展史：起源、演变和前景. 北京：中国建筑工业出版社, 1989：306-308.
②黎翔凤. 管子校注：卷1. 梁运华, 整理. 北京：中华书局, 2004：52.

为都城之商业场所，明矣。而在城市规划中一体规划商业空间，也出现得很早。《周礼·考工》："匠人营国……左祖右社，面朝后市。"所谓"营"，即"规度城郭郊庙朝市之位处"①，亦即对城市进行规划和建设。孙诒让注引《尚书》孔颖达疏云："市处王城之北，朝为阳，故在南，市为阴，故处北。"②市与朝的关系，与阴阳存在对应，这令市集在城市规划中的地位同天地秩序的安排联系在了一起。芮沃寿认为，中国古代的城市规划，存在一种古老而烦琐的象征主义，随着时间的推移而不断传递了下来，基于《周礼·考工》而奠定的城市规划理念就是一个极为典型的例子。③今天可以确定的是，春秋时期，齐、晋等较强的诸侯国，其都邑已经开始从政治性聚落向商业性城市转变了。④早期儒学文化对市集亦颇多接纳。孟子云："王发政施仁，使……耕者皆欲耕于王之野，商贾皆欲藏于王之市……其若是，孰能御之？"⑤商业场所被儒学经典纳入了政治秩序安排的一部分，这说明商业空间自古即带有明显的文化属性。而且商业空间并非仅仅是一个规划当中的"摆设"，其繁荣程度与"发政施仁"的王道兴衰存在重要的联系。

当然，中国古代的都市格局，并非全依"面朝后市"的规则而行。事实上，对单一市场的超越，构成了古代城市商业空间的第一次巨大变革。汉代长安、洛阳各有市场，以官治之，当为城市的核

---

①尚书正义：卷15. 郑玄，注. 孔颖达，疏. 廖名春，陈明，整理. 北京：北京大学出版社，2000：460.

②周礼正义：卷83. 孙诒让，撰. 王文锦，陈玉霞，点校. 北京：中华书局，1987：3428.

③芮沃寿. 中国城市的宇宙论//施坚雅. 中华帝国晚期的城市. 北京：中华书局，2000：37-83.

④许倬云. 周代都市的发展与商业的发达//邢义田. 台湾学者中国史研究论丛·城市与乡村. 北京：中国大百科全书出版社，2005：10-14.

⑤朱熹. 孟子集注：卷1//朱熹. 四书章句集注. 北京：中华书局，1987：211.

心市场，但到西汉后期，新莽政权便已在长安分设"东西市"，各称京畿。[①]虽然王莽援引周礼，支援其策，但这背后无疑反映出此时都城商业空间已经膨胀到单一市场所不能负担了。唐代长安城"市有九所，各方二百六十六步，六市在道西，三市在道东"[②]。可以看到，长安九市的规制是统一的、方块化的，这与整个长安栅格化坊巷制度存在契合，证明这是城市统一规划之下的商业空间。多个市场，在城市空间中不均匀分布，均说明商业空间开始超越早期文化典籍中的秩序安排，打破了政治文化对人间秩序的限制，从城市的孤立功能模块扩大为多个庞大的区域。自此，城市规划中的商业空间，开始超越"面朝后市"的单一格局，而走向较为自由的时代。

而在明清两代都城中，商业空间更多地受到了第二轮变革的影响，即对坊市制度的超越。这一变化肇始于宋代。汉唐时期的城市市场受"官市"制度的控制，只能服从官府的城市规划，即在有围墙且规定了开市时间的官市里集中开市，受到城市官吏的严格管理。这一制度是"坊市"城市结构的必然结果。[③]而南宋由于受到杭州的地理结构限制，其城市规制不可能重现长安、汴京基于矩形的"古典规范"格局，表现为不规则图形成为城市的基本几何结构。此外，宋代发达的商业，极大地促进了杭州的商人们尽量扩大商业交易的场所，使之从大市场走向街

---

①孙星衍.汉官六种.北京：中华书局，1990：6；杜佑.通典.卷11.北京：中华书局，1988：260—261.

②李昉.太平御览.卷191.北京：中华书局，1960：924.

③施坚雅.中华帝国的城市发展//施坚雅.中华帝国晚期的城市.北京：中华书局，2000：23—25.

道两旁[1]，地方官府对这一变化并非没有遏制，但他们逐渐意识到，顺应这一趋势可能更为简单。[2]两种作用的结果是，宋代都城开始走出栅格结构，出现店铺集中之所——"市廛"。店肆骤然增多，基于商业机构而形成的商业网络、商业组织逐渐成熟，附属于规模化的商业行为的业务如会子务、垛场等在城市中异常活跃，城市力图摆脱古典传统下与政治权力、神秘主义相联系的"规范"。坊市制度在宋代的废除，令城市在商业功能上大幅前进，经济上的考量逐渐成为城市空间中最为重要的因素——即使对于与政治权力联系最为紧密的都城，经济因素的影响也已不可小视。这一革命，对于明清北京商业空间在城市中的格局有着巨大的影响。

具体到北京而言，辽代建设南京，一任唐制，已有"坊市"的规划。[3]由"城北有市，陆海百货，聚于其中"[4]，可知这一北京最为重要的商业场所，其主要进行的仍是以农业品为主的实物贸易。辽圣宗耶律隆绪太平五年（1025年），皇帝驾临南京，"至夕，六街灯火如画，士庶嬉游"，是城市商业已初具规模之一证。[5]金元时期，北京"市民辐辏"，商业进一步发展。蔡松年《明秀集注》卷三有语："燕市多名酒，小孙家为绝品"，乃有"赖孙垆独有酒乡温燉"的诗句，消费文化逐渐浮现。到元代后期，北京已是一座有米市、面市乃至珠子市、

---

①斯波义信. 中国都市史. 北京：北京大学出版社，2013：20-30.

②崔瑞德（Denis Twitchett）. 晚唐的商人、贸易和政府. 大亚细亚（新版），1968（1）：63-93.

③脱脱. 辽史. 卷40. 北京：中华书局，1974：494.

④叶隆礼. 契丹国志. 卷21. 北京：中华书局，2014：241.

⑤脱脱. 辽史. 卷17. 北京：中华书局，1974：198；韩光辉. 宋辽金元建制城市研究. 北京：北京大学出版社，2011：167-168.

铁器市等多元贸易场所的发达城市了。^①辽金元三朝基于坊市制度的北京商业格局，为明清时期北京商业空间的进一步发展奠定了重要的基础。

明清时期的北京城仍受"面朝后市"的影响，但这一影响已逐渐微弱。明代宫城之北玄武门外有"内市"，"过光禄寺入内门，自御马监以至西海子一带皆是"，每月四日、十四日、二十四日开市。^②由地域判断，此"内市"即《周礼》之"后市"。明代宫城附近，居民尚多，是定期集市的主要服务对象，不独宫廷所用度也。该市自明成祖朱棣迁都北京时已存在，一直延续到万历后期，东华门内的"内市"与东华门外的"灯市"合并^③，这一具有独特文化意义的商业场所才大为缩减。大约同一时期，灯市发生火灾，进一步削弱了宫城附近的商业活动。清初朱彝尊撰《日下旧闻》时，尚抄录了沈德符《万历野获编》中关于"内市"的记载，说明宫门东北侧的"内市"仍是文人心中的历史记忆。同一时期的《康熙万寿盛典图》也显示东华门外尚有商业店铺存在。但过了数十年后，乾隆年间于敏中等纂修《日下旧闻考》时，"内市"已"无考"，毫无踪迹了。^④至此，"面朝后市"这一中国历史最重要的商业空间文化遂告结束。

---

① 熊梦祥. 析津志辑佚. 北京图书馆善本组，辑. 北京：北京古籍出版社，1983：208-209.

② 明神宗实录：卷532. 台北："中央研究院历史语言研究所"，1962：10042. 孙承泽. 春明梦余录：卷6. 北京：北京古籍出版社，1992：100. 沈德符. 万历野获编：卷24. 上海：上海古籍出版社，2012：514.

③ 刘侗，于奕正. 帝京景物略. 北京：北京古籍出版社，1980：5-8.

④ 于敏中，等. 日下旧闻考：卷40. 北京：北京古籍出版社，1985：624.

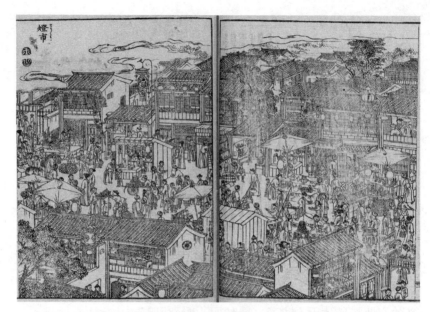

图3-1 清代（中期）的灯市

图片来源：冈田玉山等编绘的《唐土名胜图会》卷三，日本文化二年（1805年）刊。

○ 商业空间的伸展——集市、店铺与路摊

明清时期，取代了"前朝后市"的，是多样化、分散化的城市商业空间。粗略而言，这一时期的北京商业空间大约有三类：集市、店铺集中的"市廛"和占路摊。这三类商业空间并非彼此孤立，例如集市中往往有店铺，店铺附近也可以有占路摊贩。集市包括诸多定期或不定期、功能高度分化或不甚分化的市场。这一变化过程自明代出现①，到晚清已基本完成。《顺天府志》记载了北京的大量集市的位置，既有交易贵重

---

① 韩大成. 明代城市研究. 北京：中国人民大学出版社，1991：60.

物品的银市、珠宝市，也有交易日常生活必需品的鱼市、米市。这些市场的专门化程度甚高，例如在织品交易中，棉花线等半成品有专门的交易市场。而出现在城市繁华地带的市廛则更进一步，以常设的店铺构成了北京城市中稳定存在、秩序较好的商业区域。如正阳街、地安门街、东西安门外等地，清末已"百货所居"，并非一般的露天混闹集市，亦非走贩所能及，而是精致的商户云集之所。[①]甚至，商业场所扩大到了北京城的周边，哺育了通州等卫星城。18世纪末来华的英国使团成员斯当东在经过通州时曾表示："（通州）许多家庭的房子前面开设商店或作坊，后面住家。工商业显得非常兴旺，确实表现出来是一个为首都服务的城市。"[②]通州地处大运河之畔，水路运输是其便利条件，可以很方便地利用船只将货物运到北京。同时每年漕运船舶要经过通州，人流量很大，漕船水手又往往夹带各类货物贩卖，令通州的商业条件更为便利。其结果便是，北京的商业场所不仅因行业而分化，也因结构而分化——作为核心地带的北京城，与作为外围城市的通州，其商业活动是紧密相连的。

商业网点对城市社区（街巷胡同）的渗透，也是明清时期城市商业空间的重要拓展。英国来华使者斯当东描述东部的北京城时，这样写道："街道上的房子绝大部分是商店，外面油漆装潢近似通州府商店，但要大得多。有些商店的屋顶上是个平台，上面布满了各种盆景花草。商店门外挂着角灯、纱灯、丝灯或纸灯，极精巧之能事。商店内外

---

①震钧.天咫偶闻：卷10.北京：北京古籍出版社，1982：216.
②斯当东.英使谒见乾隆纪实.叶笃义，译.北京：群言出版社，2014：332-333.

充满了各种货物。"①十多年以后，另一支英国使团在阿美士德勋爵的率领下来华时，他们看到，外城附近的附郭街道上"商店的豪华装饰令人目不暇接，那些镀金的雕刻实在是十分漂亮。这些商店的商业利润竟然允许这一类无利可图的花费，实在是令人惊奇"②。他们看到的情景并非仅是外国人对中国首都的美化。事实上，清代北京，商店已经通过街巷结构，深入到了城市的结构之中。即便内外城存在旗民分居的规定，也没能阻止这一趋势：先是附郭街道上开设了大量店铺，服务于出城的旗人，接着，内城走贩也逐渐找到了城里的安定之所，最后是店铺在城中的开设。③

商业空间的伸展，其背后是商业利益的驱使，故而总是那些最贴近城市居民生活的商业网点，例如口中所食、身上所衣，对城市的渗透最普遍。日常蔬菜粮食的购买尚且可以通过走贩行商，衣物的买卖则非得依赖店铺不可。故交易成衣、收购旧衣之所，可以被视为城市商业空间向城市街巷渗透的重要标志。而明清时期，北京专门实现此类交易的商户"估衣铺"已经遍布全城了。史载，"估衣"市大多为直接设于街巷的摊肆，例如东城药王庙西"隙地正多"，乃有小市，"凡日用衣服、几筵箧筒、盘盂铜锡、琐屑之物，皆于此取办"④。清中期文人亦有乐府咏之，略云："古庙官街各成市，估客衣裳不在笥。包裹捆载重如山，列帐当衢衣满地。"⑤估衣铺沿街开设，出现"官街各成市"的局面，说明

---

①斯当东. 英使谒见乾隆纪实. 叶笃义，译. 北京：群言出版社，2014：347.

②亨利·埃利斯. 阿美士德使团出使中国日志. 北京：商务印书馆，2013：120.

③刘小萌. 清代北京旗人社会. 北京：中国社会科学出版社，2008：259，266.

④震钧. 天咫偶闻. 卷6. 北京：北京古籍出版社，1982：135.

⑤蒋士铨. 忠雅堂诗集：卷8//蒋士铨. 忠雅堂集校笺. 邵海清，校. 李梦生，笺. 上海：上海古籍出版社，1993：714-715.

服务于城市居民的商业空间以街巷为途径，已经蔓延到了城市的各个角落，进而表现出基于居民活动的商业空间对这座城市的渗透。

图3-2　清末前门大街街景

图片来源：三本赞七郎的摄影作品《北京》（1906）。

多样化与分散化，清代北京商业空间这两项变革，表面上看不过是一种城市商业繁荣的表现，但内在却与城市的气质有着重要的关系。由于商业空间已经与城市的基本结构相结合，它对城市的文化气质也就不能不发生一定的影响了。特别地，当街衢多为商贾所占据，任何一位身处城市中的人，都会为商业氛围所影响，进而产生商业文化的体验。所谓"裙衫袍褂列成行，布帐高支夏月凉。急事临身多绕路，怕听争问买衣裳"①，棚帐遮天，旧衣当街悬挂，已经成为了人们眼中具有特

---

①李若虹．朝市丛载：卷7．北京：北京古籍出版社，1995：144．

殊意义的"一景"，吸引着人们的视线，商业空间中的叫卖则令人感到烦躁。

图3-3　清末前门三头桥的繁华场景

图片来源： 三本赞七郎的摄影作品《北京》（1906）。

可见城市商业空间中的"事物"，已经植入到了居民的日常生活之中，这正是商业与文化交互的基本形式。当一个城市的商业已经潜移默化地构成了居民用来彰显特色的符号，商业空间便不止是单纯的"做买卖的地方"了，它逐渐成为了城市文化的标志性"地点"或"场所"，该空间的地理位置，连同空间所蕴含的体验，都构成了城市独有的商业文化，进而融入了城市的文化气质之中。例如北京前门与永定门之间建有白玉桥，明朝人对此地的观感尚且仅是一个城市名胜地点，而到了清代，人们对此地点的印象便成了天桥集市的热闹繁荣。所谓"天桥南北，地最宏敞，贾人趁墟之货，每日云集"[①]，人们的文化印象里，白玉桥的观瞻已为"宏敞"的集市所取代了。于是，城市文化的转换，其过程又与商业空间的延伸产生了关联。

至此，中国古代都城的商业空间走到了它发展的巅峰。无所不在的商业空间，超越了国家用于象征文化权力的符号，跳出了作为栅格模块而存在的城市单元，而在城市生活的推动下成为了与城市结构不可分离的一部分。对于那些来到北京的人而言，他们身体上的体验，也与城市的商业气质不自觉地产生了重要的关联。光绪年间有《朝市丛载》一书，乃羁旅京华之旅游手册，其中编列了北京大小集市之所在地以及著名店铺位置。对于相当多的旅行者而言，来北京固然是政治与文化上的"朝圣之旅"[②]，但随着他们越来越接近这座城市，他们已逐渐浸入到城市商业空间之中，更不必说本地居民每天都依靠商业空间来满足自身物质及文化上的需求了。这种商业空间的拓展，酝酿了北京城市中以"人"为依托的文化气质，从而令北京城不仅是政治权力的"皇朝心脏"，更成为了一座有文化底蕴的前现代都市。

二、渗透：商业空间对北京社会的影响

前面我们说到了商业文化对北京城市的渗透结果，本节将探讨这一渗透的过程和渠道。商业空间如何渗透到了北京城中？它对北京社

---

①震钧. 天咫偶闻. 卷6. 北京：北京古籍出版社，1982：135.

②维克多·特纳认为，模式化的旅行就是朝圣。详见如下文献：Victor Turner, Dramas, Fields, and Metaphors: Symbolic Action in Human Society, London: Cornell University Press, 1975: 179-206. 由于相当多的文人士大夫来京的主要目的就是参加科考或拜访朋友，其旅途的模式化是很明显的。

会的格局造成了什么样的影响？这两个问题关系到商业因素与北京文化之间交互的本质。可以看到，商业空间从进入北京、到影响北京的城市结构，这与北京城在历史进程中的发展具有某种程度的共时性。北京在元、明、清三朝的历史中，城市规划、交通网络、居民群体风貌都发生了巨大的变化，与此同时，城市商业空间也在不断做出调整，并试图从社会变革中寻找生长的契机。这种调整和生长的过程，也正是商业空间对北京文化进行重塑的过程。

○ 京城的核心市场

对于一个区域而言，核心市场一定是影响其他市场的决定性因素。而由诸多店铺所组成的市廛，无疑是城市中最为核心的商业区域。这一现象自宋代便出现了：《清明上河图》中所展现的市肆云集于街道两旁的景象，便是繁华的市廛。元、明、清时期的北京城市商业基本格局仍然与此类似，不过也有进一步发展。一个重要的现象便是市廛因受交通和城市规制的影响而移动。

元代北京的重要地标建筑是钟鼓楼。"钟楼之制雄敞高明，与鼓楼相望。本朝富庶殷实，莫盛于此，楼有八隅四井之号，盖东西南北街道最为宽广。"而鼓楼则"正居都城之中……楼之东南转角街市俱是针铺。西斜街临海子，率多歌台酒馆"。鼓楼左右则"俱有果木饼面柴炭器用之属"①。钟楼附近有许多奢侈品店铺，如出售沙刺、金银、珍珠的店铺

---

①于敏中，等．日下旧闻考：卷54．北京：北京古籍出版社，1985：868-870．

等。除此之外，距离钟楼1～2个街区，还有米市、缎子市，构成了城市又一类重要的商品交易场合。这两个商品交易分区，共同构成了以钟鼓楼为中心的北京市区核心市廛。

这一市廛的产生，一方面同中国古代城市文化中以钟鼓楼为中心布置城市设施的传统有着密切联系，另一方面也与北京的交通结构有关。元时京杭运河的终端位于积水潭附近，运船可直达此处。虽然大运河一直是官方所用的漕运渠道，但漕船水手往往私带货物，南北巨商甚至有可能疏通关节，利用河道运输货物，因而大运河为商业运输提供的便利仍是非常明显的。商船"舳舻蔽水"，"川陕豪商，吴楚大贾，飞帆一苇，经抵辇下"。距离积水潭最近的地标建筑钟鼓楼，遂成为商人招徕之所。

然而到了明代，运河的改制令北京商业区域发生了巨大的变化。永乐十七年（1419年），明朝将北京城墙向南扩建。这一扩建工程将通惠河圈入城中，使其终端只能停留于城东南的大通桥，积水潭码头遂废，钟鼓楼附近商业区域的优势也就逐渐消减了。当然，这一区域并未迅速衰落，来自北侧入京通衢的货物，仍然以钟鼓楼为重要的贸易中转站。清朝入关后，随着旗民分城而居，此地被辟为两黄旗地界，原有汉人居民及店铺等悉数被迁出内城，市廛一度随之消失。但两黄旗居民中颇多宗室贵族，消费能力并不低，这令钟鼓楼商业区仍有购买力稳定的客源。随着旗民分治界线的淡化，钟鼓楼市廛在清代中叶又有复兴，但商人群体、店铺经营范围，都发生了巨变。乾隆二十一年（1756年）时的资料显示，皇城以北的两黄旗界域（即钟鼓楼商业区域内）共有52家店铺，但其中大多是酒楼、车店等附属于运输行业的店铺，此外就是关东货店铺等北来商户了，以往南北百货并存的局面遂告终止。

由于通惠河的终端缩至大通桥，北京的商业格局随即发生了变化，核心市廛位移至正阳门附近。交通的便利令大小商贩云集于此。自明至清，正阳门外都是商业繁华的地带，"绸缎肆"、药店、"南北货店"等不绝于书。[①]虽然历经崇祯七年成国公府火灾、明清鼎革之际乱军劫掠，这一商区仍然保留了相当的活跃度。清人入京后，商人群体甚至曾有具疏保护明太子的举动[②]，由此可知，正阳门商业虽然大受荼毒，但并未被连根拔起，商民群体仍有一定社会地位。

在清代，正阳门商业圈的经济地位较之明代又有提高，这与附郭街道商业区的兴起有重要的关系。清初定制，内外城旗民分治，内城为旗人所居，汉人只能居于外城。在清朝统治者将内城居住的汉人驱出时，商户、店铺也被迁了出来。这一巨大的社会群体的迁移，导致北京城的居住格局和社会结构都发生了变化，内城的商业氛围几乎扫地无余。然而，由于旗人经商颇多忌讳[③]，汉人又不便来内城开店，故而对于内城的新居民而言，出城贸易就成为最主要的消费方式。与之相对应的是，城门附近及附郭街道的商业区域开始发展。同时，附郭街道位处通衢，路面较宽，这令大量骡马驮运或车运成为可能，因而对于货物吞吐较多的大店铺而言，开设于附郭街道上，就成了一种平衡运输成本与客流的最佳选择。一个典型的例子是粮食交易的店铺。

①卢秉钧. 红杏山房闻见随笔：卷12//四库未收书辑刊：第九辑，第15册. 北京：北京出版社，1997：441.

②于敏中，等. 日下旧闻考：卷55. 北京：北京古籍出版社，1985：887. 徐鼒. 小腆纪年附考：卷9. 北京：中华书局，1957：333.

③王庆云. 石渠余纪：卷4. 北京：北京古籍出版社，1985：196.

乾隆九年（1744年），大学士鄂尔泰奏称："查京城九门七市，每遇秋成，外来各种粮食俱系车马载运，投店卖钱，即用车马运回。"[①]可见"九门"附近市场，由于方便"车马载运"，已经成为京城重要的商业枢纽了。附郭街道成为热门商业空间，这是商业空间对北京城市渗透的新阶段。环城街道此后不仅是北京城市交通路网的干道，也是城市商业的核心区域。

在附郭街道商圈兴起的背景下，交通便利、历史悠久的正阳门发展非常迅速。顺治、康熙时期，内城灯市迁移至此，"至期，结席舍，悬灯高下，听游人昼观"[②]，是为正阳门商业兴盛的重要标志。康熙五十六年（1717年）的史料显示，这一区域已是"商贾万人"的大商区了。至清中叶，据寓居正阳门附近万佛寺的文人董士锡在《齐物论斋文集》卷三中记载，"四面不数十丈，皆市廛"[③]。在这一区域活动的占路摊亦为数不少。据黄钧宰《金壶七墨·金壶逸墨》卷一记载，西郊有狂生陈东山，"营子母合货烛，于京都正阳门列肆"，可知此为占路摊肆，而非赁屋而售的店铺。清人记述正阳门时，总是提到它"棚房比栉，百货云集"[④]，"自正阳门迤而西，为西河沿，阛阓殷赈，号称陆海"[⑤]，说明此时正阳门商圈的商品种类与数量都已十分可观。

---

①清高宗实录：卷226//清实录：11册．北京：中华书局，1987：925．

②查慎行．人海记：卷下//查慎行集：第2册．张玉亮，辜艳红，校点．杭州：浙江古籍出版社，2014：392．

③董士锡．齐物论斋文集：卷3//续修四库全书：第1507册．上海：上海古籍出版社，2002：315．

④于敏中，等．日下旧闻考：卷55．北京：北京古籍出版社，1985：887．

⑤陈昌图．南屏山房集：卷21//四库未收书辑刊：第10辑，第24册．北京：北京出版社，1997：450．

图3-4 清末正阳门大街图景

图片来源： 藤井彦五郎．北清名胜．东京：国光社，1903．

随着清代北京商业的发展，内外分治的局面逐渐不能维持了。一些内城市廛开始迅速发展。除了正阳门，清代北京的重要市廛，还有东西单牌楼、东西四牌楼、东西安门等，这些市廛中相当一部分区域处于内城，是满人所居的地区，民人商户想要前来开店，多有违碍，但这仍不能阻止商业空间的渗透。以东单牌楼为例，明代缩短运河后，在朝阳门、东直门附近设多所粮仓①，此地附近遂成漕粮运输及相关贸易的重镇，也是士子、商人入京的必经之路，逐渐形成了服务于官员、士人、商人、船夫等群体的商业街区。清初由于"旗民分治"，东单附近的商业空间一度消失，但此地仍保留了大量的寺庙，为走贩歇脚提供了条件，也就为内城的商业活动保留了火种。到清中叶，"东单牌楼左近，百货麏集"②，商业区域又已返回内城。至晚清，则银号、绸缎铺、洋货

①张学颜．万历会计录：卷36．万明，徐英凯，整理．北京：中国社会科学出版社，2015：754-758．
②震钧．天咫偶闻．卷3．北京：北京古籍出版社，1982：53．

铺等不一而足，会集于东单附近成为盛景。其余市廛的情况与此亦颇多类似。光绪二十八年（1902年），清廷为整修东安门附近御道，甚至需要开辟"东安市场"以安置皇城外的饭庄、商肆，可见此时内外城"旗汉分治"早已成为历史。至此，北京的商业格局基本打破了清初的分隔状态。这一过程之完成，几乎都是商业力量作用的结果。

图3-5　清末的东单牌楼

图片来源： 三本赞七郎的摄影作品《北京》（1906）。

○ 市廛的文化记忆

繁华的市廛，不仅有商业的意义，也有文化的意义。商业空间的兴盛，与北京城市中"王朝首都"、"天下中心"的文化特征紧密结合了起来。繁华的市廛，不仅是北京的"名片"，也是"天朝上国"的"名片"，标志着四海臣民对国家运势的认同。一些市廛的视觉体验，为这种人文情怀提供了物质文化上的符号联系。这方面最典型的例子是正阳门市廛。正阳门、棋盘街凭借其店铺建筑与装饰的华贵，制造出了美妙的视觉效果，从而令市廛不仅是一种商业的存在，更成为了北京社会文化的一部分。在正阳门商圈最为核心的地带，即大栅栏附近，老铺林立，雕梁画栋，不一而足，所谓"画楼林立望重重，金碧辉煌瑞气浓"①。这一视觉奇观同北京"天咫皇都"的符号意义联系了起来，构成了"皇都景物殷繁，既庶且富"②的"普遍印象"。商业的繁荣景象也就被纳入到了国家政治话语中，构成了一种独特的历史记忆：大栅栏的繁华，标志着天下太平、国泰民安。

一则逸闻可以说明正阳门在清代北京独特的文化含义。康熙时期，护城河曾有一次挑浚工程，挖出了一枚巨大的玉印。当时人认为这是"元顺帝祈雨时所刻龙神印"，祈雨活动后即埋入地下。③在这一都市掌故中，正阳门作为故事发生的地点，成为了人间的王朝首都与神秘世界之间的交界处。玉印在正阳门被埋入地下，便能与龙王神力产生感应，进而催动雨露，这是一件异常典型的人间与神界之间的交互过程。然而这一事件并非仅是一起"元代的"历史事件，更是一份"清代的"历史记忆。清人对这一故事的记录和接受，表明了在他们的意识之中，正阳门的地位是"超时间"的，其"印象"完全超越了一般的城门，而变成了"古已如此"的国都象征。这不能不说是正阳门繁华景象对清代北京文

---

① 李若虹．朝市丛载：卷7．北京：北京古籍出版社，1995：142．

② 于敏中，等．日下旧闻考：卷55．北京：北京古籍出版社，1985：887．

③ 戴璐．藤阴杂记：卷5．上海：上海古籍出版社，1985：59．

化施加影响的结果。

反过来讲，在清人的印象中，正阳门商业区的负面事件，则和国家衰败、都城破毁之间存在联系。在清人的记述中，正阳门附近的火灾最多有两次记载。其一发生在明末崇祯七年（1634年），其二为清末光绪二十六年（1900年）八国联军即将攻入北京时。很明显，这两部分历史记忆，都和王朝衰落的历史大背景密切相关。特别是光绪二十六年的大火，这次火灾的起因是义和团因仇视洋货铺而纵火，所烧毁者大都为正阳门外的绸缎铺、银号等，但在清朝文人官僚看来，便是"京师最繁盛处，……数百年精华尽矣"。"执玉争趋皇极殿，釀金催起正阳门。劫灰销尽昆明火，龙衮于今有泪痕。"①仿佛亡国一般的历史记忆。事实上，盛清时期正阳门并非没有火灾，但清人的记载却少得多：例如康熙二十三年（1684年）、二十六年（1687年）正阳门的两次大火，规模甚大，"火势甚炽，人不能近"，但若非皇帝在谕旨中提到，几乎湮没无闻。②由此可见，商业空间早已超越了一般的经济现象，进入了文化空间，成为了北京"综结天地"的体现。商业环境的盛衰，与国运、家势牢牢地绑在了一起，成为了传统中国政治文化的一部分。

三、共轭：商业空间与城市文化场所的结合

对于大多数历史悠久的文明而言，城市不仅是世俗的人类聚落，也

---

①李希圣. 庚子国变记. 上海：上海书店，1982：4-5. 樊增祥. 樊山续集：卷18//续修四库全书（1575册）. 上海：上海古籍出版社，2002：5.

②此两事记载见中国第一历史档案馆. 康熙起居注. 北京：中华书局，1994：1149，1593.

是信仰与人世发生关系的场所。城市空间中不仅要有满足居民物质交换需求的场所，也要有满足精神需求的区域，如寺庙、祭坛、教堂、带有神像或纪念碑的广场等。这些区域便是城市的文化空间。当文明发展到一定程度，与神秘力量的沟通逐渐系统化，形成带有宗教性质的信仰，这些场所的神圣性、权威性也就不断增强，在城市中的地位也就愈加重要。神的旨意不仅可以创造城市，也可以毁掉城市，故而城市中的人们对神意总是充满了尊敬或畏惧，这些场所的庄严性也就不容置疑了。①

○ 庙市

寺庙兼具市场功能，在中国古代是个不能不说的话题。一般而言，文化场所的庄严特征及权威性决定了它具有维持场所秩序的力量和能量。例如在古代雅典，神庙和集市便是分开的，城市的公共属性体现在集市中，在集市上，人们来来往往，交易货物，或如苏格拉底般对众人演讲。人们即便聚集在文化场所中，其目的也是为了完成某种精神上的仪式，如中世纪欧洲的教堂、伊斯兰世界的清真寺，等等。中世纪的欧洲教堂，即便身处闹市，也会有虔诚的信徒自发地在教堂中试图保证静修的环境，更不必说修道院这一种刻意选址于人迹罕至之处却又保有城市基本结构的特殊聚落了。②看起来，对于大多数情况而言，城市文化场所应是和商业空间分开的。

---

① 斯皮罗·科斯托夫. 城市的形成：历史进程中的城市模式和城市意义. 北京：中国建筑工业出版社，2005：34.
② 刘易斯·芒福德. 城市发展史：起源、演变和前景. 北京：中国建筑工业出版社，1989：287.

　　然而对于中国传统社会晚期的城市而言，情况似乎又有所不同。城市中的寺观等等，以一定周期举行宗教祭祀活动，是城市社会成员定期聚集之所。人群的聚集，为商业活动提供了巨大的便利，因而围绕着各寺庙的宗教活动形成了独特的商业形式——"庙会"。[1]城市商业在盲目而又自发的碰撞中，遂就此找到了一片新的天地。对于寺庙僧侣而言，庙会可以增加寺庙的"人气"，贴补香火；而对于参与城市生活的居民而言，"庙会"的商业化，也是一件有利于生活、增添玩好之娱的美事。在这些因素的推动下，"庙会"实现了商业空间与宗教空间的交叠。也正因为它的商业属性，"庙会"又被人称为"庙市"。

　　"庙会"在中国出现得很早，宋代汴京大相国寺每月开放五次，届时不仅群僧齐聚念经，外人得以膜拜，而且"万姓交易"。大相国寺中庭"两庑可容万人"，"设彩幕、露屋、义铺"，售卖簟席、屏帏、腊脯等。此外，寺中其他位置也各设商铺，"商旅交易皆萃其中"[2]，售卖物件从王道人蜜煎、赵文秀笔到帽子、特髻、"书籍玩好"等，不一而足，以至相国寺又有"破赃所"之谑称。[3]人们来到寺庙中，不仅是为了膜拜佛像、布施还愿、观赏壁画，也是为了购置诸般什物，抑或只是看看热闹。可以看到，大相国寺的庙市，已非简单的走贩游商席地而为，而是有修造好的店铺处于其中；所交易的物件也并非单肩一负便能解决，而是商品花样繁多，已达到成熟商业场所的标准。凡此种种，都说明宋代"庙市"已经发展到了相当成熟的程度。

---

①蔡丰明．城市庙会：人性本质的释放与张扬．学术月刊，2011（6）：94-106．

②孟元老．东京梦华录注：卷3．邓之诚，注．北京：中华书局，1982：89-94．

③王栐．燕翼贻谋录：卷2//景印文渊阁四库全书：第407册．台北："商务印书馆"，1986：728．

　　明清庙市延续了宋代特征，并有进一步的发展，特别是到了清代，其变化更为明显。庙市不再是大城市的专有事物，连中小城镇也都有了"赶庙"的习俗。而对于北京而言，明代以都城隍庙庙会最胜。明代的《燕都游览志》说："庙市者，以市于城西之都城隍庙而名也。西至庙，东至刑部街止，亘三里许，其市肆大略与灯市同。第每月以初一、十五、二十五开市，较多灯市一日耳。"①明代一年一度的灯市可轰动九城，能与灯市相比的都城隍庙庙会，其盛况可想而知了。黄淳耀《陶庵文集》卷十二中载："东城灯市声阗阗，西城庙市争臂肩。"②到了清代，大量的寺庙都有了自己的庙市。庙会广泛分布，不再专属于城市中较大的寺庙，它对北京城市的生活、文化都造成了巨大的影响。

　　庙会在时间分布上的重要特征在于其间歇性。它属于定期的集市贸易。庙市在每月之中定时开放，成为了北京城市中此起彼伏的商业"事件"：

　　　　朔望则东岳庙、北药王庙，逢三则宣武门外之都土地庙，逢四则崇文门外之花市，七、八则西城之大隆善护国寺，九、十则东城之大隆福寺。③

　　这些大型庙市在城市中的时间、地域分布具有明显的离散性，这样一来，城市的各区域都有自己的庙市。例如，西城先有广济寺为其标志性庙会，后由于广济寺翻修，迁往了地面较为宽广、可容纳更多访客的护国寺。护国寺庙会遂成为西城的特色文化、商业活动。与此类似，东

---

①于敏中，等. 日下旧闻考：卷50. 北京：北京古籍出版社，1985：796.
②黄淳耀. 陶庵文集：卷12//景印文渊阁四库全书：第1297册. 台北："商务印书馆"，1986：791.
③潘荣陛. 帝京岁时纪胜//帝京岁时纪胜·燕京岁时记. 北京：北京古籍出版社，1981：22.

城庙市以隆福寺最为著名，外城宣武门附近之土地庙斜街庙市于每月初三邀集，是宣南地区的核心庙市①，亦名动一时。

除了这些核心庙市，在各个区域还有一些规模稍小的庙市。例如西城白塔寺庙市自晚清开始每月逢五、六开市，届时也是车马辐辏，颇为热闹。②这些较小的庙市散落于北京城区之中，构成了和定期庙会风格互有异同的风景。它们的开办周期大多要长得多，很多小庙会每年才办一次，而且经常和神像开光、寺中重要藏品展出时间一致。换言之，这些庙会表现出附着于文化活动的特点。例如北京城之北的觉生寺（大钟寺），庙市"每至正月，自初一日起，开庙十九日"，阜成门外白云观庙会每年正月初一日起，开市十九天。西直门外万寿寺，则于夏四月每年四月开庙半月。③赶庙会同时具有了商业和文化两方面的意义。与其说它们是"定期开市"，不如说是"定期开庙"。这些庙会的开市日期构成了寺庙的特征属性，或者说成了寺庙的"名片"。

庙市的经营范围很广，"日用所需，以及金珠玉石，布匹绸缎，皮张冠带，估衣骨董，精粗毕备"。文人墨客对庙市的记载，当然集中在奢侈品、工艺品等可供收藏的玩好之物上，所谓"羁旅寄客，携阿堵入市，顷刻富有完美矣"④。但实际上庙会出售最多的仍然是"寻常日用之物"，如衣服、饮食以及各种小物件，布匹的买卖尤为繁盛。多样化的商品贸易，大大增添了庙市的商业活跃度，吸引着大量的居民前来"赶庙"。稳定的客流也为卖者提供了便利。中小商贾入庙市能让商品为更

---

①汪启淑. 水曹清暇录. 卷9. 北京：北京古籍出版社，1998：138.

②胡玉远. 春明叙旧. 北京：北京燕山出版社，1999：384.

③敦崇. 燕京岁时记//帝京岁时纪胜·燕京岁时记. 北京：北京古籍出版社，1998：51-52.

④潘荣陛. 帝京岁时纪胜. 帝京岁时纪胜·燕京岁时记. 北京：北京古籍出版社，1998：22.

多人所接触，自然乐于前来，甚至到庙市开市时，市廛中的商贩还会向庙市中转移。因而北京四大庙市开市时的规模丝毫不亚于一般市廛，乃至庙中空间不敷使用，需要占用街道。商业与经济利益，是庙市得以延续不断、始终繁荣的本质原因。

繁荣的庙市，构成了北京城市文化的重要组成部分。最明显的一点是，它不仅令寺庙、道观等宗教文化空间的人气得以保证，而且发展了这些空间在城市中的意义，让宗教文化空间与城市的日常生活得到了全新的结合。这对于北京城市有着相当重要的意义。众所周知，宋代以后，随着人文主义思想在儒学中的贯彻，士大夫的精神世界与带有神秘色彩的宗教文化之间的联系逐渐减弱。[①]换言之，支撑神秘主义信仰的政治文化被严重削弱了，都城当中的寺庙也因而面临一种潜在的危机。这种危机落实到历史事实当中，表现为清代京城士大夫佞道礼佛之风尚远逊于南北朝、隋唐时期。"南朝四百八十寺，多少楼台烟雨中"的盛况，清代北京是大为不如了。然而寺庙空间在清代虽然不如隋唐都城繁盛，却发展出了另一层意义，亦即寺庙文化的"世俗化"进入了北京城市生活的视野，这正是通过"庙市"这一特殊载体完成的。

虽然"赶庙"的居民们很多仅仅是来凑热闹买东西，但不可否认的是，在这种商业活动中寺庙是受益者，而非仅仅是场所的提供者。一个典型的例子是广安门附近的财神庙。该庙于正月初二开放，届时自骡马市大街往西沿途均有摊贩卖香、卖纸元宝等。香客一路前往，投给香资，请新福商品，如写有吉祥话的纸鱼等。纸元宝寓意新年财运亨通，

[①]孙英刚. 神文时代. 上海：上海古籍出版社，2013：1-26.

京城之人趋之若鹜，虽然人潮汹涌、摩肩接踵，仍争先投香求福。故而寺庙多年间一直香火旺盛。[1]财神庙本来世俗程度就较高，人气就较旺，对于那些宗教信仰意味较浓的寺庙，庙会的重要性就更大了。东便门附近的蟠桃宫，始建于明代，于清康熙元年（1662年）重修，是北京著名道观之一。该庙规模不大，但却因庙会而成为北京知名庙宇。农历三月初一至初三，蟠桃宫都要开庙三天，届时护城河畔茶铺、货摊林立，游者进庙烧香、叩拜玉皇，十分热闹。[2]对于一个小道观而言，这样的人气无疑很大程度上来自于庙市的号召力。

○ 庙会与城市气质

庙会的商业化，其意义超越了简单的"商业冲击文化"。商业场所为宗教场所带来了更多的拈香者，这不仅意味着布施的增多，更重要的是，人气保证了宗教文化于城市空间中"在场"，存留于市民的意识中。通过一次次宗教仪式或是庙会的"重申"，这些寺庙将宗教文化同城市气质紧密地联系了起来。

作为一种跨商业、文化场域的社会活动，庙会对北京城市中的社会关系造成了重要的影响。一方面，商业功能极大地扩大了北京商业活动的参与群体。由于礼教的束缚，以及身体方面的微妙观念，传统良家妇女参与一般市井商业活动时多有不便，而庙会上香这一社会活动则为很多中上层社会妇女打开了一扇通往外部世界的门扉。例如右安门外有护

---

[1]肖承熹. 老北京的春节庙会//旧京人物与风情. 北京：北京燕山出版社，1996：232-235.
[2]张以容. 蟠桃宫//胡玉远. 春明叙旧. 北京：北京燕山出版社，1999：394-395.

国泰山中顶普济宫，祀碧霞元君，每年夏季庙会之际"男女奔趋"，"士女进香杂沓"。[1]这令妇女在一定程度上得以参与到商业活动中，借赶庙时聚会的习俗，构成了北京妇女群体的重要文化形式。

即便是社会中较有优势的群体——官僚士大夫，庙会同样为他们参与商业活动提供了渠道。士人入市，与商贩争价，素招忌讳。虽然清朝北京习俗对此已放宽很多，但对于谨守礼法之人而言，直接进入集市，仍有诸多顾虑。朝鲜来京使臣就曾赋诗讽刺："车声马迹厂西东，金宝珠玑四海通。百队旗亭谁是主？王公多是数缗翁。"[2]与此相比，庙市属于"进庙上香"的附属，不似城市规划的市场那样以儒家礼法为文化背景，繁文缛节较少，因而对士人而言，去庙市无疑更为轻松。事实上，清初慈仁寺庙市是以王士禛为中心的北京诗文社交圈最常聚会的地点。散直出宫，"步行评玩"，构成了士大夫的日常文化生活。

另一方面，"庙市"也为商人融入城市提供了一条通道。清代北京的很多商人都热衷于资助寺庙，筹办庙会，这成为商人与寺庙僧侣之间经济往来的重要形式。

而从"赶庙"之人的购物体验来看，琳琅满目的商品，令人目不暇接，这令普通居民"赶庙会"不仅是一种简单的"获取商品"的过程，更是一种"博物"的体验。对于京城百姓而言，生平所见，无非京畿数十里以内；即便是外省来京之人，所习见者亦无非所游之地。然而多样的商品，特别是大量带有奢侈品特点的文玩之物，大大丰富了入市者

---

① 李卫，等. 畿辅通志：卷51//景印文渊阁四库全书：第505册. 台北：台北"商务印书馆"，1986：165-166；周广业. 过夏杂录：续录//周广业笔记四种：下册. 上海：上海古籍出版社，2013：281.

② 姜濬钦. 燕行录//林基中. 燕行录全集：第67册. 首尔：韩国东国大学校出版部，2001：58.

的认知范围，形成了一种买者与卖者共同构建的、欣赏"奇珍异宝"的商业文化体验。明人沈德符记城隍庙庙会事，乃云："书画骨董，真伪错陈，北人不能鉴别，往往为吴侬以贱值收之"[1]。庙会商业活动，特别是奢侈品、收藏品交易的背后，其实是城市文化的底蕴。珍奇物件的转手，正是文化资源从隐藏不显的状态转入流通的过程。在这一过程中，城市的文化资源不断被刷新、重写，构成了城市文化的一部分。即便是对于奢侈品以外的日常所习见的什物，"庙市"仍然大大丰富了人们的认识。很多参与庙市贸易的商贩都是小本经营者，或自产自营，或负担运贩，所售卖者也都是日常贱物。例如售花者，所售商品有本地的佛手、香橼，也有贩自南方的水仙、兰花等。庙会之时，花农负担而至，百花齐放，煞是热闹；大庙市的花卉，尤为北京城一景。[2]民俗掌故，凝集在了北京城市文化之中。

"庙市"对内城的渗透，更能说明商业空间在北京社会文化中的意义。前面提到过，清朝统治者进入北京后，实行"旗民分治"的政策，将内城民人悉数迁出，店铺也就集中到了附郭街道上。不过，在这一迁徙活动中，内城的寺庙道观却被保留了下来，于是"庙市"成为了内城最重要的商业活动。护国寺、隆福寺、土地庙斜街三大庙市中有两个位于内城，每旬开市四天，可见这类期集庙市的重要性。同时，寺庙还为不愿夜间出城的摊贩和小商人提供了居所，供他们寄放商品、留宿等。雍正五年，皇帝谕称，内城商贾"或在客店寺庙，或倚亲友居停，或租

---

①沈德符．万历野获编：卷24．上海：上海古籍出版社，2012：514-515．
②翁偶虹．花农张老//旧京人物与风情．北京：北京燕山出版社，1996：110-114．

赁房屋"而逗留^①，可知此时"旗民分治内外"的局面已难于维持了。最后，统治者亦不得不做出妥协，规定"京城内外客店寺庙以及官民人等，果知其人行踪来历，可以深信，方许容留栖止"^②。这事实上默许了作为商人的民人从城外返回城内。清朝北京"旗民分治"这一标志着满汉鸿沟的城市制度，至此出现了松动。从这一历史过程来看，"庙市"的存在意义非常重大：它利用了自己跨越商业与文化的特点，在点滴磨合中，促使城市布局尽量以较为自然的、符合居民的便利的形态存在，从空间的角度打破了封建政治权力对社会的人为分割，从而在某种程度上重新将设计城市的结构分布的权力交还给了社会。商业与文化的结合在这一历史过程中表现出了"以人为本"的蓬勃生命力。

我们今天已经很难得知古代僧侣们是如何看待商业空间对佛门清净地的渗透的。可以确定的是，平时大多数寺庙都是非常清净的，只有庙市期间才会门庭若市。值得注意的是，在庙市这一独特商业空间中，寺庙本身反而被抽象化了。佛寺、道观乃至较为世俗的财神庙、土地庙，它们所举办的庙会并无很大的差别。参与主持庙会的商人，亦无将庙会按行业分化的行为。就连"赶庙"的城市居民，他们固然会对世俗化程度较高、带有明显功能目的性的庙宇格外青睐，但对于大多数庙宇，人们求仙问佛、投以香资以求庇佑，构成了一种异常宽泛的城市宗教仪式。城市居民对释道之间的差别了解得并不多，庙会之间的差别似乎只剩下了地点和日期，甚至寺庙的宗教影响力，要取决于寺庙附近的商业

---

①乾隆朝敕修．大清会典则例：卷150//景印文渊阁四库全书：第624册．台北：商务印书馆，1986：695．
②雍正朝敕修．上谕内阁：卷54//雍正朝汉文谕旨汇编：第7册．桂林：广西师范大学出版社，1999：
  55．

繁荣程度：正阳门市廛附近的关帝庙，也比其他地方要"灵验"。①庙会一方面将宗教文化的影响力播撒到城市文化中，另一方面又将宗教文化的特征性抹平（有时还会依据商业文化的繁荣度而对宗教文化进行"重整"），这无疑是异常复杂的文化效应。

总之，庙市是北京城市中一种异常独特的商业空间。它产生于宗教文化的场所，具有商业空间的内核。然而在庙市之中，商业与文化并非是彼此孤立的。商业活动为文化活动吸引了城市居民的关注，令文化因素得以介入城市居民的生活，在城市空间中长盛不衰，其自身亦在民俗文化中凝聚了下来，构成了北京城市文化精神的一部分。它不只是中国古代宗教空间与商业空间结合的巅峰，也在世界城市史上以融合宗教与商业而值得大书特书。即便在远离西方中世纪宗教文明的东方世界里，北京庙市这种普遍化的、抽象化的宗教–商业文化现象，仍是异常少见。

诚然，随着民国时期北京社会经济形势的变化、新中国以后历次政治运动的影响，以及北京在现代化过程中城市规划的不断变动，大多数庙会都已经湮没不显了，然而"赶庙"这一传统，却借由数百年的商业习俗以及留存于历史记忆中的文化痕迹而凝固在了北京文化当中，甚至成为了当今人们追溯北京传统文化（"老礼儿"）时的标志性文化符号。这大概便是庙会在北京史上留下的沉郁回音。

通过以上的论述可以看到，清代北京的商业空间，与步入近代前夜的西欧城市有着巨大的区别。欧洲城市中，商业空间是以经济贸易特征

---

①此类记载颇多，可见此处比其他地方"灵验"是清朝人一般印象。例如王应奎. 柳南随笔：卷2. 北京：中华书局，1983：23.

留存于历史上的，它的文化背景是对传统封建秩序的破坏，以及对新文明曙光的前瞻。而北京商业空间的文化精神就要复杂得多，与传统文化之间的联系也明显得多。这正是传统中国人文精神在城市社会中的重要映射。

可以看到，来自国家权力的干涉，与来自商业活动参与者的调适，始终是在北京商业空间的迁移过程中起决定性作用的两个因素。然而这两个因素背后，来自中国传统文化的影响构成了双方交互的基础。政治权力始终凭借儒家礼法赋予国家的优势地位，以若干普世化的理念为基础，依照国家心目中神圣首都的模样，规划着都城。基于《周礼》的单一市场格局，栅格化的坊市制度，以及后来的"旗民分治"、迁出内城铺户，其背后都是带有规划理念的政治权力。朝廷干预城市，其目的一方面是调和人间的秩序，以天人秩序的合一，换取风调雨顺、国泰民安；另一方面，也是通过重新组织城市格局，达到调整城市中不同政治力量的分布、将王朝的力量基础安排在"宸居"周围的目的。

然而商业空间的文化意义，又不仅是政治文化自身构建的一部分。可以看到，都城商业空间从来都没有因政治权力的规划而"安分守己"，它先后挣脱了束缚它的数个牢笼，并成功地介入到了传统文化之中。政治精英需要商业空间满足都城的日常生活需求，这是商业在都城中存在的根本原因；而商业空间的文化伸展，则源于政治文化需要繁荣的商业作为其成功标志。而当商业空间发展到与城市文明相结合，成为城市乃至国家的"名片"后，它的文化意义也就不容否认了。这一步，是通过商业空间的艺术提升，以及其与宗教场所之间的"共轭"完成的。

综览商业空间在北京城市中的发展过程，可以看到，传统文化始终是中国城市中不可忽视的重要因素。店铺修造绚丽多彩的外饰，商人群体对城市生活的介入，甚至商业活动与宗教活动的结合，都反映出了中国商人们力图用文化将商业活动进行包裹、将"逐利"的商业活动改造为富丽堂皇的文化殿堂的想法。事实上，他们的努力确实获得了成功：无论是关注着正阳门的士大夫，还是出入于庙会的老百姓，他们都不像朝鲜使臣那样，视市场为单纯的"末业之地"，尽管他们对市场的文化意义理解尚有区别。对于他们而言，市场带来的身体体验，消解了儒家文化中对商业的怀疑态度，而令文化观念在这所城市中变得世俗了许多。

事实上，"文化印象"与商业文明的繁盛，有着直接且密切的关系。车马辐辏、商贾云集、百货陈列、酒坊犹唱，这种商业空间的景象，构成了文化的生活体验。对于清朝及其治下的北京而言，虽然皇帝一再申明"返质朴"的文化宗旨，但其实质却不可避免地走向了"质表文里"，在商业文化的影响下改变了政治文化的内核。商业空间所标志着的富丽锦绣，将政治权力的文化背景改造了。这大概是商业文化在北京人文精神中最悠长的呼吸。

第四章

出入庙堂

文人官僚的京城生活

《中庸》：「天命之谓性，率性之谓道，修道之谓教。」

朱子的《四书章句集注》有曰：「天以阴阳五行化生万物，气以成形，而理亦赋焉。」

作为人文层面上的意识，历史文化的底蕴同群体的历史记忆传承密不可分；而历史记忆、对历史文化的认知，则同历史文化的沉淀与再阐发有着密切的联系。福柯认为，历史书写所针对的是"遗迹"，即碎片化的、无意识的材料。[①]当这些标志着生活轨迹的知识进入文化的领域，由文化的阐发者编织为故事，并形诸语言、文字时，历史文化的积累与传播便发生了。而被反复书写、不断更新的历史知识，继续成为层累的积淀，并在一次次再阐发中不断刷新人们的历史记忆，最终便形成了历史文化的底蕴和氛围。"阐发"在这个过程中占据非常重要的位置，它令处于散落状态的、片面的、仅作为普通生活经验而存在的知识升华到文化的层面上，而正是这些零散的意识滋养了共同记忆。这是一个地域、群体的历史文化底蕴形成的重要途径。

而具体到北京而言，这座古城包含着丰富的历史文化记忆。五朝古都的地位，令北京的城市风貌与中华多民族国家的历史紧密相连。城中的每一座建筑都承载了太多的故事，每一个故事中都会闪现出那些过往的历史人物。他们当中除了皇亲国戚、达官贵人之外，当以旅京的官僚

---

① 米歇尔·福柯. 知识考古学. 北京：三联书店，1998：6-9.

士大夫最具文化活力。众所周知，士大夫在古代中国的文化活动中历来承担着重要的使命，在传统文化的传承、弘扬中起到了核心的作用，甚至构成了文化的主体。[①]对于士大夫而言，考论经史、吟诗作赋，是其文化活动的基本形式，而当这些基本的文化活动以北京城市风貌为对象时，北京的历史文化便开始被阐发、被建构、被积淀了。因此，士大夫不仅是历史文化的主体，也是其阐发者。

旅京官僚士大夫群体的形成，有其独特的背景。北京自辽金元以来一直是全国的政治中心，朝廷官员聚集于此，形成了一个规模庞大的社会群体——京官。在看重科举的明清时期，士大夫中有文才者，若要尽快入仕，取得较好的官位，几乎都会凭借科举谋取功名。而中下级京官职位，正是以科目出身者升官高就的必经之路。这让京官群体汇聚了全国文人士大夫中的精英。除京官外，京城还有来京考试的各地举子，其人数也可谓众多。按照明清两朝的规定，各省士子若通过乡试，则须按期到京城参加会试、殿试等更高级别的考试。虽三年一次，但漫长的考试过程，令大量受过儒学文化训练的士子淹留北京。另外，由于北京是全国的文化中心，一些名士虽然并无科举任务，也会来京寻访友人。这种多元文化环境对文人无疑具有巨大的吸引力。

由旅京官僚士大夫群体的结构，可以看到，无论是官僚、士子还是名士，都属于文人之列。对于他们，辞赋文章乃立身之本。尤其是那些在翰林院、詹事府等衙门司职的官员，词赋吟咏更是其生活中不可缺少的精神能量。而为了参加科举考试纷纷来京的各地士子，也往往要利用

[①]余英时.士在中国文化史上的地位//中国知识人之史的考察.桂林：广西师范大学出版社，2004：113-122.

这一机会交结在京的官员，于是，以文会友，唱和酬答，便成为其最为便利而又风雅的交流方式，这一过程，往往也是旅京官僚士大夫群体对北京的人文及历史"再阐发"的过程。

从文人官僚的诗歌唱和中我们不难发现，其内容往往会涉及北京的风土人情以及城市风貌。北京悠久的历史、繁华的街市、遍布城中的人文自然景观、真伪难辨的城市掌故等等，都在激发着文人的创作热情。在他们的笔下，一草一木，一砖一瓦，一人一事，皆成诗句词章，从平凡的事物变为带有历史沧桑感的"活物"。当平铺直叙的讲述演变为峰回路转的辞章并被几代文人反复演绎之后，本来客观所指的物质实体，便成为城市文化气息的一部分了。这便是我们所说的积淀与阐发过程。可以说，作为客观物质文化的建筑，其精神与气质，是在文人的吟咏中不断升华的。清代北京不仅仅是一座物质繁华的都市，更是一座文化厚重且有历史感的文明古城。从这一意义上可以说，文人官僚们在重构北京"文化古都"的过程中，起到了十分重要的作用。

一、出入宫门

明清时期，北京最为明显的特征便是它的皇家属性。皇城的庄严肃穆、禁卫森严，不仅隔绝了宫廷内外，也为宫廷增添了神秘感，赋予了"大内禁地"的文化景观特色。而皇宫中的天子、殿内的陈设、御苑中的园艺，甚至宫中的各种规制等，对于大多数京官而言，都是难得一见，那些旅居京城的文人们更是限于风闻而已。因此，皇家禁中对大多数人而言，除了敬畏之外还有一种神秘感，这种神秘感激发起他们强烈的好奇心。那些有机会出入宫禁、一睹皇家气派的官员，往往会将每一点见闻，都与皇帝的"天恩"相联系，并将此作为生命中的重要记忆加以"珍藏"。而不能入宫者，或探听于旁人，或考证于书籍，通过各种方式，表达对皇家自然风光的好奇。而他们笔下的记录，从一种或现实或想象的侧面，勾画出了北京人文特质的一部分。

文人官僚在宫廷中的活动，主要有三大类。为了便于叙述，以下的内容取材于清朝。

○ 朝会觐见

参加早朝等朝会，是官僚出入宫廷最常见的理由。清初定制，"每日听政必御正门，九卿科道各员齐集启奏，以为常典"[①]，当时早朝参与者甚多，六部官员分为三班，轮流进奏，内院（内阁和翰林院的前身）官员掌题奏本章者须在场协助处理文书，甚至"并令翰林科道同奏事官齐进侍班记注"[②]。康熙时期，早朝仪制有所调整，高官参与者渐少，中下级翰詹科道侍班仍旧。康熙二十一年（1682年）定"御门听政"之制，"每日御朝听政，春夏以辰初刻、秋冬以辰正初刻为期，启奏各官，从容入奏。九卿、詹事、科、道原系会议官员，仍每日于启奏时齐集午门"[③]。每日黎明，汉官从南城等地的寓所、满官则由内城四隅赶到皇城附近，在午门外集合，届时列队鱼贯而入，等候上朝。排列整齐、集体

①乾隆朝敕修.清朝通典：卷52.上海：商务印书馆，1935：2347.

②乾隆朝敕修.大清会典则例：卷56//景印文渊阁四库全书：第622册.台北：台北"商务印书馆"，1986：15.

③中国第一历史档案馆.康熙起居注.北京：中华书局，1994：899.

行进的形式，赋予了入朝过程以强烈的仪式感。皇帝对这种仪式感也很看重。乾隆帝的《季夏视朝诗》记载了这一情景：

> 诘旦奎中夜易阑，罙恩曙色上金銮。
>
> 宫悬乐应林钟律，拜舞班齐九品官。
>
> 何必舍人称绝唱，所希多士副其难。
>
> 漫言例是鸿胪掌，拱手垂衣敢自安。[①]

早朝的仪式感和"面见天子"的荣誉感交织，刺激了官员们的情绪，促使他们将此事以文学形式记录下来以表达自己激动的心情。故而文人官员有机会上朝者，一般都会有诗赋纪恩。康熙时，诗人顾汧入朝侍班，目睹官员往来穿梭，有诗录其状曰：

> 中宵盛服待朝天，月落霜清睥睨边。
>
> 鱼钥九重循次序，銮坡百折任周旋。
>
> 宫门启处亲瞻日，玉佩听来凛涉渊。
>
> 始信龙颜真咫尺，千秋常侍衮衣前。
>
> 启事公卿纷若来，雁行鱼贯各沿洄。
>
> 敷陈有道资良画，剸决如神仰睿才。
>
> 勤政楼高百职举，延英殿敞八纮恢。
>
> 身依黼座还前立，端为薇垣接上台。[②]

官员们经过漫长的步行，亲见了百转千回的宫廊，等待了许久，终于在朱门缓启后得以一睹龙颜。这种仪式赋予了上朝以强烈的政治文化内涵，在臣子的心中树立了朝廷"仪制隆重"、庄严肃穆的形象。这是

---

①于敏中，等．日下旧闻考：卷11．北京：北京古籍出版社，1985：151-152．

②顾汧．凤池园诗文集·诗集：卷4//四库未收书辑刊：第7辑，第26册．北京：北京出版社，1997：267．

强化国家政治权威的一环。

而对于另一些官员而言，在入朝的肃穆中，还能感受到朝廷纲纪不仅及于人世，还达于天地。例如赵翼曾写道：

> 千行鹓鹭集初寅，肃听鸣鞭拜舞匀。
>
> 玉烛星云三殿晓，珠杓雨露九天春。
>
> 笙璈响入和风度，旗伞光涵旭日新。
>
> 朝罢独趋轮直地，早欣发笔写恩纶。①

可以看到，早朝本是君臣处理国家政务的场合，但赵翼却将它同天光、雨露、飞鸟联系起来，仿佛天地万物都服膺于朝廷仪制的安排。这些记载都描绘了官员在常朝前及常朝进行时的兴奋心情。

当然，对上朝经历的集体记忆也不都是愉快的。对于那些上朝次数较多、政治热情相对较低的官员，早起上朝便是苦差事了。毛奇龄《西河集》卷一八七有《早朝诗》，备述早起侍班的痛苦：

> 端门高启傍青霄，待漏初回金水桥。
>
> 彩仗暗排双阙丽，玉阶徐引一灯遥。
>
> 风飘御管疑鸣凤，寒动朝衫许覆貂。
>
> 只愧仙盘频赐露，侍臣有渴未曾消。②

清冷的凌晨，群臣饥困不已、忍渴而立，身体上的体验显然并不愉悦。雍正五年，因天气寒冷，朝廷一度准许百官穿较暖的朝服上朝。③事实上，那些赞颂上朝盛况的官员，其身体体验与毛奇龄应无本质区别，亦是在饥渴中侍班。这种身体和心理体验之间的差异，正说明了来自于

---

①赵翼. 瓯北集：卷4. 上海：上海古籍出版社，1997：71.

②吴长元. 宸垣识略：卷2. 北京：北京古籍出版社，1981：24.

③上谕八旗：卷5//雍正朝汉文谕旨汇编：第9册. 桂林：广西师范大学出版社，1999：98.

政治文化的朝廷权威，对士大夫的心理状态有着多大的影响。

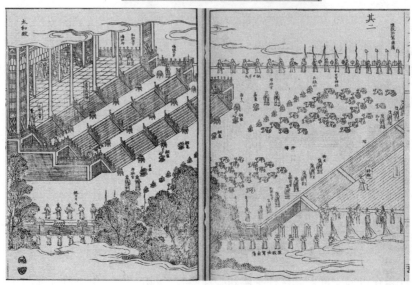

图4-1　清代（中期）朝会图

图片来源：冈田玉山等编绘的《唐土名胜图会》卷一，日本文化二年（1805年）刊。

文人官僚的京城生活

除早朝外，朝廷遇重大典礼，如郊祀等，还会有更为隆重的朝典，届时文人官员多需轮班参与。其中，与文人关系最密切的，当属"经筵"，即给皇帝讲授儒家经典和古代史书。清代经筵始自顺治后期，到康熙时基本稳定，每年春秋于文华殿各举办一次。关于经筵的仪式过程，《词林典故》有所记载：

> 是日，上御文华殿，诸臣赴阶下，行礼如仪。詹事府詹事、少詹事及日讲官俱入殿西侍班于九卿之次。满汉经筵讲官各按左右立，当讲官四人先出班，至讲案前一跪三叩头，起立，赞进讲。讲书官二人以次折旋，至讲案前，进讲如仪。讲章中遇称皇上，则拱手鞠躬。讲毕，俟上发玉音，群臣皆跪。讲经亦如之。礼成，趋阶下，行礼如前，复宣上殿，赐茶，毕，驾出赐宴于协和门。①

由此可见，经筵的仪式感很强，官员行动举止皆有仪制，远非今日讲座授课之轻松随意可比。礼仪烦琐，虽然限制了讲学者的发挥，但也增添了参与者对儒学在朝廷之中地位的尊重感。主讲经筵之官员，称为"经筵讲官"，多由大学士、六部尚书、侍郎等担任，担此重任为儒臣之恩遇。康熙时的名臣陈廷敬曾多次出任经筵讲官，其诗文中对经筵的肃穆感，以及经筵中皇帝对经史的敬重感，都有恰如其分的描写：

> 崇政经帷秘，延英玉陛高。
>
> 声容肃中禁，宠渥厚词曹。
>
> 天语开黄卷，乾文上彩毫。
>
> 万言亲讲诵，或恐圣躬劳。

---

① 鄂尔泰，张廷玉，等. 词林典故：卷6. 沈阳：辽宁教育出版社，2003：138.

图4-2　清代经筵图

图片来源： 冈田玉山等编绘的《唐土名胜图会》卷一，日本文化二年（1805年）刊。

> 燕寝罗细帙，高居御气清。
>
> 泰阶悬朗照，乾象法时行。
>
> 燎火千门望，诗书五夜情。
>
> 未央常待旦，求理为苍生。①

经筵的庄重，令皇帝与文人都获得了同汉文化密切相关的体验。从场域的角度来看，经筵暂时模糊了宫廷空间中的君臣地位，儒臣"沐恩光而亲训诲"②，以人臣之身份教育君主，完成了对君主的儒学规训仪式。这一仪式周期性地"重申"士大夫在经学训导中的地位，赋予了经筵中

---

①张廷玉. 皇清文颖：卷67//故宫珍本丛刊：第649册. 海口：海南出版社，2000：339.

②蔡世远. 二希堂文集：卷1//故宫珍本丛刊：第592册. 海口：三环出版社，2000：31.

的儒臣以特殊的荣誉感。陈廷敬所谓"声容肃中禁，宠渥厚词曹"，正是这种文化体验的真实写照。通过经筵，清朝皇帝能够近距离接触当时的儒臣，学习汉文化知识，从而了解中国古代的文化内涵，这对清王朝接受汉文化起到了重要的作用。

○ 入宫当直

入宫当直，是清代中下级京官一睹宫中情景的机会。清朝的紫禁城中设有多个机构，有的供皇帝吟诗作画兼起草章奏，如南书房；有的掌握国家大政，如军机处；有的则是文化典籍保存、编纂之所，如皇史宬、国史馆、起居注馆等。①康熙时期，官员入直禁中者日渐增多，而宫廷文化活动也逐渐兴起。众所周知，康熙帝崇尚理学，喜爱汉文化，并热衷于词章之学，为了便于观书写字、讲究文义，康熙帝命择翰林中谆谨有学者日侍左右，因而设置了南书房这一机构。南书房原为康熙帝的书房，因坐落于紫禁城内月华门之南而得名南书房。康熙十六年（1677年）十一月，康熙帝命侍讲学士张英加食正四品俸，高士奇加内阁中书衔食正六品俸，入直南书房，赐第西安门内②，是为南书房肇建之始，词臣赐居紫禁城亦自此始。

翰林入直南书房，其性质不过是内廷词臣入宫当直，其身份地位并不高，仅为文学侍从，陪同康熙帝读书、写字，随时应召侍读、侍讲。但是，因为常侍皇帝左右，备顾问，又常同皇帝论经史、谈诗文，皇帝

---

①吴长元. 宸垣识略：卷2. 北京：北京古籍出版社，1981：24-26.
②清圣祖实录：卷70//清实录：第4册. 北京：中华书局，1987：891.

即兴作诗、发表议论等皆要为之记注，特别是皇帝每外出巡幸，南书房的翰林官皆得随扈，进而翰林官常代皇帝撰拟诏令、谕旨，参与机务。也就是说，南书房的翰林们因接近皇帝，对于皇帝的决策，特别是大臣的升黜有一定影响力。故入直者位虽不显但备受敬重。此后，奉诏入直南书房的汉人越来越多，在短短几年内，如高士奇、励杜讷、熊赐履、张玉书、陈廷敬、叶方霭、王士禛、徐乾学、王鸿绪、朱彝尊、沈荃、孙在丰、韩菼、王掞等一批以文著名者皆得延揽其中。他们得以出入禁宫，与皇帝相唱和。而在出入宫掖的过程中，这些人眼见禁庭风景，对皇城气象有颇多描写。其中留下诗作较多的，有高士奇、朱彝尊等人。

图4-3　清代翰林院

图片来源：冈田玉山等编绘的《唐土名胜图会》卷三，日本文化二年（1805年）刊。

　　高士奇，字澹人，浙江钱塘人。以监生就顺天乡试，充书写序班。因工书法，得明珠引荐，入内廷供奉，授詹事府录事。寻以能文，奉特旨入直南书房。康熙十九年（1680年），康熙帝以其书写密谕及纂辑讲章、诗文，供奉有年，谕吏部授为额外翰林院侍讲。此后一直深受康熙帝信用，补侍读，充日讲起居注官，迁右庶子，累擢詹事府少詹事。[①]作为最早一批"入直南书房"的文人。高士奇对宫廷风光建筑尤为注意，将所见宫廷景观记叙甚多。在其著述《金鳌退食笔记》的序言中，有这样一番描述：

　　尝读往史所载，秦、汉、隋、唐之宫阙，高者七八十丈，广者二三十里。而离宫别馆，绵延联络，弥山跨谷，或至数百所。何其奢侈宏丽可怖也！明因金、元之旧，宫阙苑囿，较秦、汉、隋、唐，仅十之三四，然皇城之中，即属大内，禁绝往来，惟亲信大臣，得赐游宴。故或记或诗，咸自诩为异数。亦有终身官侍从，从未得一至者，闻人说苑西亭台官殿，无异海外三山，缥缈恍惚，疑信者半。我国家龙兴以来，务崇简朴，紫禁城外，尽给居人，所存宫殿苑囿，更不及明之三四。凡在昔时严肃禁密之地，担夫贩客皆得徘徊瞻眺于其下，有灵台灵沼之遗意焉。余自丁巳赐居太液池之西，朝夕策马过金鳌玉蝀桥，望苑中景物，七阅寒暑。退食之顷，偶访囊时旧制，约略得之传闻，又仿佛寻其故址，离宫别馆，废者多矣。脱复十数年，老监已尽，遗迹渐湮，无以昭我皇上卑宫室、约苑囿之俭德，因率笔记之。……纪其兴废，而复杂以时事，欲见昭代之盛，存为太平佳话也。[②]

　　从高士奇的记述中可知，当时的宫禁之地只有"亲信大臣，得赐游

①清史列传：卷10．王锺翰，点校．北京：中华书局，1998：684—685．
②高士奇．金鳌退食笔记：卷上//明官史·金鳌退食笔记．北京：北京古籍出版社，1980：117．

宴"，凡能进入宫廷的人都会引以为傲，"故或记或诗"，"咸自诩为异数"。而由高士奇等官员将宫廷见闻记录下来，其用意也是要索隐发微，将他人无从目睹的宫廷盛况留传史乘，进而让后人能为清代的皇家气派而自豪。高士奇《经进文稿》卷四有言："居者既以守近而不知，过者又以匆遽而莫晓。"①这正是一种赋予宫廷景观以文化生命的行为。为了完成这一使命，高士奇在书中不仅像明朝人编纂《明宫史》那样，铺叙宫廷建筑，备述其地景色，还大量加入了个人对宫廷自然人文景观的感受，力图将宫廷写"活"。例如他对北海的描述：

> 夹岸榆柳古槐，多数百年物。池中萍荇蒲藻，交青布绿；野禽沙鸟，翔泳水光山色间，悠然自适。盛夏芰荷覆水，望如锦绣，吐馥流香，尤为清绝。若其春冰乍泮，秋月澄晖，烟霭云涛，雨朝雪夜，则余八年内直，晨夕策马过桥头独有会心者。

而对南海，高士奇的描述就更为细致了，甚至讲述了宫中冰上嬉戏之习：

> 禁中人呼瀛台南为南海……寒冬冰冻，以木作平板，下用二足，裹以铁条，一人在前引绳，可坐三四人，行冰如飞，名曰'拖床'。积雪残云，景更如画。又于冰上作掷球之戏，每队数十人，各有统领，分伍而立，以皮作球，掷于空中，俟其将堕，群起而争之，以得者为胜。或此队之人将得，则彼队之人蹴之令远，喧笑驰逐，以便捷勇敢为能。本朝用以习武。所著之履，皆有铁齿，行冰上不滑也。②

烟波垂柳的景色，冰上嬉戏的热闹，如在眼前。在雕梁画栋之间，

---

①高士奇．金鳌退食笔记：卷上//明宫史·金鳌退食笔记．北京：北京古籍出版社，1980：117.
②同①118-119.

尚有如此富有生机的场面，这正是高士奇所着力描绘的。

除了以记叙的方式描述了宫廷的景色，高士奇还大量加入了诗赋，以艺术的形式加强文化的纵深感。例如在参与一次宫廷宴会时，他曾赋诗以纪：

> 琼圃丹垣里，璇台绿水中。
>
> 山光开罨画，桥影控长虹。
>
> 径转金衔入，波回桂楫通。
>
> 太平多盛事，浩荡引春风。
>
> 淑景初晴后，佳辰上巳前。
>
> 藻浮春水碧，花带晓霞鲜。
>
> 藉草沾香醑，临流对绮筵。
>
> 羽觞须尽醉，天语更频传。
>
> 亭榭水云隈，轩楹面面开。
>
> 地疑仙岛近，人自玉墀来。
>
> 驾凤雕甍出，疏龙磴道回。
>
> 赋成惭庾信，忝窃侍臣才。
>
> 远胜东堂会，何殊曲水游。
>
> 早莺啼太液，芳树绕瀛洲。
>
> 厚眷真无极，深恩迥莫酬。
>
> 此生怀帝泽，端赖济川舟。①

可以看到，除了颂圣纪恩以外，对宫廷风光的描述，始终是高士奇

---

①高士奇. 金鳌退食笔记：卷上//明宫史·金鳌退食笔记. 北京：北京古籍出版社，1980：119-120.

宫廷诗作的重点。在他的笔下，宫廷生活不尽是深宫大殿的肃穆，还有琼圃绿水、绮筵羽觞的盛景。作为清代宫廷文化书写者的先驱，高士奇为清朝京城皇家文化的传播做出了重要的贡献。此后，清代出入宫廷的文人，也不断将宫廷掌故、皇室生活，以文字的形式层累堆叠，书写他们心中的皇家气象，为清代宫廷不断涂抹文化的颜料。

另一位对宫廷场景描写较多的人物是布衣出身的官员朱彝尊。朱彝尊，字锡鬯，号竹垞，浙江嘉兴人。康熙十八年（1679年）举博学鸿词，后被召入南书房。与高士奇相比，朱彝尊于仕进更淡，其"传盛世于史乘"的使命感也没有那么浓厚。对于朱彝尊而言，以诗纪盛，更多的是一种有感而发、兴之所至的行为，因此他在诗文中所体现的语气较高士奇要"散"得多。例如其在康熙二十二年（1682年）所作的赐宴太和门诗：

> 垂衣逢盛际，辑玉尽来庭。
>
> 白酝三光酒，青归一叶蓂。
>
> 新年恩较渥，昨日醉初醒。
>
> 九奏钧天曲，风飘次第听。[1]

同年，康熙帝特赐朱彝尊内城宅第，以便入直。朱彝尊得此便利，此后其诗作中述及宫廷景色者骤然增多。例如当年初秋，朱彝尊入直时有诗咏怀：

> 残暑秋逾炽，凉风午乍催。
>
> 微波莲叶卷，新雨豆花开。

---

[1] 朱彝尊.曝书亭集：卷11//朱彝尊.曝书亭全集.王利民，等，校点.长春：吉林文史出版社，2009：167.

> 宛转通桥影，清泠傍水隈。
>
> 夕阳山更好，金碧涌楼台。①

诗中虽然赋及内廷水景，但这是自然景物的幽雅与娴静，至于颂语亦不过"金碧涌楼台"之暗语而已。在朱彝尊的诗中，宫廷胜景虽然也是眼中所睹、口中所赋的"皇家气象"，但这种自然景物的体验，最终关照的是诗人的内心，而非君主的思维世界。因而，虽然同为盛世之"雅颂手"，高士奇所力图建构的是自然、人文交融于皇宫的局面，而朱彝尊则力图描绘士人畅游的内心世界。这两种文化体验，共同构成了清代宫廷的文化底蕴。

入直禁中，虽然有地位、有荣耀，但也很辛苦。官员须按时入直。尤其是"夜直禁中"之时，寒夜漫漫，岑寂无聊，官员们往往身心俱疲。这种情景，在侍直朝臣的诗中多有流露。如沈德潜有诗曰：

> 独宿丝纶阁，虚堂灯火清。
>
> 窥檐星汉影，记夜柝铃声。
>
> 报称惭须鬓，疏慵负圣明。
>
> 家园通梦寐，游钓忆平生。②

沈德潜是乾隆四年（1739年）进士，寻改庶吉士，时年六十七岁。七年，散馆后授编修，成为翰林，但已是古稀之年，所以乾隆帝称其为"江南老名士"，其在侍直中的辛苦可想而知。相同的感受在内阁中书蒋士铨的诗中也有记述。蒋士铨为江西籍诗坛名流，乾隆二十二年（1757年）进士，他在乾隆十九年（1754年）考取内阁中书后，写有夜直诗：

---

①朱彝尊．曝书亭集：卷11//朱彝尊．曝书亭全集．王利民，等，校点．长春：吉林文史出版社，2009：169．

②沈德潜．潘务正，李言，校点．沈德潜诗文集：卷14．北京：人民文学出版社，2011：227-278．

朝衣墨渍带酸寒，谁唤仙郎上界官。

海内封章留砚北，天边纶绋在毫端。

昼持襆被花同宿，人散黄扉月自看。

那似鸣机图画里，小窗灯火坐团圞。①

　　这里蒋士铨讲的是一人独自侍直的事情，其寂寥之情跃然纸上。然而这种岑寂有时也会令文人发生奇幻的经历。例如，道光初年内阁学士斌良趁夜雪入直时，便有诗记琼华岛之景色：

丰貂裘拥寒飙送，锦鞍兀兀驼残梦。

平明踏雪过承光，揽辔浑如骖白凤。

散花滕六大狡狯，万顷瑶田横螮蝀。

兰池流汞宛相伴，华岛镵琼名巧中。

层峦鳞叠睄玲珑，曲榭螺盘相错综。

丹甍插汉渺虚名，苍桧拏云补缺空。

金碧楼台酽粉描，水晶宫阙银潢冻。

嵯峨番塔涌诃林，高矗峯巅疑卓瓮。

古柳环堤缟带垂，早梅破腊疏香动。

人间何处觅蓬瀛，蜿蜒虹桥堪伯仲。

积素林坰境岂无，风景荒寒懒吟哢。

争如上苑景清华，庆霄楼耸盘松栋。

范水模山画未能，赋就长杨自矜诵。

归时说与阿连听，橐笔金鳌希雅颂。②

---

①戴璐．藤阴杂记：卷1．上海：上海古籍出版社，1985：10．

②斌良．抱冲斋诗集：卷28//续修四库全书：第1508册．上海：上海古籍出版社，2002：380．

文人官僚的京城生活

诗人以堆叠的奇险字词，描绘夜雪中北海的美丽景色，表达自己一睹胜景时的惊奇情绪。由此不难想见宫廷景色在冥夜之际给文人带来的冲击感。

○ 皇帝赐宴

清朝皇帝多喜爱诗赋，好延揽名士，经常召集文酒之会，与朝中文学侍从之臣相唱和。这类皇家宴会，多在瀛台、景山或畅春园举办，襟带山水，方便皇帝和臣子因景赋诗。皇家园林的精雅肃静，与外城的景色自颇不相同，这对习惯了城市园林的文人来讲无疑是很新鲜的，对他们的创作欲也是很大的刺激。尤其是在具有特殊意义的皇家宴会上，皇帝与官员之间的文字游戏，更是一时风流掌故。目前可考的带有文化属性的文人赐宴，起于康熙十二年（1673年）的赏荷宴会。是年六月，康熙帝驾临瀛台，御迎熏亭，赐诸王以下诸臣及翰林等官宴："诸臣日理政务，略无休暇，今值荷花盛开，夏景堪赏，朕特召诸王、贝勒等及尔诸臣同宴，以示君臣偕乐，其各尽欢，以副朕优渥至意。"[①]这次赐宴虽仍以王公大臣为主，但一些翰林官也在蒙恩之列，例如当年科举榜眼王鸿绪，便以翰林院编修（翰林院下级官员）的身份同皇帝一起泛舟瀛台。骤聆"天语"，王鸿绪备感恩遇，乃赋诗为纪：

> 迎熏亭敞对蒲荷，帝赏亲藩桂棹过。
>
> 共识唐尧敦族礼，讵同汉武济汾歌。
>
> 风来琪树蝉声满，水荡珠窗燕语多。

---

①鄂尔泰，张廷玉，编. 词林典故：卷4. 沈阳：辽宁教育出版社，2003：74.

盛世明良真一德，从容杯酒矢卷阿。①

王鸿绪在诗中极力歌颂赐宴过程中感受的"皇恩"，不仅比康熙帝为尧帝、汉武帝，对宴会情景作历史时间上的回溯，亦将宴会的自然环境作了欢快的描绘。同样参加宴会的翰林官郭棻，亦有诗纪，其辞略为收敛。

太乙波明影碧霞，斗牛星畔泛仙槎。

百壶湛露圣人酒，十里香风君子花。

蛱蝶过船吹荇粉，鸂鶒出水带菱芽。

衔杯四望欢无极，身在瀛洲第一艖。②

郭棻之名，不著于史，康熙帝称其"为人老成"。此诗口气较王鸿绪收敛很多，不过愉快的心情与王鸿绪并无太大差别。"衔杯四望欢无极，身在瀛洲第一艖"，其得意之情，亦可想见。

康熙帝的这次赐宴，极大地增强了中下层官僚文士对朝廷的认同感。这也是今人目前可以看到的汉人中下级京官参与内廷宴会的最早记载。此后，皇帝不时赐宴于这些以翰林为主体的汉人官僚们。赐宴地点，在禁中以瀛台迎薰亭附近最多，盖因此处有南海一池，泛舟而宴，较金銮殿前更为风雅，环境和格调都较为适宜。而在宴会时赋诗也逐渐成习。宴会上的诗自然多属于"纪恩诗"，内容多为颂圣，但诗中仍然体现出独特的宫廷文化韵味。例如乾隆时，著名诗人纪昀便有侍宴诗：

曲宴蓬山最上层，挥毫紫殿暖云蒸。

---

① 王鸿绪. 横云山人集：卷1. 续修四库全书：第1416册. 上海：上海古籍出版社，2002：539.
② 徐世昌. 晚清簃诗汇：卷26. 闻石，点校. 北京，中华书局，1990：882.

金茎仙露和杯赐，消渴相如得未曾。

红沁丹沙白腻脂，越窑风露满花磁。

凡茶不敢轻煎注，上有君王自制词。[①]

纪昀将这种宴会比作"蓬山"，不难想见与宴文人的激动心情。而"上有君王自制词"，则讲述了乾隆帝在宴会中也有辞赋即兴之作。

通常，宫廷宴会的参加者有时仅是皇帝信赖的几名文臣，但有时蒙此殊荣的官员也很多，能有数十人。例如，雍正四年（1726年）重阳节宴会，以柏梁体联句，参加的大小官员竟达到92人，甚至连宗室贵戚，也沾染士风，参与到赐宴时赋诗的宫廷活动中。作为天潢贵胄，他们的纪恩诗作更为富丽。乾隆初年和亲王弘昼就有侍宴诗作留存下来，其诗曰：

佳节三秋爽，承恩九日中。

香萸含翠色，嫩菊舞金风。

留守颂声盛，宣徽酌茗充。

臣欢皇泽沛，拜叩玉阶东。[②]

清代文人官僚在宫廷之中，通过自身的文化素养，一方面记录了禁中的自然人文景观，将客观的景物转化为一种文化层面上的瑰宝，另一方面在与皇帝进行互动的过程中，参与了皇家富丽文化的编织，影响着皇帝。此外，他们还用自己的方式，描述了宫廷之中的生活。这些文化上的演绎，共同构成了清代宫廷文化的一部分，并为北京人文画卷增添了雍容华贵的一笔。

①纪昀.纪文达公遗集：卷8//纪晓岚文集：第1册.石家庄：河北教育出版社，1991：469.

②弘昼.稽古斋全集：卷7//四库未收书辑刊：第9辑，第21册.北京：北京出版社，1997：403.

二、文人聚会

聚会，是在京文人官僚最常见的一类文化活动。从表面上看，朋辈杂聚，仅是一种联谊方式，但实际上这却是官僚之间亲疏关系、社交网络的一个直接反映。清廷鉴于明末士人结社相倾，终致覆亡，故而对士大夫之间的交结十分敏感，屡申朋党之禁，但却无法斩割文人官僚们利用乡谊、同年等地缘、人脉之情而组织的联谊活动。清人谓官僚酬酢无虚，送往迎来，但"不如是不足以联友谊也"[①]，其中的心情颇堪玩味。

京城文人官僚的聚会大致有这样几类，一是官僚上下级之间的应酬；二是同乡朋友之间的欢聚；三是文人官僚之间的唱和。

○ 官僚之间的应酬

士大夫官僚群体既多官场之人，则其中成员之地位系于科层等级，殆不可免。官僚的品阶高低和行政隶属的上下级，决定了士大夫官僚之间社交往来的关系。这种应酬纯粹是官场往来，多半发生于仪式性较为明确的场合，如红白喜事等。晚清文人官僚李慈铭，官至监察御史，仕位并不显著，但每年为应酬也要花费数百两，占支出的30%至50%，往往比俸银收入还高。[②]

特别是，在这种社交网络中，大学士、军机大臣等高级官僚处于核心，是大多数人所奉承的对象，攀附者往往不遗余力。一个典型的例子是雍正、乾隆时期的大学士鄂尔泰。鄂尔泰在雍正时期以干练见用，历

---

① 张集馨.椒云年谱//张集馨.道咸宦海见闻录.北京：中华书局，1981：80.
② 张德昌.清季一个京官的生活.香港：香港中文大学出版社，1970：65-66.

任云贵总督、陕甘总督等职，后入京为大学士、军机大臣，位望隆重。雍正帝猝然去世，鄂尔泰得奉末命，拥立乾隆帝即位，故而在乾隆初期亦颇得信任，直至乾隆十年（1745年）去世。雍正帝曾说："朕有时自信，不如信鄂尔泰之专。"久而久之，在鄂尔泰周围聚集起一帮趋炎附势之人。"所到处，巡抚以下，走千里拜谒，虔若天人。"[1]而鄂尔泰虽一度"私门自然杜绝，无处行其营求"，但久处逢迎中，终于"一切嫌疑形迹，无所避，门庭洞开，宾客车马麻集，漏尽乃已"[2]。特别是乾隆帝即位后，朝中已形成以鄂尔泰为首的党派，依附者大有人在，著名人物，如史贻直、尹继善、仲永檀等皆投其门下。乾隆四年（1739年），鄂尔泰六十大寿，百官争先恐后，趋其府上拜寿称觞，鄂尔泰因惧怕新皇怪罪，不敢接纳，故作诗谢客：

> 无然百岁便如何，二十峥嵘六十过。
>
> 官贵倍增惭愧事，恩深徒诵太平歌。
>
> 宾朋介寿思棠棣，儿女称觞感蓼莪。
>
> 老至情怀难向说，不堪重许贺人多。[3]

又如，乾隆中期，外戚傅恒以大学士、军机大臣的身份掌机要近二十余年，权势甚重。为他赏识和重用的将吏不计其数，如毕沅、孙士毅、阿尔泰、阿桂等位至封疆、官拜宰辅的大吏，皆其一手拔擢。执政日久，傅恒周围阿附之人亦形成了一个集团。在傅恒扈从皇帝避暑于热

---

① 袁枚．武英殿大学士太傅鄂文端公行略//小仓山房诗文集：卷8．上海：上海古籍出版社，1988：1328．

② 上谕八旗：卷7//雍正朝汉文谕旨汇编：第9册．桂林：广西师范大学出版社，1999：159；袁枚．武英殿大学士太傅鄂文端公行略//小仓山房诗文集：卷8．南京：江苏古籍出版社，1993：1326-1340．

③ 鄂容安，等．襄勤伯鄂文端公年谱//鄂尔泰年谱．北京：中华书局，1993：111．

河期间，其兄广成殁故。傅恒乞假返京治丧，一时尚未回京。此时，广成家的讣告已遍及京城故旧之家，但在傅家受吊的三天中，前两天竟无一人来吊。第三天，傅恒返京，大小官员无不争先恐后趋势赴吊，以至于广成家周围方圆数里之内挤得水泄不通。[①]

○ 会馆中的同乡聚会

与趋炎附势的权势之交相比，另一类聚会主要发生在一定的社交关系中。这类聚会不像纯粹的官僚趋附之交那样有明确的中心人物，聚会主题也没有那么政治化，更多的是一种社交关系的敦睦。京官的社会关系十分复杂，每一类社会关系，都会形成一种社交圈子，大部分聚会都有明确的社交背景，参与聚会的人亦多半从属于同一社交圈子。清人的社会交际，路径非常明确，最常见的路径便是同僚、同乡、同年、同门及师生。一般文人聚会，即循此关系邀集同伴。同乡，指的是籍贯为同一省份甚至同一府、县的官员。同年，指的是同一年参加乡试或会试的官员。[②]同门，指的则是同在一处读书的官员。师生关系则较为复杂，不仅指学业上的师承，也包含了科举考试中考官和考生之间的关系。这五类情况，基本涵盖了北京士大夫雅集聚会的人员组成。

聚会文化在清代为在京文人官僚所热衷，与他们的生存状态有着直接的关系。对于在京的小京官而言，客居他乡，举目无亲，收入又微

---

①赵翼. 檐曝杂记：卷2. 北京：中华书局，1982：35.

②参见法式善. 会陶然亭记//法式善. 法式善诗文集. 刘青山，点校. 北京：人民文学出版社，2012：1151-1152.

薄，生活颇为清苦无聊。他们尤其喜欢利用各类社交关系，组织或参与各种聚会，"假期之内，优游宴乐"①。而这类聚会往往借助于同乡"会馆"这一场域。

会馆始于明代，而以京城会馆开其先河。在明朝中叶、至晚明嘉靖年间，京师内外城便出现了由地方各省建的会馆。进入清代，会馆更是迅速发展。乾隆时刊行的《水漕清暇录》记载："数十年来各省争建会馆，甚至大县亦建一馆，以致（北京）外城房屋基地价值腾贵。"②清代朝廷发布满汉分城而居的规定，将北京内城所有的汉人统统迁徙到外城，所以，在北京的正阳、崇文、宣武三门外一带的汉人居住区便成为会馆建筑最集中的地方。徐珂辑《清稗类钞》亦曰："各省人士侨寓京都，设馆舍以为联络乡谊之地，谓之会馆。或省设一所，或府设一所，或县设一所，大都视各地京官之多寡贫富而建设之，大小凡四百余所。"③此外，修史、修书等文化活动也使大批文人官僚逗留京城，对会馆的发展更起了推波助澜的作用，致使会馆的数量越来越多。

会馆的出现及其发展，一是为在京官员能够"初至居停"④，乃至居住；二是为进京赴试的士子提供馆舍，即"公车岁贡士是寓"⑤。因此，会馆基本上都是按照籍贯建立的，而且多由在京知名官僚主持捐建。这也使得在各类社交聚会中以同乡之间的聚会联谊为多，社交关系最为紧密。

---

①国家档案局明清档案馆编. 戊戌变法档案史料. 北京：中华书局，1958：184.

②汪启淑. 水曹清暇录：卷10. 北京：北京古籍出版社，1998：156.

③徐珂. 清稗类钞：第1册. 北京：中华书局，1984：185.

④沈德符. 万历野获编：卷24. 上海：上海古籍出版社，2012：510.

⑤刘侗，于奕正. 帝京景物略：卷4. 北京：北京古籍出版社，1980：181.

例如，崇文门外的三晋会馆，在顺治年间由兵部尚书贾汉复所建。贾汉复为山西曲沃安吉人，汉军旗人。据康熙朝官至大学士的山西阳城人陈廷敬的题《三晋会馆记》记载："尚书贾公，治第崇文门外东偏，作客舍以馆曲沃之人，曰乔山书院。又割宅南为三晋会馆。且先于都第有燕劳之馆，慈仁寺有饯别之亭，公两以节钺镇抚四方，为善于乡如此。"①

建于外城土地庙斜街的"全浙会馆"同样是官员捐赠的。此会馆形成于康熙年间。户科给事中赵吉士将私家园林"寄园"捐出，建立了此会馆。赵吉士原为安徽休宁人，后入籍浙江杭州。有记载曰："土地庙斜街全浙会馆，旧为吾乡赵天羽先生吉士故宅，康熙间捐作会馆，雍正十二年重修。"有李卫、陈元龙二人所立之碑，碑中记载了此会馆的历史沿革。原来，寄园初为康熙朝大学士李霨的别墅，其后归赵吉士，改名寄园。赵吉士是安徽休宁人，而他的儿子却占浙籍科举中式，因而被参劾谪官，他此后久住京师，又以寄园捐作全浙会馆。②但在赵吉士身后，其屋舍被豪强所据，赵吉士之孙讼之于官，但仍不得索还，其孙遂捐白金三千两赎还，其后屋舍又因火灾地震而被毁弃。至李卫入觐，"捐俸为倡，两浙搢绅共输金成之"③。

福建会馆亦多由同乡捐赠，先后有明万历时大学士叶向高、清康熙朝大学士李光地、乾隆朝大学士蔡新等"舍宅为馆"。民国时期，李景铭作《闽中会馆记》，犹记其事。

①戴璐. 藤阴杂记：卷6. 上海：上海古籍出版社，1985：73.

②戴璐. 藤阴杂记：卷6. 上海：上海古籍出版社，1985：83-84.

③吴庆坻. 蕉廊脞录：卷2. 北京：中华书局，1990：65-66.

同乡会的内容，往往与思乡有关联。乾嘉之际苏州诗人顾宗泰，在担任吏部主事时，便曾参与苏州同乡会，赋诗留念：

就中乡谊联古交，维桑敬止诗所教。

兰台首倡开君庖，扶持大雅愈与郊。

宾鸿方来燕辞巢，黄花围席陈嘉肴。

枣榛栗柿菱芰茭，蟹羹凫臛和煎熬。

如渑之酒欢酌匏，夷怿醉止情投胶。

软红轮毂日溷淆，何当抽闲余味包。

寻盟缔简好事抄，从此一解烟云嘲。

分曹飚馆从谨诜，要使笃契忘形胞。

斜阳欲落萝影捎，夕移漏箭声频敲。

及时莫惜乡园抛，同励此志轻嘐嘐。①

对于外地来京的官员，思念家乡，是一种油然而生的感情。然而官职的羁绊，都市的繁华，又让他们留恋京师，不愿返乡。这种矛盾的心态，在同乡会中经常有所体现。例如在顾宗泰的诗中，便有"维桑敬止诗所教"与"及时莫惜乡园抛"两种情绪并行。再如乾隆十一年，大学士陈世倌召集浙江同乡会，其境况略云：

相国联桑梓，春明集绶缡。

人才推渐水，台馆辟斜街。

簪盍金花丽，珂鸣玉珮谐。

八骃先引道，双毂复连韏。

已合人千里，浑忘天一涯。

---

① 顾宗泰. 月满楼诗集：卷33//续修四库全书：第1459册. 上海：上海古籍出版社，2002：431.

缀联非异地，容与屡同侪。

山水迢遥接，年龄次第排。

缠绵展情话，欢笑脱形骸。①

车马络绎，洵是盛会，令参与集会之人"浑忘天一涯"，思乡之情亦稍得流泻。

一般的文人聚会，其内容不外乎饮酒听戏。宣武门以南不仅私家园林众多，又是会馆聚居之地，官僚士人多居于此，聚会联谊更为方便。故而宣南地区成为北京士人聚会活动最主要的地点②，且会馆内多建有戏楼，每到节日之际，便演戏庆贺，同乡齐聚，其乐融融。③康熙时京城文人洪升"以诗词游公卿"，组织《长生殿》演出，便为一时之盛，以致"诸亲王及阁部大臣，凡有宴会，必演此剧。而缠头之赏殆不赀。内聚班优人请开筵为洪君寿，而即演是剧以侑觞。名流之在都下者，悉为罗致"④。虽然《长生殿》的演出，因政治上的原因而中止，但是京城士人听戏的爱好并未消失。到乾隆年间，四大徽班进京，观赏戏剧的风气更为兴盛，这令士人聚会更为频繁。特别是年节期间，在京各衙门例需"封印"不办公，更是聚会的好时候。届时官员齐聚团拜，灯红酒绿，令离家日久的官员颇得欢乐。乾隆初年的诗人陈兆仑曾有描写团拜活动的诗句，见《紫竹山房诗集》卷九：

东西磨蚁走团团，人海穷年聚会难。

同牒三公犹失忆，下车一揖岂成欢。

---

① 周长发. 赐书堂诗钞：卷4//四库全书存目丛书（集部）：第274册. 济南：齐鲁书社，1997：749.
② 魏泉. 士林交游与风气变迁——19世纪宣南的文人群体研究. 北京：北京大学出版社，2008：6-7.
③ 胡春焕，白鹤群. 北京的会馆. 北京：中国经济出版社，1994：5-6.
④ 陈康祺. 郎潜纪闻：卷10//郎潜纪闻初笔二笔三笔. 北京：中华书局，1984：224.

哀丝豪竹追浓笑，绿酒红灯暖薄寒。

好为太平传盛事，掣闲齐拜主恩宽。[1]

在士人的推动下，戏剧与饮馔也产生了文化上的交联。一个明显的趋势是，戏剧的内容，与聚会的主题要契合。康熙后期，诗人陈维崧、杜浚曾感叹京城筵席时点戏不易："余因及首席决不可坐，要点戏是一苦事。余常坐寿筵首席，见新戏有《寿春图》，名甚吉利，亟点之。不知其斩杀到底，终坐不安。"陈维崧也曾犯此忌讳，点戏时"见新戏有《寿荣华》，以为吉利，亟点之，不知其哭泣到底，满堂不乐"[2]。

文人聚会，经常吟诗作赋，一方面是记录"清华之游"的盛况，一方面也是在群相取乐之时抒发情感。这些诗赋成为清代北京繁荣的文化生活的证据，蕴含着近三百年中士大夫行走京华的喜怒哀乐。而在饮馔的场域之中，戏剧故事作为一种文化符号，行使着在场者彼此进行社交活动的媒介的作用。对吉祥如意、同堂为欢的戏剧的喜好，反映出官员群体对朋辈的一种礼敬。众所周知，在儒家文化中，饮酒之礼，有着明尊卑、别等第的意义；而礼乐本为一体，官员饮馔虽非乡卿饮酒可比，乐不必拘于鹿鸣四牡，但其内容仍要合乎雅意。场域中的礼学意味，反映出士人生活环境中无所不在的文化氛围。

○ 文人官僚之间的唱和

在聚会文化中，文人官僚之间带有文学唱酬性质的雅集，以其文

---

①陈兆仑. 紫竹山房诗集：卷9. 四库未收书辑刊：第9辑，第25册. 北京：北京出版社，1997：576.

②陈维崧. 迦陵词全集：卷27//陈维崧集：下册. 上海：上海古籍出版社，2010：1543.

化色彩而格外引人注目。士大夫官僚群体既以文化素质较高的文人为主干，其领袖人物往往亦是文坛精英。他们也会经常以文人的身份相互结交往来，其表现就是文人之间的唱和。例如，康熙初年的大学士冯溥对邀结文学之士就颇为热心。综观冯溥的一生，他在政治上并无大的建树，但却精于诗章，又爱才若渴，以其大学士的地位，"天下士归之，如百川之赴巨海焉"①。冯溥在京做官期间，仿元朝名臣廉希宪的"万柳堂"，在东城广渠门外辟地种植柳树，亦名"万柳堂"，故当时的文坛名流多蜂聚于万柳堂，毛奇龄、乔莱、陈维崧、朱彝尊等人皆为其园中的座上客，且皆有诗文纪之。②例如，冯溥曾与毛奇龄、陈维崧等诸名士"雪中游善果寺，晚归"。陈维崧与毛奇龄联句和诗，"令一人唱韵，一人给写，随唱随咏，信占古叶，不许停晷，亦绝技也"。在聚会时，毛奇龄自称："为文每日可一万字；为诗每日可一千句。"陈维崧则自称："腹中尚有骈体文千余篇，恨手不及写。"③至乾隆时，万柳堂已不复存，但北京名士仍频繁至此缅怀国初风雅。乾隆帝之子成亲王永瑆就曾赋诗感叹：

> 野春无门关不住，锁绿惟凭万烟缕。
>
> 老僧洒扫御书楼，满壁云龙照腾骞。
>
> 国初笔迹此间多，竹色墙边无片楮。
>
> 不知秋井几回塌，莓苔掩抑双猊础。④

还有，在北京西郊的澄怀园更是文人官僚们经常的聚会之地。澄怀

---

①李元度．国朝先正事略：卷3．长沙：岳麓书社，2008：89.

②钱泳．履园丛话：卷20．北京：中华书局，1979：178-179.

③阮葵生．茶余客话：卷9．上海：上海古籍出版社，2012：188-189.

④钱泳．履园丛话：卷20．北京：中华书局，1979：520-521.

园在圆明园福园门南，是雍正帝专为南书房和上书房词臣所设的寓所。虽然此园偏处城外，咫尺宸居，官员行止须得小心，不敢惊扰天子，但也正是这种共同侍直的经历，促成了文人相识、歌咏的机会。所以，澄怀园在雍乾时期就成了京官们的一个汇集中心。特别是翰林院与詹事府的翰林们皆寓居于此，每传歌咏之句，因而此地留下了"翰林花园"的美名。

例如，乾隆二十一年（1756年），侍郎蔡新（乾隆后期官至大学士）在澄怀园中绘《澄怀八友图》，八友即蔡新，尚书陈德华，尚书大学士程景伊，尚书张泰开，左都御史观保，内阁学士周药栏、周兰坡，以及少詹事梁锡屿。此图记下了八人同直上书房，为诸皇子皇孙师傅的故事，并留有汪由敦为之作的序。①之后"内直诸公，皆有题句"。例如蒋士铨、涂逢震曾赏玩此图，蒋代涂赋诗二首：

> 水木清华退食同，直疑楼阁在虚空。
>
> 地邻海淀兼三岛，人异淮南正八公。
>
> 春满云边天尺五，昼闻花外漏丁东。
>
> 仙源小聚群仙影，照取须眉一鉴中。
>
> 东序谈经珮绂连，天分灵境坐群仙。
>
> 笑看池水知心迹，同是松身作寿年。
>
> 画里原兼诗烂漫，人间无此地幽偏。
>
> 好风香带图书气，春在先生杖履边。②

蒋士铨，江西铅山人，以诗闻名于时，乾隆二十二年（1757年）进

---

① 蔡新. 延禧堂忆旧帖//蔡新. 澄怀园八友图. 卷上. 旧贴拓印本，1960.

② 戴璐. 藤阴杂记：卷12. 上海：上海古籍出版社，1985：141.

士，官翰林院编修。涂逢震，江西南昌人，乾隆四年（1739年）进士，授翰林院编修，官工部左侍郎。因此，二人都有旅居澄怀园的经历。除了翰林们之外，一些以文有名的官员虽无上书房差事，也会因故见召，如乾嘉时文人钱泳称，他尝于嘉庆十四年夏，应大学士英廉笔墨事之嘱，小寓于此。[①]澄怀园的意义，已经超越了一般的宫廷休息处所，而进入了文化艺术的范畴。

此外，还有一些聚会，其成员构成较为特殊，甚至有更深一层的主题，包含了更浓厚的文化气息。例如嘉道年间翁方纲等人发起的"为东坡寿"活动，便是一例。

翁方纲（1733—1818），直隶大兴人，乾隆十七年（1752年）进士，翰林院编修，累官至内阁学士。以精通金石、谱录、书画、词章之学知名，书法与同时的刘墉、梁同书、王文治齐名。论诗创"肌理说"。翁方纲平素仰慕苏轼，名其书房曰"苏斋"。乾隆三十八年（1773年），翁方纲偶然间购得宋版《施顾注苏诗》，遂以此为契机，于每年十二月十九日，遍集同好文人，举行"为东坡寿"活动。参与者观摩东坡著述，并以此为题，各赋长句，以纪念苏轼，为"日下文坛盛集"。

因此可以认为，所谓"为东坡寿"的活动，最初主要是由翁方纲带领其弟子、友人等以赋诗吟唱为自娱的文学聚会形式，不存在社交的功利性，是再普通不过的文人聚会了。但是，这一活动在清代文学史上所产生的巨大影响与重要意义却在日后慢慢地发酵。翁方纲去世后，其弟子李彦章、梁章钜等仍继续召集此活动，并借此留下了大量

---

① 钱泳. 履园丛话：卷20. 北京：中华书局，1979：519.

的诗章辞赋。①因此，与普通的聚会不同，"为东坡寿"是一种明显带有文化目的的士人活动，从而达到一种文化上的交流与建构，更具有强烈的人文气息。类似活动，在嘉庆以后逐渐增多，如"宣南诗社"等。

总之，文人官僚之间的聚会，是一种带有人文气息的社交活动。它通过文化的交流，满足了人们之间的礼敬。在聚会上，士大夫以诗文的形式抒发自己的感情，或是简单的思乡、怀友，或蕴含了更为深层的文化追求。不论哪一种，都凝聚了中国传统文化的精华。

三、厂甸访书

清代北京士大夫的文化生活，不仅有众人齐聚、喧嚣热闹的一面，也有很多较为个人的行为，寻觅旧书，便是其中之一。尤其是到琉璃厂书市看书买书，更是清代北京文人官僚的常见消遣之一。也正是由于这一文化活动，书籍交易这一商业行为，在北京城市历史中逐渐带有了浓厚的文化气息，成为北京文化氛围的重要组成元素。清代北京书市，最早以慈仁寺最有名。②

○ 慈仁寺庙市上的书摊

慈仁寺位于今天的北京西城广安门内大街，为清前期北京南城最大

---

①魏泉. 士林交游与风气变迁——19世纪宣南的文人群体研究. 北京：北京大学出版社，2008：
　34-65.
②陈康祺. 郎潜纪闻. 卷8//郎潜纪闻初笔二笔三笔. 北京：中华书局，1984：162.

的寺庙之一。慈仁寺乃占明双松寺遗址而建，其厢悬胜果妙因图，乃清朝著名的指画家傅雯所绘。傅雯系奉天广宁人，官骁骑校，善指墨，师从高其佩，乾隆时供奉内廷。乾隆九年（1744年），奉敕为慈仁寺画胜果妙因图大横帧，高丈许，阔二丈余，写如来罗汉百余尊，备极神采。①在慈仁寺僧舍，还藏有清顺治皇帝福临的御画"渡水牛"。有记载曰：此画"乃赫蹄纸上，用指上螺纹印成之，意态生动，笔墨烘染所不能到。又风竹一幅，上有广运之宝，王贻上、宋牧仲辈均见及之，今不知尚存否"②。可见，在清朝帝王的眼里，慈仁寺有它重要的位置。

然而慈仁寺在清初北京文化中的地位，很大程度上却并非仅仅因为寺庙所代表的宗教文化，而更多地在于这一空间内存在的书市。自清初顺治后期起，慈仁寺成为士人购书与交流的重要场域之一。顺治时工部郎中张衡有"贷钱过慈仁寺，见心爱书，即倾囊买之携归"③的故事，可知书市此时已成规模。

对慈仁寺书市记述最多的是康熙年间的文人官僚王士禛。王士禛（1634—1711），原名王士禛，字子真、贻上，号阮亭，又号渔洋山人，山东新城人。顺治十二年（1655年）进士，康熙十七年（1678年）入直南书房，累官至刑部尚书。在官场上，王士禛不仅为政有声，且是诗坛领袖，系清初诗坛上"神韵"说的倡导者。康熙帝征其诗，录三百篇，曰"御览集"，这无疑使王士禛在文人中的声望倍增。王士禛掌清初文坛数十年之久，直至康熙五十年（1711年）逝世，享年78岁。他自顺治

---

①陈康祺. 郎潜纪闻. 卷8//郎潜纪闻初笔二笔三笔. 北京：中华书局，1984：54.

②陈康祺. 郎潜纪闻三笔：卷11//郎潜纪闻初笔二笔三笔. 北京：中华书局，1984：852.

③汪启淑. 水曹清暇录：卷11. 北京：北京古籍出版社，1998：173.

年间应举子试入京，至康熙四十三年（1704年）返乡，其间大多数时间都在北京度过。这期间，他记载了与慈仁寺相关的所有故事。

顺治己亥年（十六年，1659年），王士禛在京师遇见一个旧书摊：慈仁寺市见鬻故书者卖一敝刺，大书"客氏拜"三字。宝应朱国桢（克生）以三钱得之，赋《客氏行》。予笑曰："使当天启时，此一纸过诏旨远矣！"[1]

康熙二十年（1681年）六月，王士禛在慈仁寺市见元代大书法家赵松雪手书杜诗一部，是书"用朱丝栏，字作行楷，末有新郑高文襄公跋云：'赵文敏书'"。是书备极罕见，"前人以为上下三千年，纵横十万里，都无此书"[2]。康熙三十年（1691年），王于慈仁寺市得明代儒士徐一夔《始丰稿文》十四卷，无诗。王士禛知陈继儒尝称："一夔《宋行宫考》《吴越国》考，研检精确。"至此得观其书，"如《欧史十国年谱备证》《钱塘铁箭辨》等篇，皆极精核，不独二考也"[3]。此时正值慈仁寺书市的全盛期，王士禛可以经常在慈仁寺书市上满足于他对书中孤本、精本的猎取需求，为此他几乎花掉自己所有的俸禄。王士禛自称"及官都下三十年，俸钱所入，悉以购书"[4]，以致也有因资卓告匮而漏掉书中精品之事。如他在康熙十九年（庚申，1680年）冬，在市上见到有《两汉纪》初印本最精，又有《三礼经传通解》，亦旧刻，议价未就。旬日市期早过之，二书已为人购去，"懊恨累日，至废寝食"[5]。康熙四十一年

---

①王士禛. 池北偶谈：卷20. 北京：中华书局，1982：487.

②同①316.

③王士禛. 居易录谈：卷中//丛书集成初编：第2824册. 上海：商务印书馆，1936：13.

④王士禛. 渔阳精华录集释. 李毓芙，等，整理. 上海：上海古籍出版社，1999：2046.

⑤王士禛. 香祖笔记：卷3. 上海：上海古籍出版社，1981：55.

（壬午，1702年）夏，又"见旧版《雍录》雕刻极工，重过之，已为人购去矣"。至次年夏，王士禛终于得《陈子昂文集》十卷。他十分欣慰，称"犹是故物。然如优钵罗花，偶一见耳"[①]。

王士禛在慈仁寺书市上不仅购得书中精品，且得见器物古玩。所谓"于慈仁寺市，见正德钱二，面幕皆有文如蟠螭状，与今制殊异。正德，又夏国伪年号也，钱不知何年所造"[②]？康熙三十三年（1694年），他又在慈仁寺市上"得女史琼如擘窠大书李白登华山落雁峰云云，凡三十三字。笔势飞动，不类巾帼粉黛中人，末题'琼如'二字，小印朱篆文二字"[③]。

清初的书市在地点上并非固定，多随庙市不定期开设。所谓"庙市赁僧廊地鬻故书小肆，皆曰摊也"。但王士禛独钟爱于慈仁寺。有一则故事曰："昔在京师，士人有数谒予（王士禛）而不获一见者，以告崑山徐尚书健庵（乾学），徐笑谓之曰：'此易耳，但值每月三五，于慈仁寺市书摊候之，必相见矣。'如其言，果然。"[④]

另一重要的慈仁寺书市重要记录者是宋荦。宋荦（1634—1714），字牧仲，河南商丘人，内国史院大学士宋权之子。顺治四年（1647年），应诏列侍卫。逾年考试，铨通判。康熙三年（1664年），授黄州通判，累擢江苏巡抚、吏部尚书。宋荦不仅为官清廉，有"清廉督抚第一"的美誉，且以诗画有名。宋荦于古董鉴赏颇为自得，曾自云："余尝云黑

---

①王士禛. 居易续谈//丛书集成初编：第2824册. 上海：商务印书馆，1936：35.
②王士禛. 池北偶谈：卷23. 北京：中华书局，1982：557.
③王士禛. 居易录谈：卷下//丛书集成初编：第2824册. 上海：商务印书馆，1936：23.
④王士禛. 古夫于亭杂录：卷3. 北京：中华书局，1988：68.

夜以书画至，摩挲而嗅之，可别真赝。"①宋荦的《筠廊偶笔》有云："慈仁寺窑变观音，以庄严妙丽胜。"②也可证宋荦对古玩鉴赏的关注。当时古董商欲抬高价格，辄云"此经商丘宋先生鉴赏者"，以宋荦的品位为招徕，"士大夫言之，辄为绝倒"③。可见除了王士禛之外，吏部尚书宋荦也与慈仁寺颇有渊源。

除王士禛、宋荦外，还有不少士人也在诗文中记录对慈仁寺书市的观感。王鸿绪《杂咏》诗曰：

> 慈仁寺里海榴红，却与江南色相同。
>
> 移向小庭闲伫立，绛唇微语曲栏风。
>
> …………
>
> 慈仁每月初兼五，松下朱栏列百廛。
>
> 亦有公卿来问直，试评程尉几文钱。④

高珩《慈仁寺》诗曰：

> 一月招提到几回，长松百丈羽幢开。
>
> 市人熟识应含笑，又向东廊看画来。

孙在丰《竹枝词》曰：

> 腊后春前春未回，燕京腊月少花开。
>
> 明朝十五慈仁寺，买得盆梅屋里栽。

查慎行的《饮严侍御曾榘鸾枝花下作》云：

---

①宋荦. 西陂类稿：卷13//景印文渊阁四库全书：第1323册，台北："商务印书馆"，1986：135.

②戴璐. 藤阴杂记：卷7. 上海：上海古籍出版社，1985：78.

③王士禛. 古夫于亭杂录：卷3. 北京：中华书局，1988：68.

④王鸿绪. 横云山人集：卷5//续修四库全书：第1416册. 上海：上海古籍出版社，2002：662，663；戴璐. 藤阴杂记：卷7. 上海：上海古籍出版社，1985：80-82.

卖花声里过斜街，不记招寻月几回。

只有绣衣真爱客，印泥封酒必同开。

僦居喜近慈仁寺，移得鸾枝隔岁栽。

报到退朝今日早，东栏昨夜有花开。

孔尚任《燕台杂兴》云：

弹铗归来抱膝吟，侯门今似海门深。

御车埽径皆多事，只向慈仁寺里寻。①

从上述诗文中不难看到"国初诸老买书多于慈仁寺"的盛况。②诗中的"僦居喜近慈仁寺""御车埽径皆多事，只向慈仁寺里寻"等句，在表达了他们猎书愿望的同时，也多少流露出其内心中欲在官场、闹市中寻求清静的心理。为此，他们喜欢寓居在慈仁寺的附近，进而在慈仁寺附近形成了一个士人的社交圈子。王士禛自称，"戊戌，观政兵部，寓慈仁寺"。又曰："梁曰缉熙乙未同年，本不相识，时以咸宁令行取入都，亦寓寺中，遂与定交。"③王士禛的《慈仁寺双松歌赠许天玉》《梁曰缉言辋川雪中之游》《竹枝词》等篇皆完成于寄寓寺中之时。与之同时，与慈仁寺比邻而居的还有其好友宋荦。④此外，除了上述王鸿绪、高珩、孙在丰、查慎行、孔尚任之外，王士禛的友人许玭、朱克生等，均是慈仁寺的常客。⑤同时的文人还有汪琬、冯溥、姜学在等均有文字写于

①戴璐．藤阴杂记：卷7．上海：上海古籍出版社，1985：79．

②雷梦水．北京风俗杂咏续编．北京：北京古籍出版社，1987：14．

③戴璐．藤阴杂记：卷7．上海：上海古籍出版社，1985：80-81．

④蒋寅．王渔洋事迹征略．北京：人民文学出版社，2001：150-152；宋荦．西陂类稿：卷6//景印文渊阁四库全书：第1323册．台北：台北"商务印书馆"，1986：62．

⑤福州府志：卷60//中国方志丛书：第72册．台北：台北成文出版社，1967：1152；王士禛．池北偶谈：卷20，486．

慈仁寺，可见当时慈仁寺书市对京城士人文化活动的影响之大。[①]这些人当中有在朝的，如王士禛、宋荦、冯溥、孙在丰等，也有在野的，如孔尚任辈。这说明在书市这个文化圈子中，参与者只论辞赋文章而绝少论及官场等级。同时也说明，至少在康熙前期，文化市廛的中心在慈仁寺。

然而，一场大地震改变了慈仁寺的命运。据戴璐在《藤阴杂记》中记载："慈仁庙市久废，前岁复兴，未几仍止，盖百货全资城中大户，寺距城远，鲜有至者。国初诸大第宅皆在城西，往游甚便，自地震后，六十年来荒凉已极。"[②]这次大地震发生在康熙十八年（1679年）七月，"京城倒坏城堞、衙署、民房，死伤人民甚众"[③]。由于震中在香河一带，西城损失尤重，妙应寺、白塔寺俱坍塌，民房倒毁至数万家，富家大户遂而迁居转移。

地震的破坏、富户的迁徙，西城商业环境一落千丈，致使慈仁寺书市也变得萧条。康熙后期，慈仁寺书市已露颓势，秘本难得，淘书日难。[④]此后数十年间，京城一直没有大规模的书市。虽然慈仁寺仍然有士人聚会，但对书市的记载迅速减少。道光十九年（1839年），云贵总督桂良之兄斌良游慈仁寺时，已是"偶暇扶藤寻净域，空余落叶满荒蹊"[⑤]，书市已不见踪影，空留一刹了。对于慈仁寺与琉璃厂之间相互关联的变革，清人有"游肆厂"一诗可证，诗曰：

---

①戴璐．藤阴杂记：卷7．上海：上海古籍出版社，1985：80-81．

②同①80．

③中国第一历史档案馆．康熙起居注．北京：中华书局，1994：420．

④孙殿起．琉璃厂小志．上海：上海书店出版社，2010：3；王士禛．香祖笔记：卷3．上海：上海古籍出版社，1984：55．

⑤斌良．抱冲斋诗集：卷28//续修四库全书：第1508册．上海：上海古籍出版社，2002：381．

倾城锦绣压成都，九市菁华萃一衢。

坊贾夸人书满屋，山妻谪我米如珠。

纷来燕地衣冠谱，谁仿吴兴士女图。

独有慈仁名刹废，日高野鼠绕楹趋。①

○ 琉璃厂书市

琉璃厂位于京城之西南的宣武门外。琉璃窑东有辽御史大夫李内贞墓，据该墓志称，此地辽时为"海王村"。元明时曾设琉璃窑厂，因有"琉璃厂"之称。②吴梅村琉璃厂诗称："琉璃旧厂虎房西，月斧修成五色泥。遍插御花安凤吻，绛绳扶上广寒梯。"③清初古董商以其地毗邻窑厂开始在此经营，琉璃厂火神庙有正月上旬的"庙市"，为京城年俗中重要一环。史载：

自国初罢灯市，而岁朝之游改集于厂甸。其地在琉璃厂之中，窑厂大门外，百货竞陈，香车栉比。自初二日至十六日，凡半月。午前游人已集，而勾阑中人辄于此炫客，必竟日始归。荡子辈络驿车前，至夹毂问君家，亦所弗禁。门东有吕祖祠，烧香者尤众。晚归必于车畔插相生纸蝶，以及串鼓，或连至二三十枚。或以山查穿为糖壶卢，亦数十，以为游帜。明日往，又如之。④

作为庙市的琉璃厂，间有售书者，但并不多。康熙时高士奇曾在此购得唐人王维的《江干雪意图》，并赋诗："山居图识宣和笔，今藏御府

---

①雷梦水．北京风俗杂咏续编．北京：北京古籍出版社，1987：14．

②钱大昕．记琉璃厂李公墓志//潜研堂集．文集卷18．上海：上海古籍出版社，1989：299．

③戴璐．藤阴杂记：卷10．上海：上海古籍出版社，1985：114．

④震钧．天咫偶闻：卷7．北京：北京古籍出版社，1982：170．

人难窥。我居京师颇留意，日寻断帧搜残碑。琉璃厂西得兹卷，败箧零乱紫蛛丝。"①不过总体而言，清初文人对琉璃厂购书的记载绝少。如王士祯虽足迹遍布南城，但于琉璃厂则不置一词，可知此时琉璃厂贩书尚少。乾隆中期，"若《古夫于亭杂录》候慈仁书摊故事，久已绝响"，"惟琉璃厂火神庙正月上旬犹有书市及卖熏花零玉者"②，可见此时琉璃厂贩书者仍然被限定在庙市中，尚未在平日展开活动。

琉璃厂书市的崛起，主要与两个因素有关。

其一是此地周围有京城士人流寓之所。随着清初满汉分城所形成的迁徙，宣武门外早就聚居了众多的文人官僚，他们主要居住活动在三个小区：一是琉璃厂附近的街区。二是上下斜街一带。如康熙朝的王士祯、朱彝尊等就曾寓居于琉璃厂附近的上下斜街一带，在《藤阴杂记》中有"厂东门内一宅，相传王渔洋曾寓，手植藤花尚存"的记载。三是半截胡同小区，其中更是名宅错落。据记载，康熙朝给事中赵吉士的寄园在轿子胡同，刑部尚书徐乾学的碧山堂在神仙胡同，礼部尚书王崇简的青箱堂在米市胡同，翰林院掌院汤右曾的接叶亭在烂面胡同，此胡同还有大学士王顼龄的锡寿堂。③

第二个因素，即琉璃厂书市勃发之直接契机，则得益于《四库全书》的编撰。乾隆三十八年（1773年），清廷诏征全国书籍，开四库馆，集天下文人学士于京城。据翁方纲《复出斋诗集自注》曰：

---

①高士奇. 苑西集：卷11//四库未收书辑刊：第7辑，第26册. 北京：北京出版社，1997：724.

②法式善. 陶庐杂录：卷1. 北京：中华书局，1959：16-17. 由本卷其他内容可以推知该条最早也应该是乾隆十一年之后所记。

③可以参考戴璐的《藤阴杂记》，朱一新的《京师坊巷志稿》，吴长元的《宸垣识略》，以及陈宗蕃的《燕都丛考》。

乾隆癸巳开四库馆，即于翰林院藏书之所分三处，凡内府秘书发出到院为一处，院中旧藏《永乐大典》，内有摘抄成卷，汇编成部者为一处，各省采进民间藏书为一处。每日清晨，诸臣入院，设大厨，供茶饭，午后归寓，各以所校阅某书应考某典，详列书目，至琉璃厂书肆访之。是时，江浙书贾亦奔辏辏下。[①]

这种上午编书、下午查访的工作方式，为琉璃厂书市提供了相当大的空间。由于《四库全书》修撰事务甚急，编校中的疑惑，顷日便须解决，学者不可能慢慢查访。当时的编校人员大都在宣武门外选址居住，于是地近宣南的琉璃厂正好满足了文人对资料的需求。故而书市也从每年一次，先变为每月数次，又逐渐变成日常开设了。甚至有修书文人为求方便，索性居于琉璃厂，如钱大昕、程晋芳、孙星衍、洪亮吉等都曾寄居于此。《孙星衍年谱》曰："岁己酉，居琉璃厂，校刊晏子春秋，高丽使臣朴齐家为书问字堂额。"《洪亮吉年谱》曰："乾隆五十四年，应礼部试，居孙君星衍琉璃厂寓斋。"[②]而程晋芳以诗寄给江宁的袁枚告知自己的住处，诗中有"势家歇马评珍玩，冷客摊钱问故书"之句。袁枚阅后笑曰："此必琉璃厂也"[③]。

由此可见，琉璃厂书市的发展，与士大夫职任修书、亟须查访书籍以备考校，有着直接的关系。大约同时，工部员外郎汪启淑逛琉璃厂时，但见"街长里许，百货毕集，玩器书肆尤多。元旦至十六日，游者极盛，奇景异观，车马辐辏"[④]。换言之，至乾隆时期，琉璃厂已成为图

---

①陈康祺. 郎潜纪闻：卷3//郎潜纪闻初笔二笔三笔. 北京：中华书局，1984：50.

②朱一新. 京师坊巷志稿：卷下. 北京：北京古籍出版社，1982：220—221.

③戴璐. 藤阴杂记：卷10. 上海：上海古籍出版社，1985：114—115.

④汪启淑. 水曹清眼录：卷6. 北京：北京古籍出版社，1998：77.

书、古玩字画、古籍碑帖及文房四宝的集散地。虽然，除琉璃厂外，当时京城内城隆福寺一带也有较大的书市，但该书市中旧书贩卖较少，因而其规模与影响力均不如琉璃厂。①

乾隆后期李文藻曾撰《琉璃厂书肆记》，描述书市状况甚详，特辑录如下：

> 琉璃厂因琉璃瓦窑为名，东西可二里许。……桥居厂中间，北与窑相对。桥以东，街狭，参以卖眼镜、烟筒、日用杂物者。桥以西，街阔，书肆外，惟古董店及卖法帖、裱字画、雕印章、包写书禀、刻板镌碑耳。近桥左右，……遇廷试，进场之具，如试笔、卷纸、墨壶、镇纸、弓绷、叠褥，备列焉。②

琉璃厂的成就由此可观，书市藏书极为广博，京城士人于此寻访古籍字画，往往有意外收获，成为士人生活中的奇遇。例如平步青寻访明朝大臣雷礼的著作，遍访其家乡，仍不可得。而有人在琉璃厂书市购书，竟得到雷礼的《列卿记》③。再如，陈夔龙于光绪后期在琉璃厂买到明代发行的大明宝钞，已历时数百年，仍可辨认。陈大为感慨，作《大明洪武通行宝钞歌》以纪念④。甚至还有人在书市上买到安南国王的诏敕⑤——这些奇异的购物经历，都从不同侧面表明了琉璃厂书市的发达、触角的广泛。故而清代士人对琉璃厂多有一丝崇拜感。光绪时樊增祥曾有诗云：

> 毕董残装有吉金，陈思书肆亦森森。

①震钧．天咫偶闻：卷7．北京：北京古籍出版社，1982：166.

②孙殿起．琉璃厂小志．上海：上海书店出版社，2010：4.

③平步青．霞外捃屑：卷6．上海：中华书局，1959：352-353.

④陈夔龙．松寿堂诗钞：卷8//陈夔龙全集：上册．贵阳：贵州民族出版社，2013：92.

⑤陈其元．庸闲斋笔记：卷11．北京：中华书局，1989：276.

会闻醉汉称祥瑞，何况千秋翰墨林。①

琉璃厂既成士人群集之所，其功能也逐渐增加。早在明代，北京书摊就多集中于来京赶考士子麇集之处，如大明门、礼部附近②，以及清初的慈仁寺周围，盖因士子读书需求孔亟，销路较好。至乾隆中后期，琉璃厂的书市和科举考试的关系更紧密了。例如三年一届的顺天府乡试，士子往往淹留都下，等待发榜。虽然由于房屋紧张，他们大多不能住在琉璃厂，但会经常来买书。③每到发榜时，报房之人在此租赁房屋，张榜以示，士子多来觇视是否中举。以故，琉璃厂遂成科举文化之重要地点。每到顺天乡试、会试时节，琉璃厂卖考试用具的铺面，都会挂上"喜三元"的牌子，以为彩头，招徕顾客。④

琉璃厂见证了一代又一代京城士子访书查故的热潮。围绕书市，他们或单独逛琉璃厂，或相约一同逛琉璃厂，这几乎成为京城士大夫文化生活中必不可少的乐趣。对于他们而言，这里是公共图书馆。⑤正是由于琉璃厂汇集了全国各地的书籍，是京官们、读书人必须光顾之地，所以，无论是来京参加科试的各地举子，还是奉敕寓京编书修史的文人官僚，都离不开对琉璃厂的依赖，来厂甸寻书访书不仅是其生活中的情趣，而且对相当一部分文人来说已经关乎前程与仕途了。据嘉庆时官员钱宝甫称，嘉庆初年，皇帝"大考翰詹"，往往从明人徐元太《喻林》

① 樊增祥. 樊山续集：卷19//续修四库全书：第1575册. 上海：上海古籍出版社，2002：28.
② 王士禛. 香祖笔记. 卷3. 上海：上海古籍出版社，1981：54-55.
③ 震钧. 天咫偶闻. 卷3. 北京：北京古籍出版社，1982：53. "每春秋二试之年，去棘闱最近诸巷。西则观音寺、水磨胡同、福寿寺街、顶银胡同，南则裱背胡同、东则牌坊胡同，北则总捕胡同，家家出赁考寓，谓之状元吉寓，每房三五金或十金，辄遣妻子归宁以避之。"
④ 钱载. 蒋石斋诗集：卷14//嘉兴文献丛刊：第5册. 上海：上海古籍出版社，2011：229.
⑤ 梁启超. 清代学术概论. 上海：上海古籍出版社，1998.

一书中出题。有人注意到了这一点，前往琉璃厂购书，竟令"琉璃厂书肆搜索殆尽，盖翰苑诸公争购读也"①。

而在京官员逛厂，亦逐渐成为其生活中的常态。特别是嘉庆以后，官员在琉璃厂购买书籍字画、古玩珠宝，加以鉴玩，成为京城风俗之一。即便是官至户部尚书的翁同龢，也不时于百忙之中抽空前往琉璃厂。②至于其他小官，散直之后前往琉璃厂买书，更是随处可见。即便是外地官员临时来京，也不免要买些书。例如同治八年（1869年），时任直隶总督的曾国藩因事来京，便有琉璃厂之行。③

琉璃厂既是依托京官购书之习而开设的，其售书种类与价格，亦不得不随士大夫之喜好与社会风气而变动。乾嘉之际，汉学兴盛，学人"株守考订，訾议宋儒，遂将濂、洛、关、闽之书，束之高阁，无读之者"。昭梿在琉璃厂购求宋儒著述，竟不得，书贩曰："近二十余年，坊中久不贮此种书，恐其无人市易，徒伤赀本耳！"④

咸丰年间，太平军起，世局浇薄，士大夫谈议之风渐衰，"人家旧书多散出市上，人无买者。故直极贱，宋椠亦多"。而同治、光绪年间，随着政治秩序逐渐恢复，"士夫以风雅相尚，书乃大贵"。所谓"厂肆之习，寻常之物，有数人出价则其直顿增。往往有数人争购一物，终不能得，别有好事者出重价得之。亦有众人共争，贾人居奇不售，遂终不售者。亦有买者明知不直，而故增其声价，以博具眼者"⑤。特别是张之洞

①钱泰吉．曝书杂记：卷上．北京：中华书局，1985：13．

②翁同龢．翁同龢日记：第5册．陈义杰，整理．北京：中华书局，1997：2586．

③黎庶昌．曾文正公年谱：卷11//李翰章．曾文正公全集．长春：吉林人民出版社，1995：263．

④昭梿．啸亭杂录：卷10．北京：中华书局，1980：317-318．

⑤震钧．天咫偶闻：卷7．北京：北京古籍出版社，1982：163，171．

等人编纂《书目答问》之后，士大夫聚书有据，按图索骥，图书交易量一路走高。孙殿起追述其事，略谓：

> 其时宋椠本，计叶酬直，每叶三五钱；殿板以册计，每册一二两；康乾旧板，每册五六钱，然如孙钱黄顾所刊丛书，价亦不下殿板也。此外新刻诸书，则视板纸之精粗、道途之远近以索直。[①]

晚清人震钧亦记载曰：

> 近来厂肆之习，凡物之时愈近者，直愈昂。如四王吴恽之画，每幅直皆三五百金，卷册有至千金者。古人惟元四家尚有此直，若明之文、沈、仇、唐，每帧数十金，卷册百余金。宋之马、夏视此，董、巨稍昂，亦仅视四王而已。书则最贵成邸及张天瓶，一联三四十金，一帧逾百金，卷册屏条倍之。刘文清、王梦楼少次，翁苏斋、铁梅庵又少次，陈玉方、李春湖、何子贞又次，陈香泉、汪退谷、何义门、姜西溟贵于南而贱于北。宋之四家最昂，然亦仅倍成邸，松雪次之，思白正书次之，然亦不及成、张。行书则不及刘、王。若衡山、希哲、履吉、觉斯等，诸自郐此，皆时下赏鉴，而贾人随之。至于瓷器，康熙十倍宣、成，雍、乾又倍康熙，而道光之"慎德堂"一瓶，至数百金。又有"古月轩"一种，以料石为胎，画折枝花卉，绝无巨者。瓶高三寸，索直五百金，真瓷妖矣。因忆《野获编》云：玩好之物，以古为贵。惟本朝则不然，永乐之剔红、宣德之铜、成化之窑，其价遂与古敌。盖北宋以雕漆名，今已不可多得。而三代尊彝法物，又日少一日。五代迄宋，所谓柴、汝、官、哥、定诸窑，尤脆易损。故以近出者当之。又云：沈、唐之画，上等荆、关。文、祝之书，上参苏、米。则明人已有此风，然不过方驾古人耳。未如今之超乘而上也。[②]

---

①孙殿起. 琉璃厂小志：卷1. 上海：上海书店出版社，2010：29-30.

②震钧. 天咫偶闻：卷7. 北京：北京古籍出版社，1982：170-171.

不过这一局面并未维持很久。光绪二十一年（1895年），清朝在甲午之战中战败，震痛之余，思求自强，社会上出现了学习西方的潮流。于是琉璃厂书商大量购入西学图书，以供士大夫购买。是年康有为在北京筹办强学会，"遍寻琉璃厂书店，无地球图"，可见当时北京书市极少有西学书刊贩售。不数年，情况即逆转，"海王村各书肆，凡译本之书无不盈箱插架，思得善价而沽。其善本旧书，除一二朝士好古者稍稍购置外，余几无人过问"[1]。琉璃厂为西学东渐提供了窗口，让在京官员士人获得了了解西方学说、思考国家变革方式的途径。当然，仅仅凭一批聚书店铺，自然不能扭转清末时局，但琉璃厂售书与士大夫风气之关系，亦不难由此而见。

琉璃厂虽为书市，却也是当时海内名士聚集的唱和之地。作为北京最重要的文化符号之一，书市一直延续到今天。它为在京士人提供了异常丰富的城市文化资源。对士大夫而言，酒楼戏园等日常世俗享受，自不能免，但身为文人，对文化上有所追求，是他们身份属性的标志，故而琉璃厂书市便成了他们在这座城市中与人文素养相连接的精神纽带。逛厂，不仅是简单的购物消遣，也不都是职责所系的知识搜集，而是士人通过对文化"博物馆"的探访，完成对自身文化属性的认知的一种过程，关乎士大夫的群体认同。正是由于这一缘故，琉璃厂才能对北京士人产生如许的吸引力，这也是北京人文气息的重要组成部分之一。

---

①孙殿起. 琉璃厂小志：卷1. 上海：上海书店出版社，2010：30.

四、访求古迹

历经数百年，清代北京已经是一座拥有大量名胜古迹等历史文化积淀的城市。一方面，很多历史古建筑久经风霜，但由于时有修缮重建，所以仍屹立在北京的街巷之中。另一方面，有无数历史上昙花一现的建筑，虽然故老口中偶尔还能提到，但其真身已烟消云散。面对这些或有形或无形的历史建筑文化积淀，清代北京士人采取了文化上的"挖掘"态度。特别是清代中叶以后，士大夫深受乾嘉考据学影响，嗜古成癖，对这些身边的城市典故，自然不肯放过。他们走街串巷，撷拾国故，查访那些街市之中或荒野之外的文化古迹，考镜源流，感叹古意。这些怀古之思，凝聚在诗文中，从而令这些古建筑的文化气息又凝重了一层。清代晚清藏书家缪荃孙曾这样解释他藏书的动机："他日书去而目或存，挂一名于《艺文志》，庶不负好书若渴之苦心耳。"[1]而清代文人访求古迹，其心态与此亦大致类似。

○ 追寻古迹

追寻古迹，是文人在京城郊游活动中最常见的内容。他们摩挲石碑，瞻仰匾额，欣赏珍玩，述其史事，多怀感叹。其中一种比较常见的感情，是借助与明清交替有关的历史古迹，表达对这一历史过程的感叹。北京留下了大量与明季史事有关的历史遗迹，对于经历过或耳闻明末清初社会剧烈变革的汉人士大夫而言，这些遗迹无疑经常唤起他们对

---

① 缪荃孙. 艺风藏书记. 上海：上海古籍出版社，2007：3.

国家鼎革、忠烈殉国、故人离散的历史记忆，而这种记忆促使他们将文化景物、个人遭际与国家兴亡联系在一起。

例如宣南白纸坊附近的崇效寺，历史非常悠久，唐代贞观年间已建寺。[1]此寺中有大量的唐人墓碣，清初朱彝尊到访时，曾"尚有残僧在，同寻断碣看"[2]的记载，可知明清之际庙中人事皆非，墓碣自亦无人管理。历经二百年之风霜，到光绪时陈作霖来访察时，称"壁上多嵌唐人墓碣"[3]，可见这些墓志已得到一定的修缮。而更吸引人的是崇效寺中与明清易代有关的文化遗迹。明末名臣杨涟曾为该寺题有"无尘别境"四字，清人士大夫来瞻仰者甚多，如宋荦便曾赋诗："老槐自是金源物，不与长楸入《旧闻》。无尘别境许重寻，异代翻教托慨深。"[4]其中，《旧闻》指朱彝尊所撰《日下旧闻》。作为耳闻目睹易代史事的诗人，在对"异代"怀念中，宋荦对"无尘别境"题写者杨涟抗言直谏、不屈于魏忠贤的风骨，自然别有一番感慨。另外，寺中藏有一幅名画《青松红杏图》，其作者为僧人智朴。此人本为明末洪承畴麾下之将领，洪承畴在松山之战中被清军击败后，智朴拒绝降清，逃入盘山，削发为僧。《青松红杏图》明为描绘盘山风景之作，暗以"松""杏"两字隐喻洪承畴兵败松山、杏山之史事，其中明季遗民故国之思、不屈之志，可以想见。此图由智朴本人带来崇效寺，遂藏其地。清初士大夫，多仰其画"意在景外"之独特意蕴，有所品题。久之，崇效寺遂成京城重要人文古迹，士大夫来此索观益众。

---

① 于敏中，等. 日下旧闻考：卷60. 北京：北京古籍出版社，1985：993.

② 吴长元. 宸垣识略：卷10. 北京：北京古籍出版社，1981：198.

③ 陈作霖. 可园文存：卷9//续修四库全书：第1569册. 上海：上海古籍出版社，2002：408.

④ 戴璐. 藤阴杂记：卷8. 上海：上海古籍出版社，1985：93.

与此类似的，还有魏裔介在兴胜寺登高，作诗云："寺南寺北皆禾黍，独上危楼望古燕。"①萧索之中怀古，暗有黍离之悲，别有风味。

除缅怀明末史事外，士人的"访古"活动，更多地通过考述北京城市结构、重要建筑的今昔情况，将眼前的清代北京与史籍中的北京连接起来，从而构建这座城市的历史。清初思想家顾炎武著有《京东考古录》一书，虽然此书并非直接书写北京的古籍，然而它综述历代关于北京的记载，将北京附近的许多地名、传说，一一罗列史实，厘清其来由，亦可称为访求文化观念上的"古迹"。例如考订金朝皇帝陵墓，顾炎武以为："金代之陵自上京而迁者十二帝，其陵曰光、曰熙、曰建、曰辉、曰安、曰定、曰永、曰泰、曰献、曰乔、曰睿、曰恭。……而宣宗自即位之二年迁于南京，三年五月，中都为蒙古所陷，葬在大梁，非房山矣。"②

对于士大夫而言，独乐乐不如众乐乐，访求古迹往往与朋辈聚会结合在了一起。北京的汉人士大夫大率居于南城，尤以宣武门附近如宣南坊等为最多。此地又小有林泉，适合士大夫嗜古者相聚游览。久而久之，对此地的风物记载也就格外多起来。例如宣南的梁园，为明朝人所建，"引凉水河水入其中，亭榭花木一时称盛"③，明清鼎革之际，园始废弃。仅就时间而论，该园历史并不悠久，但很多大臣由明入清，仍延续了明代的生活习惯，经常至此呼友聚饮。一些晚辈也逐渐受邀而来，例如康熙时的名士王士禛便是座上客，曾与龚鼎孳、宋琬、梁清标等"泛

---

① 魏裔介. 兼济堂文集：卷19. 北京：中华书局，2007：559.
② 顾炎武. 京东考古录//昌平山水记·京东考古录. 北京：北京出版社，1962：39.
③ 戴璐. 藤阴杂记：卷5. 上海：上海古籍出版社，1985：72.

舟于此"，颇有唱和。饮酒之后，行令赋诗，王士禛首倡偶用"缥"字，次日，梁清标问"缥"字之意，王士禛答道："不能悉。"[1] 可见这类聚会，带有明显的文学性质，是典型的"文酒之会"。龚鼎孳等人去世后，许多后辈文人虽然并未经历梁园的鼎盛时期，但梁园作为一种昔日风流的符号，印在了他们的记忆中，使这一废园在后人心中占有了特殊的地位。其中王士禛对此的记述，影响重大。龚鼎孳、宋琬等人谢世后，他仍会前往梁园，怀念旧友，有诗曰：

> 此地足烟水，当年几溯游。
>
> 故人皆宿草，衰柳又惊秋。
>
> 门冷鼪鼯窜，霜寒雁鹜愁。
>
> 永怀川上叹，逝者竟悠悠。[2]

今昔对比，不仅烟水之景化为冷门寒霜，旧友也已逝去，可谓情景交融。同时期，陈廷敬也频繁前往梁园。他虽不像王士禛那样有强烈的"凭吊感"，但目睹园中景物，亦有一层萧索之意，亦赋诗曰：

> 佳日乐清旷，登临池上楼。
>
> 萧条鸿雁来，城阙飒已秋。
>
> 四边木叶下，亭午寒翠流。
>
> 俯察林树变，仰视天云浮。
>
> 何意京陌间，台榭豁远眸。

---

①王士禛. 香祖笔记：卷4. 上海：上海古籍出版社，1981：74.

②吴长元. 宸垣识略：卷10. 北京：北京古籍出版社，1981：185；王士禛. 带经堂集：卷54//续修四库全书：第1414册. 上海：上海古籍出版社，2002：468. 戴璐误以此诗为龚鼎孳所著.

含啸媚短景，步屧延阻修。

陟危兴屡奇，永念数子游。①

至乾隆时期，梁园荒废更甚，但其名尚存。由于文人游览梁园者较多，附近乃多起楼亭，借景梁园，以为文人寓居之所。其中名气较大者为听月楼、晴云阁等，皆士大夫云集之所。乾隆元年（1736年），幼年的朱珪随先祖至京，即寓于此。汪启淑记晴云阁，称其"俯临积水，地颇幽静"，"宛在秦淮河房"②，可见此地景致颇有江南之风，幽静而旷怡。翰林叶观国居于梁园附近，曾赋诗纪念：

年年徙宅避嚣哗，幽旷欣依古水涯。

巷僻路仍邻菜市，园荒人尚说梁家。

高楼迥照东南日，曲径闲栽红白花。

觞咏当时传盛事，烟波千顷泛云槎。③

"当时传盛事"，即王士禛、宋琬等泛舟之事。通过这一追述，梁园这一物理上的客观存在，在几代文人之间构成了一种文化上的联系。只不过，此时龚鼎孳、梁清标等人以荒园废景、纵酒酬乐以遣贰臣之迷思的故事，已经完全被文酒之会的风流雅韵所替代了。直到乾隆四十四年（1779年），僧人莲性在梁园旧址上建起寿佛寺，并举义学、开粥厂，士大夫的赏游就逐渐变少了。

城外遗迹，士人亦多有访查。明清以前，北京城市建置尚未固定，

---

① 陈廷敬. 午亭文编：卷3//景印文渊阁四库全书：第1316册. 台北："商务印书馆"，1986：34.

② 汪启淑. 水曹清暇录：卷16. 北京：北京古籍出版社，1998：248.

③ 叶观国. 绿筠书屋诗钞：卷8//四库未收书辑刊（第10辑）：第15册. 北京：北京出版社，1997：223-224.

故而古代遗迹多有散落郊外者。士大夫好事者亦每每前往探查，以满足其好奇心。例如广渠门外有古墓，传言为秦汉之际策士蒯彻之墓。清初朱彝尊前往访查，称："古阜高可四尺，墓前有井。"①再如金元时期的南郊台，亦为朱彝尊、吴长元等人提及。朱彝尊生活在顺康时期，而吴长元则为雍乾时期人，他们的记载说明了一些访古活动的持续性，对一个古迹的寻访往往有几代人为之努力。而每有发现，都会留下他们的墨迹，从中不难看到他们对寻古探幽的挚情。例如查慎行在西山附近甚至找到了明朝宦官张永的墓塚，赋诗留念："凄凉前代冢，传是张常侍。煌煌元老文，苔蚀仆碑字。"②

○ 书写城市记忆

探寻古迹的活动，在清代中期成为潮流。士大夫辑录所见所闻，往往编纂成书，后人转向参考，形成了访求古迹的知识链。第一位全面描述清代北京建筑源流的，是康熙时期的布衣翰林朱彝尊。朱痛感明清鼎革之际"故老沦亡，遗书散佚，历年愈久，陈迹愈不可得而寻矣"③，为了挽救明代北京的文化遗存，他在康熙二十五年（1686年）编成《日下旧闻》一书，从逾千种古籍中辑录出大量关于北京的记载，或考订名迹，铺陈史料，或访摩残碣，询问寺僧，可谓呕心沥血。该书成为清代士人在北京"访古"活动的重要依据。

---

① 吴长元. 宸垣识略：卷12. 北京：北京古籍出版社，1981：251.

② 查慎行. 敬业堂诗集：卷10//查慎行集：第3册. 张玉亮，辜艳红校点. 杭州：浙江古籍出版社，2014：229.

③ 于敏中，等. 日下旧闻考：卷160. 北京：北京古籍出版社，1985：2581.

康熙、雍正以后，天下承平日久，创痛渐淡，加之文网日密，胜朝史事多触忌讳，凭古迹怀念明末史事的风气已沉沦不显，而以考据追述古迹源流，成为北京士大夫游览这座城市的重要目的。第二位描述北京建筑源流的文人为励宗万，他是这一风气之始的重要人物。

励宗万（1705—1759），字滋大，号衣园，又号竹溪，河北静海人。康熙六十年（1721年）进士，馆选入翰林院时方十七岁，少年得志，历官至刑部侍郎，亦是官中著名画家。在京期间，励宗万发现此时北京城中建置、景物，与朱彝尊的时代差异更大，很多建筑已坍圮无存，"土城遗址，其为辽、为金、为元，俱不可辨"，而古代燕京寺庙道观等建筑，本来"西山最盛"，但"询之僧侣，仅存二三十处"，其他古迹更是"迄今半无可考者"。①这种荒废的现状，激发了励宗万以文字记载拯救古迹于湮没的使命感，于是他"详择采辑，按籍访核"②，撰成《京城古迹考》一书。与朱彝尊不同，励宗万出身官宦之家，其父励廷仪在雍正朝曾任刑部尚书、吏部尚书，他对明朝并无多少怀念之情，访求古迹更多的是出于一种文化上的追寻，是受传统人文精神影响的对知识的主动性所驱使的。

第三轮对北京古迹的追寻，则体现于敏中等人奉敕编纂的《日下旧闻考》中。于敏中（1714—1780），字叔子，一字重棠，号耐圃，江苏金坛人。乾隆三年（1738年）状元，授翰林院修撰，以文翰受高宗知，又因敏捷过人，承旨得帝意，累官至大学士兼军机大臣。于敏中在乾隆朝为汉臣首揆执政最久者。乾隆三十八年（1773），开四库全书馆，于

---

① 励宗万. 京城古迹考. 北京：北京古籍出版社，1981：4.
② 同①5.

敏中为正总裁，而《日下旧闻考》也始修于乾隆三十八年（1773年），成书于乾隆四十七年（1782年）。

此书是在清朱彝尊《日下旧闻》的基础上援古证今、增补删繁，逐一考据而成的，是清代官修北京史志中，内容最丰富、考据最翔实的史书。是书将清人兴建的苑囿（圆明园等）、宫室等纳入到《日下旧闻》的体系中。全书分为18门，依次为：星土、世纪、形胜、国朝宫室、宫室、京城总记、皇城、城市、官署、国朝苑囿、郊坰、京畿（京畿附编）、户版、风俗、物产、边障、存疑及杂缀。乾隆帝对此书极为重视，以此书夸示清朝建设北京城的功绩，所谓"百年熙皞繁文物，似胜三都及两京"①。于敏中等人既奉敕编纂此书，则官府藏书多所参考，远较朱彝尊一人之收藏要广泛许多。故而此书对于北京史资料的收集，亦多有贡献。

大约在乾隆、嘉庆之际，吴长元为方便士人游览城市，而对《日下旧闻考》进行了大范围删节，编成《宸垣识略》一书。吴长元，字太初，浙江仁和人。生卒年均不详，约生活在乾隆朝中期。其所编《宸垣识略》在《日下旧闻考》的基础上，补入了一些清朝当时的士人对北京古迹的咏叹，其叙事重点已有转移。至此士大夫依托古迹、探求北京文化的活动，达到了巅峰。

《日下旧闻考》成书数十年后，光绪中后期，满人学者震钧撰成《天咫偶闻》一书，将北京士大夫访求古迹的风气延续到了清末。震钧（1857—1920），瓜尔佳氏，字在廷（亭），汉姓名唐晏。震钧出身满族官

---

①乾隆．御制日下旧闻考题词二首//庆桂．国朝宫史续编：卷91．北京：北京古籍出版社，1987：893．

宦世家，是清末士林的名流。清朝后期，国家多故，民族危机十分深重，在帝国主义屡次侵略之下，北京城市旧貌难于保全，特别是英法联军、八国联军两次占领北京城，"万民荡析，公卿逃于陪隶，华屋荡为邱墟"，文化古迹多被荼毒，"京师之为京师，亦仅仅矣"。震钧出身满洲文人家庭，自感无力匡救，曾叹道："于祖父无能为役，况谋国之大而敢知之乎！"于是他将悲愤之情寓于书中，历数其所见之京师古迹，以为"后人欲睹承平面目者，庶其于此求之"，"昔日之笑歌，所以酿今朝之血泪也"①。此书所记之古迹风貌，较之《日下旧闻考》的盛世，已颇为不同，很多建筑就此消失了。而当震钧发现一些劫后余生的古刹时，记入书中，必强调其"安然无恙"，带有一丝庆幸感。②然而时局已改，北京古迹所标志的文化，此时已经不能引领中国走上富强之路了，故而这一北京城市文化记录，也只能算是清代士大夫访求古迹的尾声了。

总之，清代士大夫对北京古迹的访求，表现出了一种独特的人文关怀。它通过想象与认知的方式，收集关于这座城市各种角落在古代文本中的踪迹，从而不仅完成了北京历史文化的"再发现"，也为古都的文化遗存又添新砖。亲临其址的访古诗篇，构成了北京人文积淀的重要组成部分。对于士人而言，古迹不仅仅是一种旅游的"景点"，更重要的是古迹背后所蕴含的文化气息。他们发覆每一点先贤留下的思想痕迹，以古代建筑的有形遗产为载体，表达他们尊重传统、爱护历史的人文思想，并将其凝聚为北京文化的一部分。

---

①震钧. 天咫偶闻：卷10. 北京：北京古籍出版社，1982：224.
②同①174.

五、郊垌野游

作为一种文化传统，通过赏鉴生物之美以完成"格物致知"的过程，从而追求人与自然的和谐，这是中国古代士人人文底蕴的一部分。士大夫的文化追求，不仅在于"得君行道"，也在于"比踪天性"。董仲舒曰："人虽生天气及奉天气者，不得与天元本、天元命而共违其所为也。"[1] "以元之深正天之端，以天之端正王之政"，大抵可以形容士大夫审视天地之美的性理依据。所谓"天命之谓性，率性之谓道，修道之谓教"，性理之学，本就以顺叙天地万物之本性为本。故而对自然景物之内涵的发现，亦属士大夫人文精神的重要组成部分。

清代北京不仅拥有大量人文历史古迹，也拥有相当丰富的自然景观资源。故而，士人在北京城市的文化活动，不仅有针对文物古迹的访求，也有针对自然风光的欣赏。当然，对于大部分古代文人而言，他们不具备如明代徐霞客那样遍览山川的条件，一般仅能开展城郊乡野的游览。特别是，清代北京城市治理水平不高，市容并不洁净，街道秽恶泥泞不堪[2]，东城往往"卷地黄埃"，一下雨则"滑滑深泥没膝初"[3]。故而郊游对士人来说，是难得的排遣心情的方式。清人有言："一过大通桥，见水，顿觉心旷神怡"[4]，其喜悦之情可见一斑。

清代北京士人的野游，主要目标有两处。其一为南郊丰台附近，其

---

①苏舆．玉英//春秋繁露义证：卷3．北京：中华书局，1992：69．

②文廷式．文廷式集：上册．北京：中华书局，1993：91-92．中国第一历史档案馆．光绪朝上谕档：第24册．桂林：广西师范大学出版社，1996：346．

③汤右曾．怀清堂集：卷8．景印文渊阁四库全书：第1325册．台北："商务印书馆"，1986：513．

④戴璐．藤阴杂记：卷11．上海：上海古籍出版社，1985：126．

二为西郊诸寺附近。

○ 丰台郊游

丰台地近宣南，距离京城汉人士大夫的聚居处较为近便。其地
"为京师养花之所"①，故而历来旅京之人往往聚众前往游览，赏玩花
卉。史载丰台"每逢春时，为都人游观之地"，"季家庙、张家路口、
樊家村之西北地亩，半种花卉，半种瓜蔬。刘村西南为礼部官地，种
植禾黍豆麦，京师花贾比比，于此培养花木，四时不绝。而春时芍药
尤甲天下。泉脉从水头庄来，向西北流，约八九里，转东南入南苑北
红门，归张湾。水清土肥，故种植滋茂，春芳秋实，鲜秀如画"②。此
地所种植者，有紫薇、夹竹桃、长春、玫瑰等多种花卉。③这一花卉市
场，主要供应皇室、官僚。北京乃一国之都，很多人有消费花卉的需
求和能力，故而都下花农为种植花卉，亦多所用心。华北地区冬日寒
冷，百花难生，花农乃"坏土窖藏之，蕴火坑咺之"，竟令冬季丰台花
卉"尽三季之种"，"十月中旬，牡丹已进御矣"④。得天独厚的水土环
境，具有消费能力的城市居民，花农精巧的种植技术，都是丰台花田
能成规模的重要原因。

清代文人对丰台花卉，多所咏叹。康熙时期，此地已成胜游之所，
士大夫往往散处芳丛，任意观赏，所谓"今日丰台赏花来，铺茵更坐芳

①吴长元. 宸垣识略：卷13. 北京：北京古籍出版社，1981：261.
②于敏中，等. 日下旧闻考：卷90. 北京：北京古籍出版社，1985：1536.
③于敏中，等. 日下旧闻考：卷90. 北京：北京古籍出版社，1985：1533.
④刘侗，于奕正. 帝京景物略：卷3. 北京：北京古籍出版社，1980：120.

丛下"①。花儿的五颜六色，在阳光与露珠的反衬之下，显得格外娇艳，令久在晦暗城中的文人们获得了不少生气。王士禛诗云：

> 雨雨风风态自殊，花花叶叶不曾孤。
>
> 更添练鹊和蝉蝶，便是徐熙六幅图。②

诗中所描绘的花朵，不仅是一束静态的花，而且具有了时间、场景上的拓展，被置入了一种艺术化的场景中，成了"图"的一部分。同游的宋荦亦写群花攒簇之美，略云：

> 溥溥朝露犹未晞，东风吹过珠还泻。
>
> 珊瑚成堆玉作盘，殷红腻白纷低亚。③

除丰台外，北京当时的花卉盛事，还有高梁桥附近极乐寺的海棠花、枣花寺之牡丹、什刹海之荷花、宝藏寺之桂花等。"春秋佳日，挈榼携宾，游骑不绝于道。"④至夏则有净业寺荷花可观，寺中规矩篆严，观荷须凌晨方可，但仍是"寺前多少冲泥客，谁为看花趁晓来"⑤，游人如织。

对花卉之美的渲染，表现出了士大夫对自然环境之中美好事物的欣赏，亦表现出他们将自身纳入自然之中，对自然加以赏鉴，谋求自身与自然和谐相处的努力。有人甚至更进一步，亲自参与到栽花植草的园艺工作中，亲手制造出自然景观。乾隆时期，一批文人在宁郡王弘晈的带领下，将"南中佳种"的洋菊"以蒿接茎"，"枝叶茂盛，反有胜于本

---

①吴长元．宸垣识略：卷13．北京：北京古籍出版社，1981：262．

②王士禛．渔阳精华录集释：卷8．李毓芙，等，整理．上海：上海古籍出版社，1999：1191．

③宋荦．西陂类稿：卷5//景印文渊阁四库全书：第1323册．台北："商务印书馆"，1986：57．

④陈康祺．郎潜纪闻：卷12//郎潜纪闻初笔二笔三笔．北京：中华书局，1984：258．

⑤高士奇．城北集：卷1//四库未收书辑刊：第7辑，26册．北京：北京出版社，1997：604．

植"。"每当秋膆雨后，五色纷披，王或载酒荒畦，与诸名士酬倡，不减靖节东篱趣也。"[1]

除丰台赏花外，士大夫在南郊也有其他的游赏活动。东南郊区地势平坦，多稻田，较适合日常出游。人工种植的竹木，自然生长的野草，往往交织成景，正适合士大夫结群出游，略加玩赏。康熙时期著名诗人严我斯游东郊祖园，曾赋诗：

泯泯濠梁上，萧萧落叶天。

柳歌鱼拨刺，荷碎鹭联拳。

曲水萦花圃，晴云下渚田。

小山遗胜在，临眺几流连。[2]

○ 西山游览

与东郊相比，西山附近地势起伏，多山丘，园林、寺庙往往借景而建。一些寺庙为了招徕游人，更悉心养护园林，以供观瞻。故而士大夫对这一地区的游览、探访活动，更为密集。山峦叠翠，险谷流溪，多变的自然景观往往激发士人的文学创造力和对自然、对天地的关怀。例如极乐寺，虽为养花之地，但古寺宁谧，青苔重重，别有气质："径滑还支石上笮，萝门尽日碧苔封。两三竿竹自秋色，千万叠山皆雨容。诗卷凉生禅榻早，茶炉香压佛花浓。烦君倒泻天河水，一洗人间芥蒂胸。"[3]

---

①昭梿．啸亭杂录：卷9．北京：中华书局，1980：266．

②戴璐．藤阴杂记：卷11．上海：上海古籍出版社，1985：131．

③王昶．湖海诗传：卷36．上海：商务印书馆，1936：1028．

一派凉意中，苔藓、青竹，点滴禅意与清冷之境产生了文学上的结合，这是自然景观所赋予的文化气息。在观赏自然景物时，士人对天地四时的关怀，往往能有所显露。特别是如果身处寺中，耳闻梵音，眼观清景，则心不能不生禅意，暂见众生。这一意识，往往贯穿于清人诗文之中。例如王士禛游览摩诃庵，诗云：

> 鸟如迦陵响，梵是鱼山作。
>
> 微雨忽来过，纷纷几花落。①

花鸟动静，与钟磬之间，仿佛有所关联。这种若有若无的感觉，恰恰反映出士大夫在僧寺中的独特心理感受，也反映出寺庙古刹的独特人文情怀。在这些古刹之中，作为近景存在的植物，与作为远景存在的山水，共同构成了一种文化的氛围，引发人们对性命之理的终极关怀。因景生意，因景识知，构成了北京士人人文情怀的重要一环。

此外，清朝诗人对城市建筑中的自然景观，如草木、花鸟等，也多所留意。大凡古迹若不废，则往往有园林竹木之景，以足观瞻。而若房屋失修坍塌，则荒草丛生，景色衰颓，又是一种别样的景观，往往引发士大夫的喟叹。自然景色与人文关怀，在这里是合一的：人工的房屋之中，一束人工栽植的竹木，抑或一片自然生长的苔藓，都为寺庙贡献出了独特的生机，使古老之中透出一股活力，这也正是士大夫着意描绘的对象。例如十间房一带的兴胜寺，此寺建于明万历年间，"土人目为松林"。但清初诗人查慎行查访其地，松已无存。此寺"后有藏经阁，可眺西山"，北砌石为流觞曲水，其东有阁，曰"明远"。"春月桃杏杂发，

---

①王士禛. 渔阳精华录集释：卷8. 李毓芙，等，整理. 上海：上海古籍出版社，1999：1289.

登阁望之，不异锦城花海也。"①清人王吉武有诗云：

> 过雨苔阶净，香尘细不飞。
>
> 经声清竹院，人语出松扉。
>
> 迟日杏花白，浅寒喧鸟稀。
>
> 园林三月暮，未欲换春衣。②

整体而言，北京士大夫对郊外野趣的探访，表现出他们对自然景物的追求。蓝天、白云、高山、流水、草木、土石，在文人的笔下都完成了"被表达"的过程。诚然，与古代士大夫笔下的怪奇景色相比，西山叠翠确实要平实很多，但这并不妨碍士大夫以此为依据，作出丰富的文学演绎。身处郊野，亲近自然，赋诗纪念，士人将自身纳入到了一种关乎"性理"的自然图景之中，书写了北京的自然气息，在想象的世界内构建了人与自然的一种和谐相处的关系。这一过程被大量北京士人反复践行，后人摩挲诗文，对于这一朴素的生态观念，不能不有所动容。

综上所述，北京士人在城市中的活动，为这座城市的文化氛围增添了浓重的一笔。对于士大夫官僚群体的主体——文士而言，文化活动即是他们生活的一部分，吟诗作赋已是一种本能。词赋文章，不仅是对文学之美的追逐，更多的是一种工具，是对生活、对耳闻目见、对人生"事件"的文化呈现。特别是"事件"这一面，举凡圣上赐宴、朋友小酌、赏花看鸟、游访古刹，均可作为城市文化生活中有纪念意义的事件，而通过诗赋文章等形式，在记录之余，进一步扩大其文化属性。这

---

① 查慎行．人海记：卷下//查慎行集：第2册．张玉亮，辜艳红，校点．杭州：浙江古籍出版社，2014：395.

② 汪学金．娄东诗派：卷17//四库未收书辑刊：第9辑，第30册．北京：北京出版社，1997：286.

是一个"再阐述"的过程。而北京城市中的种种细节，则为他们的文化活动，提供了丰富的凭据。

当古城的烟云，同士人的文才相遇时，这所城市的文化氛围便就此奠定了，其人文价值亦得以体现。正如本节开头所强调的，实物的遗迹从来不曾言说，他们的故事都有赖于作为讲述者的人来替他们表达，才能进入文化意识的范畴。而讲述人的特质，则对实物遗迹的文化意义，有着重要的影响。这正是本章所着力描绘的内容：具有丰富文学艺术背景的阐述者，如何通过诗文等形式，令遗迹的历史和现实焕发出文化的生命力。从以上提到的内容来看，清代北京士人利用其文化意识，赋予了北京这座城市以人文情怀的想象；在他们的笔下，北京有了皇室的典雅，有了儒者的礼敬，有了智识的传承，有了盎然的古意，也有了生态的和谐。这些人文情怀，最终进入了北京文化，成为这座城市文化积淀的重要组成部分。

第五章

构屋与安居

风尚与习俗的规制

《宅经》：『夫宅者，乃是阴阳之枢纽，人伦之轨模，非夫博物明贤，未能悟斯道也。』『宅者人之本，人以宅为家，居若安即家代昌吉，若不安即门族衰微。』

　　北京作为有着悠久历史的文化古都，其宏伟的宫殿和城墙等大型建筑固然是这座城市最醒目的物质文化遗产，但城市的价值不仅仅在于标志性建筑，对于数以万计在这里生活过的人们来说，北京实实在在的意义，就是作为人居生活的空间。走过大街小巷，留存至今的房屋仍在向我们诉说着昔日的故事。翻开书报画册，字里行间依稀可见先民的风采。当历史的尘烟已成过往，昔日的生活离我们日益遥远，城市空间的几分旧时模样仍会勾起我们对历史的追忆。这些精心构建的人居空间，展示给我们的是一种充满人文底蕴的文化价值，一种人与自然和谐相处的观念，一种积极向上的生活情趣。时至今日，那些曾经作为古人住所的房屋有些得以完整保存，有些只能识别出模糊的轮廓。不论如何，透过这些先民们所构建的生活空间与居住环境，我们可以感受并触摸到这座城市的过往，回味她的故事。

一、风水观念中的宅邸选择

　　营建住宅是人类进入文明社会的重要标志之一。《易经》载，上古穴居而野处，后世圣人易之以宫室，上栋下宇以待风雨。当然，应对自然环境是一方面，住宅为人遮风挡雨，提供基本的庇护。更重要的是，住宅是日常生活的起居场所，作为一种私人空间，它还会给人带来必要的安全感和舒适感。在中国传统文化中，住宅的选址及营建被赋予了厚重的内涵，即我们今日依旧耳熟能详的"风水"理论。

○ 堪舆与择居

"风水"的学名称"堪舆"，许慎在《说文解字》中对"堪舆"作了如下解释："堪，天道也；舆，地道也。"可以看出，"堪舆"的原意本来是有关天与地的道道，是人类对于天、地的认识，是人类与天地、与自然界的关系。[1]这也可视为人们赋予这个与天与地相关联的词汇新的内容，并使它成为了一个特定的专门概念。堪舆，包括在术数类这一个庞大的文化体系中，它虽然在某些方面反映出在正统儒家学说之外的"江湖"道理，但其理论根源却可在儒学中找到归属，即我们可以从《易经》，以及历代大儒对《易经》的理解所作的阐发中找到其理论根源。《易经》讲的是后天八卦，据说伏羲氏曾创先天八卦。古人曰："先天所以立体也，后天所以致用也。"因此，中国的所有术数又被视为从《易经》衍变而来的实用之学。由于《易经》的太极、八卦、阴阳等内容均为中国古代先民对自然的解释，所以，术数则是中国古代应对自然的实用技术体系。

---

[1]如汉扬雄：《甘泉赋》云："诏招摇与太阴兮，伏钩陈使当兵。属堪舆以壁垒兮，捎夔魖而抶獝狂。"（扬雄．扬子云集：卷5．）又杜甫《有事于南郊赋》："成阴以结络，吹堪舆以轩轾。"是在汉唐时，人们在把堪舆视为风水的同时，也一直以堪舆指天地。

　　堪舆对于住宅而言，在汉代的训诂著作《释名》中有这样的解释：宅，择也，择吉处而营之。显然，堪舆的观念源自于初民择吉避凶的朴素经验，也可说成是人们以趋吉避凶为目的形成的选择阳宅阴基的技艺和理论，而随着社会的文明进化，这一观念逐渐丰满起来，至明清时期堪舆已经深入人心，成为一种普遍流行的理论，并且形成了一个专门的行业或学问。

　　托名为黄帝所著的择宅书《宅经》中有如下论述：

　　夫宅者，乃是阴阳之枢纽，人伦之轨模，非夫博物明贤，未能悟斯道也。就此五种，其最要者唯有宅法为真秘术。凡人所居，无不在宅。虽只大小不等，阴阳有殊，纵然客居一室之中，亦有善恶。大者大说，小者小论。犯者有灾，镇而祸止，犹药病之效也。故宅者人之本，人以宅为家，居若安即家代昌吉，若不安即门族衰微。①

　　在风水观念之下，人之祸福吉凶与宅之吉凶息息相关。古往今来，不唯稗官野史记载了不少关于风水的故事，即使官方史书中也不乏类似记录。②明初浙江义乌人王祎专论此事，曰："堪舆家之说，原于古阴阳家者流。古人建都邑、立家室，固未有不择地者。"③虽然风水说已生出诸多弊端，一些有识之士也提出了异议，但社会上对风水的信仰仍具有普遍性。清人钱泳说："堪舆家每视地，辄曰某形某像，以定吉凶。虽渺茫不足信，然亦有其事者。"④又有曰，"术家有太岁大将军之说，凡动土迁移者必避其方，犯者辄不利，其说皆出之阴阳家"。在这些记载中，皆言堪舆不足信，却又不可不信。而文人于笔记中，也不乏说明堪舆的作用，

①顾颉. 堪舆集成：第1册. 重庆：重庆出版社，1994：1.
②唐蕙韵. 中国风水故事资料类编. 台北：花木兰文化出版社，2011.
③王祎. 王忠文集：卷20//景印文渊阁四库全书：第1226册. 台北："商务印书馆"，1986：430.
④钱泳. 履园丛话：卷24. 北京：中华书局，1979：641.

以及违背其说的危害的例子，说明堪舆之说，不但在下层民众中有广泛的市场，而且在社会上层官僚士大夫中间亦颇有影响。这也是各类建筑中注重风水理论的思想基础。

需要强调的是，在中国的术数中，自周秦逮及隋唐，卜筮为其主流。唐宋以降至明清，则堪舆之风大盛。以堪舆为业者日多，有关堪舆风水的著作也不断涌现。《明史·艺文志·子类》记载明人关于堪舆的著作共25家30种268卷，而《清史稿》则记载了清人关于堪舆的著作共23家30种202卷。堪舆所以兴盛，是因为在人们的观念中，它可能改变人的命运，可能"夺神功、回天命"。此类故事在时人的记载中比比皆是，以下仅就宅之吉凶的故事略举一二：

学政莫利于广东。己卯，傅石坡光少同年棠将终任而卒。继之者为顾根实侍读元熙，未终任亦卒。再继者为朱编修阶吉，到任数月又卒。于是将为不利之地矣。壬午四月朱编修缺出，以伍石生编修长华补之。六月伍改授广西右江道，以白小山少詹镕补之，其时伍莅任，甫按部南雄未毕事也。传说学政衙门与运司衙门相接，运司素不利，有道士为之树天灯杆。自此杆立，运司每升而学政乃不利。三年之中四易学政，其前相继死者三人，伍到任复不及一月而去。果有关于风水欤。[1]

兵部侍郎英年善堪舆术。一日扈驾游醇园，令相视园地吉凶。英年骇曰："是气尚旺，再世为帝者，当仍在王家。"时光绪己亥九月，已立溥儁为皇子矣。孝钦曰："天下已有所归，得毋言之妄乎？诚如卿说，当用何法破之？"英年顾视墓旁有老楸一株，夭矫盘拏且百年物，因指树奏曰："伐此则气泄，是或可破也。"孝钦还宫，即遣使伐树。树坚如铁，斧锯交施，终日不能入寸，而血从树

①姚元之．竹叶亭杂记：卷2．北京：中华书局，1982：33．

中迸出。次早趋视，断痕复合如故，监工者惧而请止。孝钦大怒，自诣园，督数十工人，尽一日之力仆之，中毙一巨蛇，小蛇蠕蠕盘伏无数，急聚薪焚之，臭达数里。后德宗薨，今上仍由醇邸入承大统，英年之言果验。[①]

以上二则故事，前者为宅（衙门）凶，后者为宅吉。或关乎人之生死，或主宰人之命运前程，且皆有应验之果，以至于使人不能不信之。这或许就是堪舆的魅力所在。

对于中国人于堪舆近乎"迷信"般的热衷，西方人多有迷惑不解。明朝末年来华的传教士利玛窦就曾谈到风水"为中国人所特有"，并对风水的流行表示不解。他说：

在选择修建公共建筑或私宅的地点以及埋葬死人的地点时，他们是按照据说地下的特殊龙头或龙尾或龙爪来研究地址的。他们相信不仅本家而且全城、全省和全国的运道好坏全要看这些地域性的龙而定。很多最显赫的人士也对这种深奥的学问感兴趣，必要时甚至把他们从很远的地方邀来请教。这种事可能发生在要修建公共建筑或纪念碑的时候，以及为这个目的所使用的机械应如何放置才能避免灾祸以及使事业交到好运的场合。就跟占星术家观察星象一样，这些地师根据山水田地的相对位置而算定一块地的气运和吉凶，而他们的卜算和观星家的占象是同样骗人的。把一个家庭的安全，荣誉甚至整个的生存都想象为一定取决于诸如门要开在这一边或那一边，雨从左边还是右边流入院子，或窗子设在这里或那里，房顶哪一个要比另一个高等等细节，有什么能比这更加荒唐的呢？"[②]

一个近代早期的西方人，从欧洲经验出发，很容易将风水视为迷信。此处所提到的"按照据说地下的特殊龙头或龙尾或龙爪来研究地

---

① 胡思敬. 国闻备乘：卷1. 北京：中华书局，2007：37.

② 利玛窦，金尼阁. 利玛窦中国札记. 何高济，译. 桂林：广西师范大学出版社，2001：63.

址"，即风水上的专业术语"寻龙"，这也只是"看风水"的第一步。利玛窦的观察道出风水在中国的流行程度，并指出中国人构屋时一些需要关注的细节。如果我们跳出科学与迷信二者非此即彼的二元对立思维模式，或许可以看到这种理念背后的人文关怀与审美趣味。住宅为作息之所，居必求其安，古今中外莫不如此。而住宅的营建，恰是文化的物化过程。有研究者将中国古代典型的房屋布局称为"盒子中的盒子"，与欧洲喜好占据制高点和视控点的炫耀型外向性建筑相比，中国人理想中的房屋景观依恋自然，偏好庇护和捍域型的结构，讲求围合与相对隔离效应。中西方建筑的格局差异，源于双方地域生态与文化传统的不同。中国的经典风水模型，正是传统观念中理想景观的再现。①

就北京而言，传统的构屋经验确是"理想景观"的现实应用，是风水文化的外化。北京是古燕国都城，辽为燕京，金为中都，此后又成为元、明、清三代的首都。长久以来，北京作为首善之区，承载着厚重的中华文明，留下了诸多的历史遗迹。以住宅而论，明清以来的经典房屋四合院今日仍散布城中多处，继续作为人居生活的空间。审视传统时期北京的房屋，我们可以透过风水这层神秘的面纱，看到这些人居建筑所折射出的人文情怀。大致来说，约有三端。

○ 以亲近自然为舒适

这些人居空间亲近自然、讲求人与自然的和谐。在选址方面注重周

---

①俞孔坚. 理想景观探源—风水的文化意义. 北京：商务印书馆，1998.

边的人文与自然环境，在布局方面善于因势借景、崇尚出自天然，从而不仅趋吉避凶，而且将住所与周围的自然环境融为一体。

清人周南辑录的风水书《安居金镜》中，在住宅选址方面列举了一些不宜毗邻之地，其中包括：神前、佛后、古狱、战场、祭坛、废址、炉冶、碓房、油坊、坏塚、断垅、重冈、山冲、水割、交道、闉隍。类似的还有《地理新书》："凡宅不居当冲口处，不居三交道中央处，不居寺庙及祠社炉冶处，不居草木不生处，不居故军营战地，不居正当水流处，不居山脊冲处，不居古城门口，不居对狱门处，不居百川口处。"[①]显然，风水书中列举的这些应该避免的地方或是自然环境不佳，或是人多嘈杂，或是由于安全因素，都不利于作为居所。这些论述，恰好契合我们今天对人居环境的认识。

在住宅的选址方面，风水方面的讲究尚不止这些，阳宅的吉利与否，尚有不少我们今天不易理解的门道。但总的来说，一个理想的"风水宝地"，在自然环境方面绝对是一流的。明人高濂引用孙觌的话说，理想的住宅应该"市声不入耳，俗轨不至门。客至共坐，青山当户，流水在左"[②]。住宅并非孤立的实体，中国人对自然的热爱，体现在择居之时对周边环境的重视，有道是"居山水间者为上，村居次之，郊居又次之"，而如果不得已居于城区，则要"门庭雅洁，室庐清靓，亭台具旷士之怀，斋阁有幽人之致"[③]。

---

①王洙，等. 地理新书校理：卷2. 湘潭：湘潭大学出版社，2012：74.
②高濂. 遵生八笺（重订全本）. 王大淳，校点. 成都：巴蜀书社，1992：303.
③文震亨. 长物志：卷1. 北京：中华书局，1985：1.

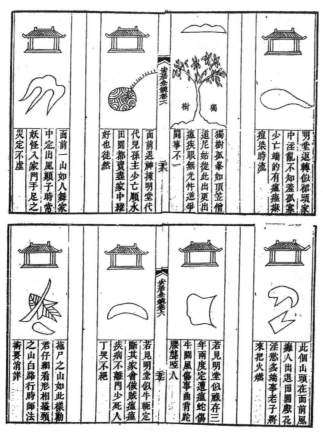

图5-1　清人周南辑《安居金镜》所列凶宅图（部分）

图片来源：周南.安居金镜：卷六.寿南堂藏版.

　　住宅的选址讲究周边的自然环境，在房屋构建与布局方面国人更是强调自然之美。林语堂观察到："中国人对于房屋和花园的见解，都以屋子本身不过是整个环境中的一个极小部分为中心观点，如一粒宝石必须用金银镶嵌之后，方能衬出它的灿烂光辉。所以一切人为的痕迹愈少愈妙，笔直的墙垣，应有倒挂的橱藤间节的遮蔽着。"[1]可以说，这一观

---

[1]林语堂.生活的艺术.西安：陕西师范大学出版社，2003：204.

察是细致入微的，房屋和园林必然出自人工，然而构建者又力求不露出人工痕迹，以达到"虽由人作，宛自天开"的境界。①正是这种亲近自然的心理，使得古人在构建人居空间之时必与花草树木相伴，与青山绿水相望。理想的人居空间布局古人曾设计如下：

> 门内有径，径欲曲；径转有屏，屏欲小；屏进有阶，阶欲平；阶畔有花，花欲鲜；花外有墙，墙欲低；墙内有松，松欲古；松底有石，石欲怪；石面有亭，亭欲朴；亭后有竹，竹欲疏；竹尽有室，室欲幽；室旁有路，路欲分；路合有桥，桥欲危；桥边有树，树欲高；树阴有草，草欲青；草上有渠，渠欲细；渠引有泉，泉欲瀑；泉去有山，山欲深；山下有屋，屋欲方；屋角有圃，圃欲宽；圃中有鹤，鹤欲舞；鹤报有客，客不俗；客至有酒，酒欲不却；酒行有醉，醉欲不归。②

这一幅美妙的自然图景在今天估计只能重现在设计图纸上了，如果读者能穿越到近代以前的北京，类似的人居空间恐怕是不少吧。特别是元明清三朝，作为首都的北京达官众多、士商云集，宅邸与园林建设甚为可观。在彼时的北京，找到这样具有林泉野趣的空间殊非难事。我们今日翻阅《帝京景物略》《天府广记》《日下旧闻考》诸书，昔日北京的房屋与园林美景即历历在目，其中契合这种理念的处所随处可见。近代著名文学家林语堂称赞北京的美好，首先即在于北京的"自然"。他说："在北京，人生活在文化之中，却同时又生活在大自然之内，城市生活集高度之舒适与园林生活之美为一体，保存而未失……设计这个城市的是个巧夺天工的巨匠，造出的这个城市，普天之下，地球之上，没有别

---

①计成. 园冶图说. 赵农，注释. 济南：山东画报出版社，2003：37.。
②陈继儒. 小窗幽记. 陈桥生，评注. 北京：中华书局，2008：168.

的城市可与比拟。既富有人文的精神，又富有崇高华严的气质与家居生活的舒适。"①繁华的都市中不失自然之美，令人艳羡。

○ 宽敞的庭院与平房

这些人居空间在构建之时讲求视野的开阔与空间的宏大，以收"明耳目、达视听"之效应，普遍低屋的构屋方式又保障了单个住宅的风景视角。这样的空间融居住与休闲于一体，住宅不仅是日常作息场所，也是理想的休闲空间。

清末人孙宝暄曾将北京居所与南方居所做过比较，表达了自己对北京住宅的赞美和喜爱之情，他在日记中说："居京师时，往往庭院中多古槐，绿荫四合，疏帘半垂，与二三高侣，读书弹棋其中，仙境也。到南方来，楼高院隘，如坐深坑，此乐转不复有。"他的结论是，"居则必京师之屋，以其爽垲异于它处也"②。与南方楼高院隘的居所相比，北京带有庭院的平房要理想得多，因为其本身布局与周围环境保障了居所的风景视角，从而不会感到压抑。深谙国人住宅心理的林语堂曾指出，"房屋"一词应该包括居室的物质环境，"因为人人知道择居之道，要点不在所见的内部什么样子，而在从这所屋子望出去的外景是什么样子。所着眼者实在在屋子的地位和四周的景物"③。

作家老舍也曾将北京与欧洲都市伦敦、巴黎等做了比较，最后认为

---

①林语堂.京华烟云（上）.张振玉，译.长春：东北师范大学出版社，1994：196.

②孙宝暄.忘山庐日记//邓云乡.北京四合院.北京：人民日报出版社，1990：178.

③林语堂.生活的艺术.西安：陕西师范大学出版社，2003：204.

这些城市都不如北京，一个重要的原因就是北京城的住宅不拥挤、周围有空地且远处有风景。他说："北平在人为之中显出自然，几乎是什么地方既不挤得慌，又不太僻静：最小的胡同里的房子也有院子与树；最空旷的地方也离买卖街与住宅区不远。这种分配法可以算——在我的经验中——天下第一了。北平的好处不在处处设备得完全，而在它处处有空儿，可以使人自由地喘气；不在有好些美丽的建筑，而在建筑的四围都有空闲的地方，使它们成为美景。每一个城楼，每一个牌楼，都可以从老远就看见。况且在街上还可以看见北山与西山呢。"①

无疑，在欧风美雨浸染下的现代城市里，林立的高楼拥挤在一起，屋内像是六面封闭的小笼子，屋外是一片茫茫的水泥森林，如此无形中给人一种压迫感与局促感。十八世纪英国访华使团成员将中西城市建筑布局做了比较，并对北京这种"平房宽路"的格局印象深刻："初进北京大门，第一个印象是它同欧洲城市相反，这里的街道有一百呎宽，但两边房屋绝大部分都是平房，欧洲城市街道很窄，但房子很高，从街的这一头向那一头望，两边房子好似彼此互相倾斜靠近一起。"②与十八世纪的欧洲城市相比，北京城坊巷格局下的平房构造无疑让人感到舒适自在。

宽阔的平房建筑一向是我国古代的建筑风格，至明清时期，这种建筑风格已构成中国城市建筑的形态特征，它来源于中国的传统文化，《易经》中"宽以居之"的思想应该是这种家居理念的根源所在。对于中西方建筑观念上的差异，乾隆皇帝的宫廷画师耶稣会士王致诚在给其国人

①老舍．想北平//老舍经典作品．北京：当代世界出版社，2011：251.
②斯当东．英使谒见乾隆纪实．叶笃义，译．北京：群言出版社，2014：345.

回信时说过这样的话，他说："眼睛看惯了他们自己的建筑的中国人，对我们的建筑方式就不甚感兴趣了。……高楼大厦使他们惊恐，在他们看来，我们的大街像是在高山中开掘出来的，我们的房子像是无边无际的凿了洞眼的岩石，就像熊或其他野兽的洞穴。我们的楼层在他们看来简直难以忍受。他们不明白我们怎么能冒着摔断脖子的危险，每天上下一百次到五层楼。康熙看欧洲建筑图时说：'欧洲一定又小又穷，因为它没有足够的地皮来发展城市，因此人们不得不住在半空中。'而我们的观念不同，我们有我们的道理。"[1]中西建筑及文化的差异，在外国传教士那里得到了论证，而产生差异的原因在于文化观念对房屋建筑的不同影响。

当然，欧洲城市这种高楼密布的建筑格局并非仅仅是土地紧张的缘故，中欧之间城市住宅布局的不同源自双方居住观念的差异。或许，由于中国人更早讲求"宜居"的观念，传统时期北京城这种开阔的空间格局，使得居住者四望皆是低矮的平房与自然美景，在家中还可以在独立的庭院中赏景娱乐。这样的居所融居住与休闲于一体，日常生活的空间即是休闲的空间，与我们今日提倡的宜居观念不谋而合。

○ 院墙的安全感

这些人居空间特别在意心灵的舒适感与安全感，在布局时讲求围合与相对隔离效应，打造出一个注重隐私与安全的独立空间。如此营造出

---

[1] 朱静 . 洋教士看中国朝廷 . 上海：上海人民出版社，1995：197.

一种祥和安宁的氛围，让居住者感到放松自在。

院墙是中国传统建筑的一大特色，传统时期北京的居所亦不例外。乾隆五十八年（1793年），来华的英国使团成员即观察到院墙在住宅中的普遍存在。他们在进入北京城后，看见皇城以东"不显眼的普通人家的住宅，每一所房屋前面都有一面墙或一幅门帘，为的是不使街上来往行人看到房子里院"[1]。而使团在北京馆舍的建筑结构"同一般中国大官的府第相同，整块园地由一个高的四方形砖墙围起，在一边的角端由一个小门通过一个小窄便道进到里面"[2]。这种观察是非常写实的，在彼时的北京城，院墙与居所可以说是如影随形，也可说院墙是居所不可或缺的部分。

对中国人来说，院墙的作用当然不是简单的遮蔽外人的目光。有道是"墙乃居室之表，有内外之分、亲疏之别，为宅之最重者，可以御奸，可以壮观"[3]，墙之设，所以划分出一个我者与他者的界限，以分内外亲疏，进而作为一种安全的防范。清人李渔也说："界墙者，人我公私之畛域，家之外廓是也。"[4]院墙作为一种标识，明确划分出私人空间的范围。在传统时代，构屋必自院墙始，院墙给人必要的安全感。"国之宜固者城池，城池固而国始固；家之宜坚者墙壁，墙壁坚而家始坚。"[5]院墙的重要性由此可见一斑。这种非院墙无以成屋的观念直到民国还很浓厚，在一本园艺教科书《庭园术》中，作者仍坚持在房屋庭园

---

①斯当东. 英使谒见乾隆纪实. 叶笃义，译. 北京：群言出版社，2014：348.

②同①358.

③张宗法. 邹介正，等，校释. 三农纪校释. 北京：农业出版社，1989：647.

④李渔. 闲情偶寄. 北京：人民文学出版社，2013：169.

⑤同④168-169.

四周需用墙垣围绕，以便与外方隔绝，"俾尘嚣之音，末由入内；且藉为防御，而免人之践踏"①。

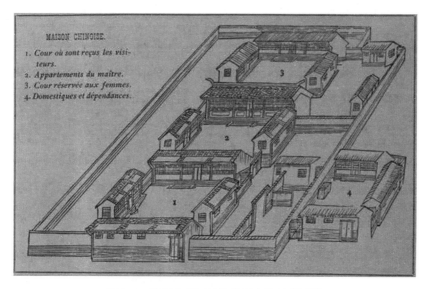

图5-2　外国人笔下的清代四合院及其围墙

图片来源：Alphonse Favier. Péking.histoire et description. 1897：460.

院墙的意义在于构造了一个围合与相对隔离的空间，空间以内即是我者，空间以外即是他者，这种人为构建的空间昭示着"家"的存在。"家"的四面都是围墙，只有一个院门与外界相接，院门以内是一个独立的世界，这样的相对隔离效应给居住者带来安全感与家的认同，住在其中也显自在。在住宅以外的不远处，或许就是繁华的大街，而住宅内清静宁谧如故，这大概就是"结庐在人境，而无车马喧"的境界吧。

当然，隔离并不等于隔绝，围合并非封闭，否则老北京这种带有围墙的构屋方式与今日的欧式楼房相比就失去了特色。典型的欧式楼房是

①枊士童. 庭园术. 上海：中华书局，1936：25.

一个六面围合的立方体，构造了一个高度封闭的空间，在保障安全的同时也失去了观赏周围景致的视野。这个空间过于封闭，有时候甚至让人感到沉闷、压抑。老北京的住宅与此迥然不同，院墙围合的是一个平面的空间，这个空间上下皆是开放的，上可通天、下接地气。在住宅内部，一般又有一个开放的庭院，庭院作为家内的公共空间，作为聚会和赏景之所。居住者在俯仰之间可见绿树红花、蓝天白云。如此巧妙的人居空间是履行中庸之道的典范。也就是说，太过封闭的空间让人压抑，过于开放的空间则会让人丧失安全感。而老北京这种院墙加庭院的格局恰到好处地解决了这一困境。

二、屋宇之制与治宅风尚

自元朝开始，北京城发展成为一座大型城市，人口规模的扩张意味着对应的住宅数量的增加。长期以来政治中心地位的存在，使得北京城聚集了大量的官僚和文人，强势的政治与经济力量保障了北京城房屋建筑的规整和宏大特征。民国官修北京志书评价说："辇毂之下，建筑典伟，屋宇弘丽，设置之周至，虽一草一木，具见匠心。"①

○ 屋宇规制与城市格局

中国传统都城的空间格局的基础首先是由城墙、宫殿等大型建筑和

---

①吴廷燮. 北京市志稿（七）. 北京：北京燕山出版社，1997：212.

街道、坊巷的布局来奠定的。但对于小区域来说，房屋的规制则形成了具体的社区风格。北京作为元明清三朝都城，为万方辐辏之地、天下观瞻所系，故历代政府都力图实现房屋的整齐划一。

今天的北京城的基本格局形成于元代。在元代大都建成之后，政府即有意识地统一民居的布局。至元二十二年（1285年），"诏旧城居民之迁京城者，以赀高及居职者为先，仍定制以地八亩为一分；其或地过八亩及力不能作室者，皆不得冒据，听民作室"[①]元朝政府不仅统一每处住宅的占地规模，而且为了确保能够充分利用这八亩的空间，政府规定富有阶层和官员优先占地建房。政府还禁止多占，或者财力不足的家庭冒占宅地。这一政策有力地保障了宅第的规整，形成了整齐划一的市容市貌。

元朝形成了规整的屋宇布局，奠定了此后数百年北京城市空间的基本格局。以清代为例，清政府为保障京城房屋的整齐，也多次颁布政令。康熙五十年（1711年），朝廷议准："正阳门外大街东西两边房屋，并珠市口民房，以新沟为限，准其修理盖造。至小街有沟者，以沟为限，其无沟并街道弯斜不整，或一面系空地者，均以左右邻房不占官地者为度。仍于本户下注明碍道尺寸，立册存案，日后更造清出还官。"[②]这一制度在于保障在房屋修建时能留出规整的街道。雍正十二年（1734年），清廷议准："京师重地，房舍屋庐自应联络整齐，方足壮观瞻而资防范。"所以规定完整坚固的房屋不得无端拆卖，如果迫不得已，只允许拆卖院内的房屋，临街房屋一概不得拆卖。但有些房屋年久失修，而

---

①宋濂，等．元史：卷13．北京：中华书局，1976：274．
②乾隆．大清会典则例：卷150//景印文渊阁四库全书：第624册．台北："商务印书馆"，1986：704．

房主又无力整修，碍于禁令，只能放任房屋自然倾圮。所以，乾隆八年（1743年）清廷出台了妥协方案，即准许房主在向官府备案后拆卖部分自有住房，同时规定："京城庐舍，观瞻所系。今旗民临街房屋，准其拆卖，虽属便民之举，但不为设法办理，恐将来拆毁过多，不足以肃观瞻。"所以，拆房之前，地方官当查看房屋方位。如果房屋处于偏巷，可准许拆除，"即行筑墙遮蔽，联络整齐"，"其余临街房屋，不可建筑墙垣者，仍一概不准拆毁"①。清廷的这些禁令，即在保障京城房屋的整齐周密，以肃观瞻。

○ "大治宅第"及其时尚

对土地与房产的投资，历来是古人在投资取向上的首选。明清时期，随着商品经济的发展和社会财富的增加，城市居民的上层更是把营建房屋作为其投资的重要筹码，即使普通的民人士子也大都愿将积蓄用于营建住宅。清代《竹枝词》曰："深深画阁晓钟传，午院榴花红欲燃，搭得天棚如此阔，不知债负几分钱。"②这正是对京城"大治宅第"的社会时尚的生动描述。

居宅向有定制，明洪武二十六年（1393年）定："官员营造房屋，不许歇山、转角、重檐、重栱及绘藻井，惟楼居重檐不禁。"又规定："品官房舍门牖不得用丹漆，市民庐舍不过三间五架，不许用斗栱，饰

---

① 乾隆. 大清会典则例：卷127//景印文渊阁四库全书：第624册. 台北："商务印书馆"，1986：42.
② 李虹若. 朝市丛载：卷7. 北京：北京古籍出版社，1995：151.

彩色。"①清承明制，在规制上大同小异。但是，在城市经济不断发展的推动下，定制已形同虚设，早在明朝嘉靖年间即出现了违制建房的现象。万历时人顾起元曾评论说："嘉靖十年以前，富厚之家多谨礼法，居室不敢淫，饮食不敢过；后遂肆然无忌……嘉靖末年，士大夫家不必言，至于百姓有三间客厅费千金者，金碧辉煌，高耸过倍，往往重檐兽脊如官衙然，园囿僭拟公侯，下至勾栏之中，亦多画屋矣。"②普通人家尚且如此，朝廷中的高官贵戚尤其锦衣玉食，宅第堂皇富丽。降及清代，尤其在康雍时期，伴随经济的又一次繁荣，奢侈之风更为盛行，所谓"时际升平，四方安乐，故士大夫俱尚豪华"③。时人特别是对于房屋的建造尤为热心。京城不仅是官僚荟萃之地，也是满族贵族的聚居之地。京城衙门没有寝于其内的规制，这样，不但莅任职官的汉人官僚需要京城有其居邸，且外任的满族官员任满回京也必于京城构屋，这自然使北京形成了府第鳞次栉比的现象。

按照满汉分城而居的原则，满族官员居于内城，所以内城中，贵族官僚居住的大宅随处可见。其宅第规制为"门或三间或一间，巍峨华焕，二门以内必有听事，听事后又有三门，始至内眷所住之室，俗称上房，其巨者略如宫殿。大房东西必有套房，曰耳房，左右有东西厢，必三间，亦有耳房"。"或从二门以内，即以回廊接至上房，其式全仿王公邸第。盖内城诸宅多明代勋臣之旧，及入国朝，而世家大族乃又互相仿效，所以屋宇日华。"④

---

①龙文彬．明会要：卷72．北京：中华书局，1956：1400．

②顾起元．客座赘语：卷5．上海：上海古籍出版社，2012：114．

③钱泳．履园丛话：卷7．北京：中华书局，1979：193．

④徐珂．清稗类钞：第1册．北京：中华书局，1984：186．

　　这些府第大宅，多为明朝权贵所遗。但是，对于入主京城的满族新贵而言，他们除了依据权势和地位将其据为己有之外，还在不断争购、增建府第，增饰崇丽。而且，即便是宅广府阔、富丽精雅之所，主人也乐此不疲。如位于大佛寺东街路西的"宝文靖公第"，"屋宇院落虽多而不统一，盖集之久而成者"。此后，宝鋆又购得马大人胡同西口路北一座宅子。是宅"壮丽庄严，宏敞精工，兼而有之，为东城第一。乃那彦成尚书旧宅，其后人于同治间售于宝相"。然宝鋆"终身不居，殁后仅奉其神主。如此大宅，空闲数十年，可见当日之宽绰"①。又如，崇礼在东四北六条胡同西口内，"有大宅一区，栋宇华好"。崇礼本内务府旗人，由圆明园苑承起家，升至郎中，出为粤海关监督时，"粤乱初平，百货填积，故税收最旺。归京后，大治第宅，极有富名"。此外，"俊星东（俊启）在光绪初年任粤海关监督，连任凡三年，任满归京，广造房舍，建筑宏丽，侔于府第"②。

　　清代文人金圣叹在谈到他对房屋营建的感受时说："本不欲造屋，偶得闲钱，试造一屋。自此日为始，需木需石，需瓦需砖，需灰需钉，无晨无夕，不来聒于两耳。乃至罗雀掘鼠，无非为屋校计，而又都不得屋住。既已安之如命矣。忽然一日，屋竟落成，刷墙扫地，糊窗挂画。一切匠作出门毕去，同人乃来分榻列坐，不亦快哉！"③可见，房屋的营建虽琐碎、劳累，甚至令人有刻无安宁的感觉，但一旦房屋落成，仍会给屋主人带来无限的欢乐，这也正是人们千百年来所形成

---

①崇彝.道咸以来朝野杂记.北京：北京古籍出版社，1983：6.

②同①44，49.

③王实甫.金圣叹评点本西厢记：卷7.金圣叹，评点.南京：凤凰出版社，2011：164.

的居家意识。正如清初文人李渔所言："人之不能无屋，犹体之不能无衣"①。

○ 上层社会的居家风格

居家意识除了表现在人们对营建房屋的物质投入与精神投入上，还更多地表现在房屋的建筑风格上。由于人们的文化素养、个人品格、经济条件以及生活的地理环境的不同，居家行为与意识也会有所不同，从而形成不同的居家风格。这里我们不妨仍以对"大治宅第"最为热心的官僚阶层为例进行分析。

众所周知，科举制为中国社会各阶层的人士打开了进入仕途的大门，它在为四民身份的可变性提供了制度保障的同时，也使官僚队伍的成分变得复杂。不同出身的官僚，他们的居家意识也往往有所不同，但是最能体现其中差别的还是官僚们的社会价值取向及其人生追求，换个角度说，在房屋风格上也可看到官僚们复杂的双重或多重人格。如京师绳匠胡同，又名丞相胡同，"严分宜之赐第在焉。毗连半截胡同，中有一宅，旧为海昌查小山所居，今归吾乡大银台姚公亮府。宅内听雨楼者，东楼赏鉴书画处也。曲槛长廊，宏梁巨础，规模轩敞，罕有其伦"②。这座大官僚府第除了显示主人地位的高贵之外，还暴露了主人为官时的聚敛。所谓"堂之东隅，地有巨窖，……盖当日藏弄珍异之所也"。此外，他也保持了文人的一些习惯，其住宅的"东楼赏鉴书画处也"。

---

①李渔. 闲情偶寄. 北京：人民文学出版社，2013：120.
②梁绍壬. 两般秋雨盦随笔：卷3. 上海：上海古籍出版社，1982：131.

由于居家风格往往是主人身份与个性的表现，府第中趋于豪华瑰丽者便多为皇亲国戚的贵族府第。如明代的"成国公园"，是一座亦园亦居的建筑，从居邸到园林，建筑中无处不体现出贵族居高临下的气派和森严的等级。时茶陵李东阳作《成国公槐树歌》有云："东平王家足乔木，中有老槐寒逾绿。拔地能穿十丈云，盘空却荫三重屋。忆昔前王初宅时，高门驷马相追随。五朝恩露簪缨重，四世威名草木知。"又有公安袁宏道作《适景园小集》，因成国公园又名适景园，"都人呼十景园也"。袁宏道咏其园曰："一门复一门，墙屏多于地。侯家事整严，树亦分行次。"①其重门复道，高墙多屏，即使树木也高大而行次分明，追求的无非是华丽高贵的风格，也是主人对自己身居王侯地位的一种炫耀。

19世纪的英国人见到的"梁公府"，同样是一典型的贵族住宅，在讲究礼法的同时，更注重高贵与华丽。英国人记述说：

（梁公府）由东西两座四方形庭院组成，两座庭院南北方向上相互平行，彼此之间有一条带顶的长廊相通。每座庭院内都有多组建筑，均为普通的中国建筑风格。东边庭院各个场所富丽堂皇，内有举行隆重典礼的房间。房屋均为绿色琉璃瓦顶，下有粗大的木柱支撑；山墙和后墙都是坚固的砖石结构；正面砖墙从地面始，只有三英尺左右，其余部分，包括门，都是轻便的木格结构，木格上糊纸；木格窗子正中是大块的玻璃窗，主要房间的玻璃窗装饰得非常优雅；房间内部，虽然未经整修，仍然非常漂亮；典礼用的房间，天花板上装饰着金龙，金龙浮在蓝底的圆圈里，蓝底的圆圈又位于绿色小方格正中，这些绿色小方格则由绿色和金色的浮雕窄条相互交叉而成。……公府西侧庭院由一些不太炫丽、但不失优雅和品味的建筑组成，房屋均为普通的灰色瓦顶。……各种道

①刘侗，于奕正. 帝京景物略：卷2. 北京：北京古籍出版社，1980：55.

德说教的镏金文字刻在装饰木板上，悬在不同建筑的入口处，……整座庭院为一道高墙所包围，墙南北长760英尺，东西宽378英尺。整个建筑的整体特征是，它一度曾经是一处高贵的所在，但很快便没落了。[①]

外国人没有说错，这是一所追求豪华气派却又"不失优雅和品味的建筑"，符合中国古代的贵族喜好附庸风雅的生活状况。这属于一种类型。

另一种类型为官僚的住宅。官僚与贵族虽同为社会上层，但地位不比贵族，其追求也略有差异，特别是文人出身的官僚，在追求高贵的同时，更偏重于风雅。

清朝"南沙蒋中堂溥，赐第在内城李广桥左。堂室宏丽，廊房曲折，有平台更爽垲，高柳碧梧，环列墙垣。春时桃李盛放，每置酒，延梦堂英协办诸公觞咏焉"[②]。其居邸建筑中廊台曲榭、柳梧桃李、诗酒觞咏，遂将宅第妆点出几分雅气。又如"刘文清公故第在驴市胡同西头，南北皆是，其街北一宅改为食肆，余幼时屡过之，屋宇不甚深邃，正室五楹，阶下青桐一株，传为公手植。街南墙上横石，刻刘石菴先生故居七字，今屋皆易主"[③]。刘文清即乾隆年间位居卿贰之列的刘墉，青桐一株加上石刻，使刘墉之府第的风格体现出文人的主基调，而"屋宇不甚深邃"，又是他为官清廉、甘于俭约之个性的流露。

此外，英国人D.F.Rennie所见到的官僚文人住宅也颇为典型，由于他的记载十分详细，叙述了许多为时人司空见惯而不甚留意的问题，以故，此处也将不厌其烦地转录如下：

[①] D. F. Rennie. Peking and the Pekingese During the First Year of the British Embassy at Peking (Volume 1). London: John Murray, 1865: 56~57.

[②] 汪启淑. 水曹清暇录：卷6. 北京：北京古籍出版社，1998：84.

[③] 震钧. 天咫偶闻：卷3. 北京：北京古籍出版社，1982：61.

今天下午，应Parkes和Wade两位先生的请求，我陪他们去了Hang-ki的私人住所，Hang-ki曾跟他们表示过，希望能用西方的外科医术看看病。我们发现，Hang-ki住在一所精美的宅院里，宅院就在城墙西北角附近的一条街上。……我们穿过两座庭院，来到客厅。客厅干净而优雅，呈长方形，有两道敞开的隔板，隔板上部雕刻得十分精美。这样一来，客厅仿佛被分成了三个房间。中间那间，门朝着院子，设有公务接待的座位，座位比地面稍高，共两个，上面都铺着垫子，两个座位之间有一张小桌，两个座位彼此隔开，桌子上凉着茶。边上的两个房间同中间部分的陈设一模一样。每个房间侧面都有一张紫檀柜，柜上摆着一座钟和一对漂亮的花瓶；两扇窗子之间，有一张桌子，桌子四周摆着紫檀木凳子，凳子上铺着垫子。边上的紫檀柜上陈列着书籍，约有几千卷。我的视线落在一套四百五十卷的书上，那是清朝学者对中国典籍注释与阐述的论著。我们西方人在书脊上标书名，并按这种方式摆放书籍，而中国人却把书名写在边上，并把那个部分露在外面让人看。房间的墙上挂着花鸟和山水画，对此Hang-ki倾注了大量的心血，他说，这些画有两百多年历史，是用指尖和指甲画的，出自前朝一位名家之手。画面确实是粗线条的，很有表现力，小一点的鸟儿画得非常精细，那些细线显然是用指甲画的。[①]

从幽雅的客厅到紫檀柜上陈列着约有几千卷的书籍，再到房间的墙上挂着花鸟和山水画，无处不表明主人文人的气质和高雅的生活情调。

三、经典住宅：老北京的四合院

在中国，四合院的历史几乎与中国的文明同步，自考古所得陕西扶

---

①D. F. Rennie. Peking and the Pekingese During the First Year of the British Embassy at Peking (Volume 1).
  London: John Murray, 1865: 106−107.

风县凤雏村的第一四合院开始，经过三千余年的嬗变，明清时期北京的四合院一脉相承地成为其最终的表现形式，它已成为一种物化的文明。木构架体系、庭院式组合又构成其建筑上的最基本特点。而四合院建筑尤以北京的最具特点。

○ 四合院的建筑结构

清人夏仁虎曰："京师屋制之美备甲于四方，以研究数百年，因地因时，皆有格局也。户必南向，廊必深，院必广，正屋必有后窗，故深严而轩朗。大家入门即不露行，以廊多于屋也。夏日，窗以绿色冷布糊之，内施以卷窗，昼卷而夜垂，以通空气。院广以便搭棚，人家有喜庆事，宾客皆集于棚下。正房必有附室，曰套间，亦曰耳房，以为休息及储藏之所。夏凉冬燠，四时皆宜者是矣。中下之户曰四合房、三合房。贫穷编户有所谓杂院者，一院之中，家占一室，萃而群居。"[1]这就是中国最传统的庭院式住宅，俗称为四合院。对于四合院在中国居家中的普遍性，长期生活在中国的朝鲜使臣朴趾源说过这样的话："虽有大小奢俭之别，规模大率相同耳。"[2]

此外，朴趾源还以异国人的视角，对四合院住宅所讲究的坐北朝南，前堂后室，重门多进，中轴对称等原则，以及磨砖对缝，黄松木架，风火双檐，方砖墁地等技法都作了较为详细的概述。他说："凡室屋之制，必除地数百步，长广相适，铲划平正，可以测土圭、安针盘、然后筑台。台皆石址，或一级，或二级、三级，皆砖筑而磨石为甃。台上建屋皆一字，

---

[1]夏仁虎. 旧京琐记：卷10. 北京：北京古籍出版社，1986：40.
[2]朴趾源. 热河日记：卷1. 上海：上海书店出版社，1997：15.

更无曲折附丽。第一屋为内室，第二屋为中堂。第三屋为前堂，第四屋为外室。外室前临大道，为店房、为市廛。每堂前有左右翼室，是为廊庑寮厢。大约一屋长必六楹、八楹、十楹、十二楹，两楹之间甚广，几我国平屋二间。未尝随材短长，亦不任意阔狭，必准尺度为间架。屋皆五梁或七梁。从地至屋脊测其高下，檐为居中，故瓦沟如建瓴。屋左右及后面无冗檐，以砖筑墙，直埋椽头，尽屋之高，东西两墙各穿圆窗。面南皆户，正中一间为出入之门，必前后直对。屋三重四重，则门为六重八重，洞开则自内室门至外室门一望贯通，其直如矢。所谓洞开重门，我心如此者，以喻其正直也。"①可见，满洲入主中原，传统的四合院居住模式不但未有丝毫改变，反而成为一种建筑文化和居家文化深刻地影响着时人的生活。

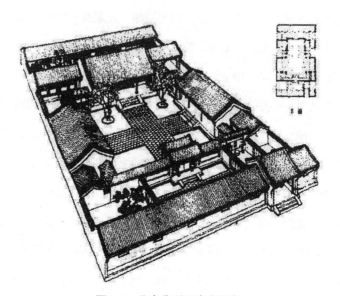

图5-3　北京典型四合院住宅

图片来源：王其明. 北京四合院. 北京：中国书店，1999：7.

---

①朴趾源. 热河日记：卷1. 上海：上海书店出版社，1997：15-16.

一般情况下，有一个院落的称为"小四合院"，小四合院布局简单，按照"凡家宅住房，五间三间，循次第而造"①的规则，它至少应该有称作正房的北屋三间，屋内由隔断分成一明两暗，或两明一暗；有东西厢房各两间，南房三间。而且小四合院有卧砖到顶、起脊的瓦房。院子里有砖墁的十字甬道，可通到东西南北屋的正门，屋门前都有台阶儿。由两到三个院落组合的称中四合院，多个院落组合的称大四合院。根据靳麟先生《四合院》一文的描述：中四合院正房五至七间，由正房和耳房组成，屋内有木隔断或落地罩，有的正房和厢房带有廊子。厢房与耳房之间有'过道儿'，可以通里院。里院的月亮门后立有影壁。大四合院"正房是前廊后厦，后边有罩房。东西厢房南边的花墙子中间有一座'垂花门'……东西厢房都有抄手游廊，与垂花门相通。有的花墙子在垂花门两旁，镶上两三个'漏窗'。正房与厢房之间，有圆月亮门儿，可以从过道到后院去，有的有'过厅'，可以穿行"。"外院，东西各有一道花墙，中间是月亮门，……可以从这个门到跨院去。南房有穿山游廊"，于是，形成东西南北互相通连的几个院落。②有清一代，京城仕宦人家的四合院多为上述深宅高墙的大四合院，高墙内有多个院子连接组合，堂屋、客厅、书房、寝室、庙宇等，无一不由院落环绕。

四合院建筑尤以北京的四合院最具特点，清代北京的四合院在民国之后也得到保留。近人回忆说："以过去的北京而言，住所一般都是由一个或若干个四合院（或三合院）组成的。庭院是四合院布局的中心，不但是来往、采光、通风的枢纽，而且也常是休息和家务的场地。一般

---

①计成. 园冶注释：卷1. 赵农，注释. 北京：中国建筑工业出版社，1981：76.

②靳麟. 四合院//北京文史资料研究会. 北京往事谈. 北京：北京出版社，1986：83.

'小康之家'都住这种建筑比较简单朴素的四合院。比较大型或中型的住所，它的形式是由两个或两个以上的单体四合院组成的复合体，沿着一条轴线排列起来，形成一连串的几进院落，有的又在两侧伸出跨院。这种'高级住宅'的建筑规模大，质量也更加考究一些，而且往往还带有花园。"①

此外，现当代文人也留下了诸多关于北京四合院（三合院）住宅的记载。1913年初秋，童年的冰心随着母亲进入北京，住在北京东城铁狮子胡同中剪子巷十四号，"这是一个不大的门面，就像天津出版社印的老舍先生的《四世同堂》的封面画，是典型的北京中等人家的住宅。大门左边的门框上，挂着黑底金字的'齐宅'牌子。进门右边的两扇门内，是房东齐家的住处。往左走过一个小小的长方形外院，从朝南的四扇门进去，是个不大的三合院，便是我们的家了"，"这个三合院，北房三间，外面有廊子，里面有带砖炕的东西两个套间。东西厢房各三间，都是两明一暗，东厢房作了客厅和父亲的书房，西厢房成了舅舅的居室和弟弟们读书的地方。从此房廊前的东边过去，还有个很小的院子，这里有厨房和厨师父的屋子，后面有一个蹲坑的厕所。北屋后面西边靠墙有一座极小的两层'楼'"②。

《城南旧事》的作者林海英在北京度过了美好的童年，多年以后，她将"城墙、天桥、四合院儿"列为"北京三宝"。她对四合院格局有一个简明的归纳，即"四面房子，中间包着一个院子"，"当然，它也不是那么简单。北京的四合院，有千百种样式，中国房屋构造是以北为上

---

① 金寄水，周沙尘. 王府生活实录. 北京：中国青年出版社，1988：6-7.
② 冰心. 冰心精选集·冰心自传. 北京：北京燕山出版社，2005：214-215.

的，所以一进大门是一溜南房，然后进了二道门，里面的三面北、东、西。北房俗称上房，一向是主人房；东、西为厢房。四面还有跨院，院里有小房间，当做堆房、厨房、佣人房。北房里面两边还有耳房，是主人储藏衣物等用的。专讲四合院的房屋构造，就一时讲不完"①。

四合院不仅是散文的素材，而且也反复出现在以北京为背景的小说之中。这些长期生活在北京的作家，对四合院建筑有相当写实的描写。在张恨水的《啼笑因缘》这部小说中，作者说："原来北京城是个四四方方的地方，街巷都是由北而南，由东而西，人家的住房，也是四方的四合院。"故事男主人公樊家树就住在一个大四合院中："他住在一个很精致的上房里。那屋子是朱漆漆的，一带走廊，四根红柱落地；走廊外，是一个很大的院子。"②樊家树给自己的意中人沈凤喜租住的房子，"乃是一所独门独院的小房子，正北两明一暗，一间作了沈大娘的卧室，一间作了凤喜的卧室，还空出正中的屋子作凤喜的书房。外面两间东西厢房，一间住了沈三玄，一间作厨房，正是一点也不挤窄"，从门外看"一带白墙，墙头上冒出一丛绿树叶子来，朱漆的两扇小门，在白墙中间闭着，看去倒真有几分意思"③。

在林语堂的名著《京华烟云》中，作者借曼娘的视角详细描述了曾公馆的四合院大宅第格局。先是大门以外的院墙和大门的构造："白墙有一百尺长，门口是高台阶，有二十五尺宽，左右两边儿的墙成八字状接着大门，门是朱红，上有金钉点缀。门的顶上有一个黑漆匾额，刻

①林海音. 城墙·天桥·四合院儿//林海音文集·在胡同里长大. 南京：江苏文艺出版社，2011：112.
②张恨水. 啼笑因缘. 北京：北京出版社，1981：1-2.
③同②76.

着一尺高的金字'和气致祥'。门旁有个白地撒金的长牌子，上写'电报局副总监曾公馆'九个鲜绿的字。门口儿高台阶前面摆着两个做张嘴狞笑的石狮子。大门前的横路正对大门那一段，向后展宽，后面端立一段绿色的影壁墙。"这是大型四合院大门以外的格局。在大门以内，住宅的布局则包含房间、庭院、长廊等等，"曾公馆宅第宽大，有四层院子深，在正院儿的东侧，有一条榆树交荫的狭长小径，还有若干纡回曲折供散步的走廊通往正院儿西边的幽深的庭院"①。关于居住的安排，家庭之主曾氏夫妇住后中院，少爷曾平亚住在西侧后院儿，"院子是在曾氏夫妇居住的后一排房子的西边，屋子的前面接着一个长廊，高出地面二尺，平亚住的院子与正院儿有墙相隔，有一个六角门相通，门两边各有桃树一株。院子里铺着又老又厚的二尺方的灰色砖，由各色石卵铺成的小径，图形不一，迤逦婉转。有一座假山，一个水池，由三层高石阶通上走廊。正厅有屋三间。下人房在西边，与正房隔离"②。作为曾平亚的未婚妻，曼娘来到曾家之后，住在正院大厅西面的一个静心斋，"这是在正院大厅西面的一个跨院儿，在西边有个旁门儿通到平亚的院子"，这个房子有三间屋子，"房子向南，东边有个走廊通到仆人住的屋子。靠着白色的南边围墙，有一丛清瘦疏落的竹子，和竹子相伴的是立在一旁的一块又高又瘦玲珑剔透的石头，灰蓝色，八尺左右高。这个地方真是具有素淡质朴、高雅幽隐的灵淑之气。但是这个院落设计得仍然十分敞亮，白天晴空在望，夜晚月升之时，得见明月，毫无阻碍闭塞之

---

① 林语堂. 京华烟云（上）. 张振玉，译. 长春：东北师范大学出版社，1994：116-117.
② 同①138.

弊"①。总之，曾公馆的布局非常巧妙，"这所大宅第所有的院子，设计建造得都是各成格局，但家人住在一起又很方便。每个院子都幽静、严谨，看着绝没有跟别的院子接连的感觉"②。

○ 四合院的建筑特征

通过对四合院的考察，我们不难发现它有三大特征：

其一，是它的封闭性，"高墙深院"，所谓"重门东向，朱楼环绕，外墙高照，内宇宏深"③。《论语》中的"譬之宫墙，赐之墙也及肩，窥见家室之好"之句，可以说明墙垣的起源很早。而且，这种高墙垣的房屋建筑模式一直延续到明清时期，它不仅用于官绅大户的住宅，也用于普通的民居。所谓"峻宇雕墙""家徒壁立"，即是对无论富者还是贫者都以墙院为居室之端的描述。

对居家而言，院墙是国的城墙观念的延伸。清初文人李渔说："国之宜固者城池，城池固而国始固，家之宜坚者墙壁，墙壁坚而家始坚。"④即院墙是居家者出于安全防护的需要所建。同时，院墙的建造，还是区别贫富、划分内外的界限的标志，它可以展示居室外部的美观。所谓"昔人贫富，皆于墙壁间辨之。故富人润屋，贫士结庐，皆自墙壁始。墙壁者，内外攸分而人我相半者也。俗云：'一家筑墙，两家好

①林语堂. 京华烟云（上）. 张振玉，译. 长春：东北师范大学出版社，1994：119.

②同①.

③叶梦珠. 阅世编：卷10. 上海：上海古籍出版社，1981：218.

④李渔. 闲情偶寄. 北京：人民文学出版社，2013：168-169.

看'"。"界墙者，人我公私之畛域，家之外廓是也。"①清人张宗法说："墙乃居室之表，有内外之分，亲疏之别，为宅之最重者，可以御奸，可以壮观。有围墙、护墙，造应泰否；有间墙、女墙，治分彼此，有照墙、隔墙，设关吉凶。"②

乾隆五十八年（1793年），来华的英国人即对中国的院墙产生了好奇，他们在进入北京城后，看见皇城以东"不显眼的普通人家的住宅，每一所房屋前面都有一面墙或一幅门帘，为的是不使街上来往行人看到房子里院"③。但对中国人而言，围墙的作用绝不仅仅是用来遮蔽外人的目光，在更大程度上，它使一个有着共同经济来源的家庭可以获得相对独立于外部的世界。如清雍乾之际，"南沙蒋中堂溥，赐第在内城李广桥左。堂室宏丽，廊房曲折，有平台更爽垲，高柳碧梧，环列墙垣"④。其墙垣内是一充满雅趣的空间。而且，院墙也圈定了居住空间的大小。十九世纪的英国人在京城见到的"梁公府"，"整座庭院为一道高墙所包围，墙南北长760英尺，东西宽378英尺"⑤。可以说，这种住宅，将整个社会按家庭划分成一个个小小的社区，它是中国传统农业社会以家庭为单位的自给自足经济结构模式与宗法制观念在地域空间的投影。

四面围合与住宅内外划分界限是北京四合院的基本特征，而这也是传统礼制的要求。《易经》曰："家人，女正位乎内，男正位乎外，男女正，天地之大义也。"这种注意严内外之辨的居家思想反映在住宅布局

①李渔．闲情偶寄．北京：人民文学出版社，2013：168-169．

②张宗法．三农纪校释．邹介正，等，校释．北京：农业出版社，1989：647．

③斯当东．英使谒见乾隆纪实．叶笃义，译．北京：群言出版社，2014：348．

④汪启淑．水曹清暇录．北京：北京古籍出版社，1998：84．

⑤D. F. Rennie. Peking and the Pekingese During the First Year of the British Embassy at Peking (Volume 1). London: John Murray, 1865: 56-57.

上：四合院四面围合，仅有一个院门通向外界；进入大门之后并不能对住宅一览无余，因为有壁影、垂花门等设置遮挡视线；四合院内的房屋互不相连，正房与倒座房相对、左右侧厢房相望，各自独立成栋；宅内以垂花门为界，把作为客厅、佣人住的南房（倒座）和作为家族居室的北房（后罩房）、东西厢房分为内外两院。[①]通过这样的布局，传统礼制所要求的男女有别、内外有制落在了实处。可见，这种组合重叠的四合套院，为社会上层城居者的房屋模式，带有一定的普遍性。而以墙和院为特征的家居建筑，所体现的严谨的群体组合与空间结构的封闭性，是儒家的礼法精神的反映。由于坊巷格局及经济地位的限制，四合院的规模差异巨大，但其总体格局则大体类似。

其二，四合院在布局上讲究方正和中轴线对称的建筑手法与风格，正房、正厅、垂花门等位于其上，而厢房左右对称，分立两侧。其中正房作为长辈居所，是整个住宅的中心；两侧厢房为晚辈居所；外院倒座房为佣人居所。从建筑上讲，正房的开间、高度等标准都是最高的，其他房屋按照重要性依次递减。这是封建伦理纲常长幼有序、上下尊卑的社会关系与家庭关系的完美体现，其建筑格局是对中国传统伦理道德的最佳诠释。

四合院的房屋设计，讲究四方四正，四合里面含一个井字，纵横有序地排列出一个家族的等级序列。通常，四合院的建筑沿着中轴线向纵横两个方向铺展，层层套叠，大体上建在中央纵轴线上的为门房、堂屋、主要住房，建在左右纵轴线上的则是客厅、书房、次要住房等。在

[①]王其明. 北京四合院. 北京：中国书店，1999；尼跃红. 北京胡同四合院类型学研究. 北京：中国建筑工业出版社，2009.

前堂后寝的总原则下，纵轴线上的房屋有着严格而又约定俗成的长幼有序的排列顺次。据张驭寰先生提示，他所考察的清代北京民居建筑四合院的分布特征如下："一般都由两进到三进甚至四进，以中轴为对称，院子内有倒座、垂花门、厢房、正房、耳房……一般将大门开在正房方向的东南角，采用'坎宅巽门'的方式。"[①]

清人震钧于《天咫偶闻》中的记载佐证了张驭寰先生的调查记录。他说："（北京）内城房式异于外城。外城式近南方，庭宇湫隘。内城则院落宽阔，屋宇高宏。门或三间，或一间，巍峨华焕。二门以内，必有厅事。厅事后又有三门，始至上房。厅事上房之巨者，至如殿宇。大房东西必有套房，名曰耳房。左右有东西厢，必三间，亦有耳房，名曰盝顶，或有从二门以内，即回廊相接，直至上房，其式全仿府邸为之。"[②]这进一步证明了当时社会上层官绅之家的宅居与王公贵族的府第虽有大小之别，但在建筑结构上是一致的。而且，这种建筑结构或形态，不仅遍及河北、东北以及南方各地，甚至在北部热河地区也不例外，所谓"鞑靼区（指热河地区的满族——引者注）住房建设构造和室内家具的摆设同中国内地相差无几"[③]。

总之，在四合院自成体系的民居建筑中，处处都可以看到传统文化的巨大影响，方方正正的井字格局，隐含着居中与四面的方位意识。方正、对称，又是儒家平和、中正的中庸思想的具体体现，而中轴、轴线的对称和排列的有序性，则是封建伦理纲常长幼有序、上下尊卑的社会

---

①张驭寰. 我国民间居住房屋之一瞥//中国古建筑学术讲座论文集. 北京：中国展望出版社，1986：201-210.

②震钧. 天咫偶闻：卷10. 北京：北京古籍出版社，1982：212-213.

③斯当东. 英使谒见乾隆纪实. 叶笃义，译. 北京：群言出版社，2014：348.

关系与家庭关系的完美体现。所以，四合院的民居，以儒家的礼法为标准，融入了阴阳五行学说的价值判别，而在使用与分配上的等级划分，则是对传统伦理道德的奉行与恪守。上述文字可以说明，自周公制礼作乐，经孔子"齐之以礼"，最终形成传统文化系统而严密的典制，它以政治规范和道德规范作用于人们的思想和行为，由此建立起严格的空间等级序列。

其三，巧妙地构造私人空间也是四合院的一大特色。太过封闭的空间让人压抑，过于开放的空间则会丧失安全感，而四合院建筑是履行中庸之道的典范。从整个坊巷格局看，每个四合院四面都是围墙，只有一个院门与外界相接，保持相对的隔离，给整个家族带来安全感与家的认同；从单个四合院看，其中的房屋又各自保持独立，而同时面向庭院开放，这样既无损于家族内部的聚合，又营造出一个个相对独立的家庭空间。这种以院墙和庭院为特色的构屋方式是人们心灵需求的映射：人类既要享受群体生活的乐趣，又要品味个体私人空间的自由。

中国古代讲求家庭和睦、推崇聚族而居制度，其中三世同堂、四世同堂的不在少数。欲使诸多家人聚于一处而又恪守男女防嫌之礼，在空间布局上不得不煞费苦心。而四合院这种四面构屋、中间庭院的布局既满足了家人适时聚会的需求，又能保证各个小家庭享受相对独立的空间，如此则兼顾了礼制与人情，营造了和谐的家庭氛围。

○ 四合院中的庭院

庭院的存在是四合院最显著的特征。在房屋环绕之中，独有一片开阔的空地，可供种树养花，可供闲暇小憩。庭院犹如国画的留白，从而营造一种人与自然和谐相处的生活空间。深谙中国文化的林语堂曾说："中国式的居室与庭园，示人以更奥妙的姿态，值得特别加以注意。这个与自然相调和的原则，更进一步。因为在中国人的概念中，居室与庭园不当作两个分立的个体，却视一整个组织的部分。"与西方住宅之外的草坪不同，中国的庭院本来就是住宅不可分割的部分，"在中国人'家'的概念中，要有一所房子，一口井，一块放养家禽的场地，还有几棵柿树枣树，都要安置在一个宽敞的空间里"[1]。对于"第二故乡"北京，林语堂描述说："北平是清静的。这是一所适于住家的城市，在那里每一所的房屋有一个院子，每一个院子中都有一个金鱼缸和一棵石榴树。"[2]张恨水也将北京住宅与南方对比说："北平人家，和南方人是反比例，屋子尽管小，院子必定大，'天井'二字，是不通用的。因为家家院子大，就到处有树木。"[3]以上正是北京四合院中庭院格局的绝佳写照，也是住过四合院人的真切感触。在深宅大院中，闭合的围墙界定了私人空间，而广阔的庭院则塑造了开放的格局，从而缓解了空间中的压力，让人自在闲适。

庭院作为四合院不可或缺的部分，给居住之人留下了深刻印象。作家张恨水在多篇文章中满怀深情地表达了自己对庭院的挚爱。据他的文章，他在北京住过三处四合院建筑。第一期住在未英胡同三十六号，"以旷达胜"。整个住宅有五个大院子，其中一个院子大到可以踢足球。第

---

①林语堂. 吾国与吾民. 西安：陕西师范大学出版社，2002：316.

②林语堂. 迷人的北平//姜德明. 梦回北京：现代作家笔下的北京：1919-1949. 北京：三联书店，2009：223.

③张恨水. 啼笑因缘. 北京：北京出版社，1981：1.

二期住在大栅栏十二号，"以曲折胜"，前后左右共有大小七个院子，每个院子中都有一些花草树木，比如进大门第一院有老槐两棵，正院之东的院子有枣树两棵、樱桃一棵、紫丁香一棵；西侧的长院有葡萄架，有两棵小柳，有一丛毛竹；卧室之后的大院子有一棵大的红刺果树与半亩青苔。第三期住在大方家胡同十二号，"以壮丽胜"，"单是正院四方走廊，就可以盖重庆房子十间"，由此可见庭院之广阔了。[①]

对庭院的挚爱自然也融入了张恨水的小说之中，在《啼笑因缘》这部名著中，作者对庭院着墨之处颇多。在小说开头，男主人公樊家树首次出场地即是庭院，时间设定在四月的下旬，"他住在一个很精致的上房里。那屋子是朱漆漆的，一带走廊，四根红柱落地；走廊外，是一个很大的院子，平空架上了一架紫藤花，那花像绒球一般，一串一串，在嫩黄的叶丛里下垂着。阶上沿走廊摆了许多盆夹竹桃，那花也开的是成团的拥在枝上。这位青年樊家树，靠住了一根红柱，眼看着架上的紫藤花，被风吹得摆动起来，把站在花上的蜜蜂，甩了开去，又飞转来，很是有趣。他手上拿了一本打开而又卷起来的书，却背了手放在身后。院子里静沉沉的，只有蜜蜂翅膀震动的声音，嗡嗡直响。太阳穿过紫藤花架，满地起了花纹，风吹来，满地花纹移动，却有一种清香，沾人衣袂。家树觉得很适意，老是站了不动"[②]。四月下旬的北京，庭院中藤花盛开，微风习习，阳光满地，岁月静好，这一段充满生活情趣的闲暇时光，是多么令人神往！

在四合院中，庭院即是一家一户的私人小花园。在这片私有领地

---

①张恨水. 两都赋·影树月成图//张恨水散文：第1卷. 合肥：安徽文艺出版社，1995：212-213.

②张恨水. 啼笑因缘. 北京：北京出版社，1981：2.

上，既有观赏性的各种鲜花和常青树，也有梨树、枣树等果树，甚至还有应季的蔬菜，所以老舍先生形容北京是"花多菜多果子多"，这些花草树木增添了家庭生活的情趣。

○ 四合院中的家居生活

数百年来，四合院作为北京的典型住宅，一代代人生活于斯。虽然我们无法穿越到遥远的古代，但居住者留下了诸多记载。透过这些饱含深情的文字，昔日四合院中生活的场景依稀浮现，展示出一幅幅四季咸宜的家居画卷。作家张恨水称赞说："北平是以人为的建筑，与悠久时间的习尚，成了一个令人留恋的都市。所以居北平越久的人，越不忍离开，更进一步言之，你所住久的那一所住宅，一条胡同，你非有更好的，或出于万不得已，你也不会离开。"[①]

春天是万象更新的季节。作家郁达夫将北京描述为一个只见树木不见屋顶的绿色都会，冰心则将北京比作一所遍地有树、处处有花的大公园。在初春的日光中，花草树木都瞬间萌生出新绿，北京城很快变成一片绿色的海洋。在四合院的庭院中，冬天的萧瑟情景也一扫而空，空气中都是植物生长的味道。

北京四季生活中，当以夏季最佳。清代北京谚语"天篷鱼缸石榴树"，正是对夏季家居景致的形象白描。清人记载说："京师五月榴花正开，鲜明照眼。凡居人等往往与夹竹桃罗列中庭，以为清玩。榴竹之

---

①张恨水. 两都赋·影树月成图//张恨水散文：第1卷. 合肥：安徽文艺出版社，1995：212-213.

间必以鱼缸配之，朱鱼数头游泳其中。几于家家如此。"①在明艳的阳光下，火红的石榴花、夹竹桃，再配上游动的金鱼，这是北京人家夏日庭院中的必备景致。与如此明艳的景致相对应的，则是四合院中清幽的夏日绿意。作家张恨水将北京形容为"碧槐城市"，称这里是无处不见槐。盛夏时分，不论槐树、柳树或是葡萄架，庭院中正是绿叶榛榛，如同为宅第撑开了一把大凉伞。有如此美景，暑热的夏季平添了几分清凉。在树荫满地当中，石榴花与夹竹桃的红色透过帘子映入室内，红绿相照，最堪消夏。

北京的秋季最有韵味，也引得无数文人着墨赞颂。作家郁达夫说，自己不远千里从杭州赶回北京，不过是想饱尝"这故都的秋味"。所谓北京的秋味，正是这秋高气爽的意境。郁达夫在《故都的秋》里说自己愿意在皇城之中随意租住一间小屋，"早晨起来，泡一碗浓茶，向院子一坐，你也能看得到很高很高的碧绿的天色，听得到青天下驯鸽的飞声。从槐树叶底，朝东细数着一丝一丝漏下来的日光，或在破壁腰中，静对着像喇叭似的牵牛花（朝荣）的蓝朵，自然而然地也能感觉到十分的秋意"②。而老舍《住的梦》则称秋天一定要住在北京，他称赞说，"天堂是什么样子，我不晓得，但是从我的生活经验去判断，北平之秋便是天堂"。"论天气，不冷不热。论吃食，苹果，梨，柿，枣，葡萄，都每样有若干种。至于北平特产的小白梨与大白海棠，恐怕就是乐园中的禁果吧，连亚当与夏娃见了，也必滴下口水来！果子而外，羊肉正肥，高粱红的螃蟹刚好下市，而良乡的栗子也香闻十里。论花草，菊花种类之

---

① 敦崇. 燕京岁时记//帝京岁时纪胜·燕京岁时记. 北京：北京古籍出版社，1981：70.
② 郁达夫. 郁达夫散文选集. 上海：上海文艺出版社，1985：132.

多，花式之奇，可以甲天下。西山有红叶可见，北海可以划船——虽然荷花已残，荷叶可还有一片清香。衣食住行，在北平的秋天，是没有一项不使人满意的。"①如此美食，满满的都是美好生活的气息。

北国的冬天正是白雪纷飞的季节，也是家中最为温馨的时节。北京的四合院中，树木已落尽叶子，在一场大雪之后，万籁俱寂，"整个院落是清寒，空洞，干净，洁白"，而大树的影子在雪地上映出各种各样的图案。但对住家而言，房屋早已贴上新的窗纸，"屋子里，煤炉子里正生着火，满室生春，案上的菊花和秋海棠依然欣欣向荣"。在夜色之中，透过窗子观赏院中的雪和月，可堪玩味。②在郁达夫的记忆中，四合院中的冬日，正是享乐的大好时节："房屋之内，你只教把炉子一生，电灯一点，棉门帘一挂上，在屋里住着，却一辈子总是暖炖炖像是春三四月里的样子。尤其会得使你感觉到屋内的温软堪恋的，是屋外窗外面乌乌在叫啸的西北风。天色老是灰沉沉的，路上面也老是灰的围障，而从风尘灰土中下车，一踏进屋里，就觉得一团春气，包围在你的左右四周，使你马上就忘记了屋外的一切寒冬的苦楚。若是喜欢吃吃酒，烧烧羊肉锅的人，那冬天的北方生活，就更加不能够割舍；酒已经是御寒的妙药了，再加上以大蒜与羊肉酱油合煮的香味，简直可以使一室之内，涨满了白漾漾的水蒸温气。"③

---

①老舍．"住"的梦//老舍全集：第15册．北京：人民文学出版社，2013：396．

②张恨水．两都赋·影树月成图//张恨水散文：第1卷．合肥：安徽文艺出版社，1995：212-213．

③郁达夫．北平的四季//姜德明．梦回北京：现代作家笔下的北京：1919—1949．北京：三联书店，2009：135．

园居

践行人与自然的交流

《老子》曰：「道大，天大，地大，王亦大。域中有四大，而王居其一焉。人法地，地法天，天法道，道法自然。」

《庄子·天道》曰：「夫明白于天地之德者，此之谓大本大宗，与天和者也；所以均调天下，与人和者也。与人和者，谓之人乐；与天和者，谓之天乐。」

在我国古代，人文思想及精神不仅有儒家对"礼"的强调，也有对"天人合一"的多重阐释及解构。"天人合一"的概念，儒、道、释三家均有阐述，其最早源于庄子，后被西汉董仲舒构建为"天人合一"的思想体系，引申为天人感应之说。这一学说所要表达的思想命题是，人类的生理、伦理、政治等社会现象，都是自然的直接反映。

对于古代社会的知识阶层而言，"天人合一"思想的实践落实到人的个体上，更多地体现在处理人与自然的关系上。如果我们从京城的历史遗迹中去找寻，能够给我们答案的，应该是那些古人曾经栖息过的生活空间及私家园林。在园林中，那些有文字记载或者没有留下文字的山石、草木、溪水都会告诉我们，古人在这里感受到的大自然的境界。

我国有着悠久的造园历史，造园艺术方面的山水园风格尤为世界所瞩目。但本书所关注的并非园林艺术本身，而是造园者与园林的关系。在城市发展的过程中，园林建筑构成了城市建筑一个重要的组成部分，这在世界各国都是一个十分普遍的现象。然而，园林却并非城市的产物，它是人类对大自然山野风光的模拟与再造，也是对"道法自然"的心灵追求的一种践行。

追溯我国古代园林的发展，我们不难发现，园林起源于古代帝王的囿苑和园圃。《说文解字》曰："囿，苑有垣也……一曰禽兽曰囿"，"园，所以树果也"，"圃，种菜曰圃"[1]，"苑，所以养禽兽也"[2]。可见，最初的囿苑是指狩猎场所，园圃是指蔬菜瓜果种植场所，完全属于山野的产物。秦汉以后，统治者于囿苑内修建楼馆以作歇息之用，囿苑逐渐向园林转化。而东汉时期庄园经济的发展更带动了私家园林的兴起，到了隋唐以后，私家园林才逐渐步入其成熟阶段。但这一时期的园林或游离于城乡之间，或仍属于乡野，而不属于城市。如《书墁录》记载：长安城"公卿近郭皆有园池"。唐代大诗人王维所建的名园"辋川别业"即在山谷之中，他自称"余别业在辋川山谷"[3]。

宋代城市的发展，带动了园林的城市化，人们在由乡野迁居到城市的同时，在自觉与不自觉之中将带有山林自然风格的园林带入到城市中，于是，园林开始成为城市中的重要建筑物，对此时人并没有吝惜笔墨。在北宋李格非所著的《洛阳名园记》中，我们可以找到关于洛阳城中的私家名园的20余处记载。《都城纪胜》中所记，南宋都城杭州城门内外也有50多个"园苑"，皆属私家园林的性质。

城市私家园林的全盛时期当为明清两代，特别是在清代，中国进入了传统经济的高度繁荣和文化发展的成熟期，推动了以经济实力、文化修养以及人格化为依托的园林建筑进入其发展的高峰期。而江南一带山水相连的自然环境使这一地区城市园林的发展翘居于全国的首位，苏

---

[1]许慎. 说文解字：第六下. 北京：中华书局，1963：129.

[2]许慎. 说文解字：第一下. 北京：中华书局，1963：23.

[3]王维. 辋川集并序. 杨文生. 王维诗集笺注：卷三. 成都：四川人民出版社，2003：328.

州、江宁、杭州、扬州等地的私家园林尤其兴盛。所谓"江宁、苏州、杭州，为山水之最胜处"，"扬州则全以园林亭榭擅场"①。这个地区著名的私家园林有乐园、狮子林、拙政园、归田园、息园、绣谷、怀云亭、瞿园、涉园、逸园、灵岩山馆、寒碧山庄、水木明瑟园等。②徐珂于《清稗类钞》中列举的江宁名园有随园、薛庐园、胡园、又来园、韬园等，这些园林皆为入清之后所建。乾隆时文人李斗在其《扬州画舫录》中也借遍游江南的文人官僚刘大观之口道出"杭州以湖山胜，苏州以市肆胜，扬州以园亭胜，三者鼎峙，不可轩轾"③的评论与感慨。

相比江南而言，由于受限于气候和水资源等自然条件，北方的城市园林无论是数量还是构园技巧都不及江南之胜。但这并没有影响到时人对造园的热情，园林仍然属于社会名流们在构建居邸时不可或缺的建筑规划，在城市空间中私家园林仍然占有重要一席，它构成北方大小城市的主要建筑之一。如北方的港口城市天津，列入名园的有问津园、一亩园、中隐园、沽水草堂、水西庄、枣香庄、怀园、南溪、浣花村、杨园、郭园、宁园、七十二沽草堂、帆斋、虚舟亭、岭南轩等。④而作为全国政治、经济和文化中心的北京，由于经历了辽金元明清五个朝代的都城历史，不乏皇亲贵戚、达官文人寓居。北京城不仅有皇家园林，而且私家园林的发展也居北方城市之首，在相当程度上可与江南园林竞胜。

---

① 欧阳兆熊，金安清．水窗春呓：卷下．谢兴尧，点校．北京：中华书局，1984：46．
② 钱泳．履园丛话：卷20．北京：中华书局，1979：519-529．
③ 李斗．扬州画舫录：卷6．北京：中华书局，1960：151．
④ 重修天津府志：卷22//中国地方志集成·天津府县志辑：第1册．上海：上海书店出版社，2004：430-432．

一、辽金元时期的私家园林遗址

有关北京城园林的记载，可以追溯到辽金建都时期，被后人以名园记录下来的园林遗址有鱼藻池、钓鱼台、万柳堂、遂初堂、海子，以及燕京八景等。这些园林大多坐落在今天北京的西南角，即辽金都城的遗址。

目前，有关辽金元时期京城园林的描述大都出自明清文人之手，由于年代久远，辽朝的故事几乎没有留下可以为之传诵的内容，现在能够见到的多为金元时期的园林史话。所以，我们的叙述也将从金朝开始。但必须强调的一点是，金朝的中都城几乎是辽朝燕京城的复制，金中都的园林应该可以在一定程度上反映辽人燕京的园林状况。

○ 鱼藻池

鱼藻池俗名金鱼池，位于宣武门外西南，天坛之北，建于金朝章宗时期（1190—1208）。但后人对金朝鱼藻池的相关记载却极为简略。例如，明刘侗、于奕正在《帝京景物略》中说：

金故有鱼藻池，旧志云：池上有殿，榜以瑶池。殿之址，今不可寻。池泓然也，居人界而塘之，柳垂覆之，岁种金鱼以为业。鱼之种，深赤曰金，莹白曰银，雪质墨章，赤质黄章，曰玳瑁。[1]

明末清初孙承泽在《天府广记》中有曰：

金时在燕京城内，章宗所凿，池上旧有瑶池殿，其地在天坛之北，遍地皆泉，人凿以养金鱼。[2]

---

①刘侗，于奕正.帝京景物略：卷3.北京：北京古籍出版社，1980：102.
②孙承泽.天府广记：卷36.北京：北京古籍出版社，1982：537.

　　明人见到的鱼藻池已是"久废"的园林，但周边一带依然"亭榭极盛"，明人在此构建起新的园林。如孙承泽说他曾有一处居室在此，"余家（孙承泽自称）有别业在天坛北，即金人鱼藻池北，小亭数楹。题曰闲者即是主人"①。这里所说的别业就是孙承泽自家的园林。而且，孙承泽还说：在鱼藻池"之东为李戚畹十景园，又东为李方伯本纬园，中有三三径、曲曲房，极为幽雅。月池在涿州城西南一十五里，广三顷余，其形如月"。而且孙承泽在建屋时发现了元代书法家鲜于枢刻于砖石上的手记，确认元代的鲜于枢曾在这里构园居住，"治地得古砖，有碎石刻鲜于太常字，盖伯机故园也"②。著名历史地理学家侯仁之先生说：金朝遗迹"残留至今者唯鱼藻池一处，即今宣武区之青年湖"③。

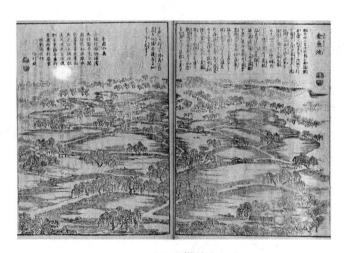

图6-1　清代中期的金鱼池

　　图片来源：冈田玉山等编绘的《唐土名胜图会》卷四，日本文化二年（1805年）刊。

---

①孙承泽. 天府广记：卷36. 北京：北京古籍出版社，1982：537.

②同①.

③侯仁之. 北京城的生命印记. 北京：三联书店，2009：492.

○ 钓鱼台

钓鱼台在阜成门外南十里花园村，应该是鱼藻池的北面，也属于金朝的园林遗址，而后元人也在此建园。据《帝京景物略》记载：

近都邑而一流泉，古今园亭之矣。一园亭主，易一园亭名，泉流不易也。……出阜成门南十里，花园村，古花园。其后村，今平畴也。金王郁钓鱼台，台其处。郁前玉渊潭，今池也。有泉涌地出，古今人因之。郁台焉，钓焉，钓鱼台以名。元丁氏亭焉，因玉渊以名其亭。马文友亭焉，酌焉，醉斯舞焉。饮山亭，婆娑亭，以自名。今不台，亦不亭矣。堤柳四垂，水四面，一渚中央，渚置一榭，水置一舟，沙汀鸟闲，曲房人邃，藤花一架，水紫一方。自万历初，为李皇亲墅。[①]

这段记载讲述了钓鱼台的变迁史，即钓鱼台最初由金人在此垂钓建台而得名，元人、明人继之于此构园。诚如孙承泽所言，钓鱼台"有泉自地涌出，金人王郁隐居于此，筑台垂钓。元人丁氏建玉渊亭，马文友又筑饮山、婆娑诸亭，后为李戚畹别业"[②]。而这里的李戚畹，当为明朝国戚李伟。

但是，晚清震钧在其记载中将钓鱼台说成是鱼藻池的别名。他说："钓鱼台，俗名望海楼，即金代同乐园，又名鱼藻池，今为行宫。每岁中元节日，游人多聚此。名为观河镫，实无镫可观。"[③]震钧的记载似应有误，虽然鱼藻池与钓鱼台都有泉，也都有可以垂钓的鱼，还提到了李

---

①刘侗，于奕正．帝京景物略：卷5．北京：北京古籍出版社，1980：213．

②孙承泽．天府广记：卷37．北京：北京古籍出版社，1982：553．

③震钧．天咫偶闻：卷9．北京：北京古籍出版社，1982：198．

戚畹的别业，但却无法证明二者在地域上的重叠，倒是将其看作两个地域相近的园林更为合理。而且，从明人的记载来看，鱼藻池在金朝为帝王章帝所建，属于皇家园林，明代以后变为私家园林。钓鱼台自始就是私人园林。

○ 万柳堂

蒙古人在修建元大都时，虽然将城址移到了辽金的东北，但其大内却偏向西南，与金中都有重叠相交之处，故在西南一带仍然留下不少元人所建园林的遗址，这一带被元人称作南城。清人戴璐记载说：

丰台在宛平县西草桥南，为近郊养花之所。元人园亭皆在此。今每逢春时，为都人游观之地。自柳村、俞家村、乐吉桥一带有水田。桥东有园，其南有荷花池。墙外俱水田，种稻。[①]

元朝的园林以"万柳堂""遂初堂"等最有名。万柳堂系元朝宰辅大臣官居一品的平章政事廉希宪的别墅，是当之无愧的名园。最早记载万柳堂的应该是元人陶宗仪。陶宗仪在《南村辍耕录》中说：

京师城外万柳堂亦一宴游处也。野云廉公一日于中置酒，招疏斋庐公、松雪赵公同饮。时歌儿刘氏名解语花者，左手折荷花，右手执杯，歌小圣乐云。……赵公喜，即席赋诗曰：万柳堂前数亩池，平铺云锦盖涟漪。主人自有沧州趣，游女仍歌白雪词。手把荷花来劝酒，步随芳草去寻诗。谁知只尺京城外，便有无穷万里思。[②]

---

① 戴璐．藤阴杂记：卷11．上海：上海古籍出版社，1985：129．
② 陶宗仪．南村辍耕录：卷9．北京：中华书局，1959：110．

　　上述记载是说，廉希宪在自家的别墅中置酒宴请了卢疏斋与赵松雪二人，席间有歌女手执荷花劝酒，赵松雪即席赋诗，盛赞万柳堂，其中"万柳塘前数亩池，平铺云锦盖涟漪"之句，将万柳堂池水之广，景色之美，尽收眼中。

　　需要提及的是，廉希宪是维吾尔人，即元朝的色目人。但他是个汉化很深的维吾尔人。他在万柳堂中宴请的两人，卢疏斋即元散曲大家卢挚、赵松雪即元四大书法家之一的赵孟頫，足见廉希宪十分礼遇汉族文人，这与他长期接受儒家文化的熏陶是有直接关系的。

　　《元史》记载：廉希宪，字善用，布鲁海牙子也，元代的朝廷重臣。十九岁入侍忽必烈。"希宪笃好经史，手不释卷。一日，方读《孟子》，闻召，急怀以进。世祖问其说，遂以性善义利仁暴之旨为对，世祖嘉之，目曰廉孟子，由是知名。尝与近臣校射世祖前，希宪腰插三矢，有欲取以射者，希宪曰：'汝以我为不能耶？但吾弓力稍弱耳。'左右授以劲弓，三发连中。众惊服曰：'真文武材也。'"①廉希宪多年出镇关中，任京兆、四川道宣抚使等职，为忽必烈立下了汗马功劳，显示了杰出的军事才能和政治远见，以功高出任平章政事、中书平章政事等要职，死后追封为魏国公，谥号"文正"。

　　清人孙承泽曾有记载，"廉公为元初伟人，世祖曾令受帝师戒。希宪曰：臣已受孔子戒矣。元主曰：汝孔子亦有戒耶？对曰：为臣当忠，为子当孝，孔子之戒如是而已。……廉公丁母忧，亲率族行古葬礼，勺饮不入口者三日，恸者呕血不能起，寝卧草土，庐于墓旁，宰执以忧制

---

① 宋濂，等. 元史：卷126. 北京：中华书局，1976：3085.

未定，欲极力起之，相与诣庐，闻号恸声，竟不忍言"[①]。廉希宪以孔子弟子自居，其忠孝观也完全遵从了孔子之礼。如此汉化的高级官僚在元朝执掌朝政达数十年之久，使得我们对元朝的文化认同不得不有新的认识角度。

或许由于元人陶宗仪等对万柳堂的方位没有给出明确的记载，明清时期文人的笔记中出现了不同地区的万柳堂。

一说是明万历时文人蒋一葵认为万柳堂在钓鱼台附近。他在《长安客话》中记载说：

万柳堂今废，曲池残树，遗迹依然。……元人别墅，万柳堂外有匏瓜亭、南野亭、玩芳亭、玉渊亭，今俱废。[②]

蒋一葵断定万柳堂在钓鱼台附近，相比邻的玉渊潭，其玉渊亭为元代丁氏修建。另几个亭有元人王恽的《匏瓜亭》、虞集的《南野亭》、王士熙的《玩芳亭》等，均以诗证之。

另一说是崇祯时文人刘侗、于奕正在《帝京景物略》中，把万柳堂置入"草桥"条目下，称"万柳堂"在距丰台不远的草桥。文曰：

草桥去丰台十里，中多亭馆，亭馆多于水频圃中。而元廉希宪之万柳堂，赵参谋之匏瓜亭，栗院使之玩芳亭，要在弥望间，无址无基，莫名其处。[③]

两说在遗址上各执己见，又都认为，万柳堂是元代右丞相廉希宪的别墅，周围确曾有过不少名亭。两说所描述的万柳堂周围景致也十分相近。因此万柳堂遗址的位置的不确定性就成了永久的遗憾。万柳堂的位

---

①孙承泽. 春明梦余录：卷64. 北京：北京古籍出版社，1992：1245-1247.

②蒋一葵. 长安客话：卷3. 北京：北京古籍出版社，1982：64.

③刘侗，于奕正. 帝京景物略：卷3. 北京：北京古籍出版社，1980：121.

置在清人的记载中多以不确定为词。如成书于乾隆年间由大学士于敏中主撰的《日下旧闻考》中有这样的按语：朱彝尊在《万柳堂记》中说，万柳堂"故老相传在今丰台左右"[①]。孙承泽的《天府广记》说得也很模糊："万柳园，元廉希宪别墅，在城西南为最胜之地。"[②]采取了泛指的方法。由于年代久远，万柳堂至清代已无痕迹。

此外，廉希宪生前曾两次得到忽必烈的赐宅。一次是平定陇蜀，时朝议欲弃两川，希宪力言不可，率兵收复。事闻，世祖"嘉之曰：'希宪真男子也。'进拜平章政事，赐宅一区。时希宪年三十矣"[③]。另一次是至元十二年（1275年），荆南战事告捷，忽必烈鉴于廉希宪在那里的威望，委以重任后，"赐田以养居者，马五十以给从者"[④]。但是，所赐之田宅在何处，并没指明，所以无法确定是否与万柳堂有关。

○ 遂初堂

遂初堂为元詹事张九思别墅。其"绕堂花竹水石之胜甲于都城"，其园在"今右安门外西南，泉源涌出，为草桥河，接连丰台，为京师养花之所"，与万柳堂比邻。"元人廉中丞之万柳园，赵参谋之匏瓜亭，栗院使之玩芳亭，张九思之遂初堂，皆在于此。""玩芳亭，元栗院使别墅。亭多花草，一时文人骚客来游赏者，多有题咏。王士熙诗：每忆城南路，曾来好画亭。阑花经雨白；野竹入云青，波景浮春砌，山光扑画

①于敏中，等. 日下旧闻考：卷56. 北京：北京古籍出版社，1985：913.
②孙承泽. 天府广记：卷37. 北京：北京古籍出版社，1982：561.
③宋濂，等. 元史：卷126. 北京：中华书局，1976：3088.
④同③3094.

第六章

园居

践行人与自然的交流

237

卣，襄衣对薜萝，凉月照人醒。"①

可以说，这些建于元朝的私家名园多建在西南辽金旧城遗址一带。清人吴长元在《宸垣识略》中把万柳堂放在了"郊坰"卷中，称其在右安门外草桥附近，与孙承泽所记相同。书中称："野云廉公希宪，于都城外创造园亭，名花几万本，京师号为第一。"在后面的记述中又载："丰台在右安门外十八里，居民向以艺花为业。草桥河接连丰台，为京师养花之所，元人园亭皆在于此。"②由此说明，吴长元也认为，京城西南一带，多有私人的宅院或别墅。

但这些私家园林在明初早已成为荒野，至清朝则更是踪迹皆无，晚清人震钧说："城南隙地，最多古园。国初尚存封氏园、刺梅园、王氏怡园、徐氏碧山堂、赵氏寄园、某氏众春园，皆昔日名流燕赏，骚客盘桓之所。今不过二百年，已如阿房、金谷，不可复问。而宣南士夫亦无复经营之力矣。"③也就是说，到了晚清时，连明代的私家园林也"不可复问"了。但是，在一代又一代时人的笔墨中，我们依然可以找寻到中华文明的履迹，看到古代文化在交流与融汇中向前发展的步伐。

二、明代京城的别墅与花园

明朝是京城私家园林发展的鼎盛时期，史上留下了诸多有关构园的记载，而构园者的个人旨趣、文化素养、家庭财力以及其仕宦生涯的境

---

① 孙承泽. 天府广记：卷37. 北京：北京古籍出版社，1982：562.
② 吴长元. 宸垣识略：卷13. 北京：北京古籍出版社，1981：259，261.
③ 震钧. 天咫偶闻：卷7. 北京：北京古籍出版社，1982：159.

遇等，都在不同程度上影响到京城私家园林的兴衰。

明代的私家园林仍是传统山水园风格的延续，名苑多集中在水域。"自地安门桥以西，皆水局也。东南为十刹海，又西为后海。过德胜门而西，为积水潭，实一水也，元人谓之海子"①。明代诸名园咸萃此地。如积水潭，水域不大却很精致，文人颂为"一曲池台半碗花"。再如城西南"右安门外南十里草桥，方十里，皆泉也。会桥下，伏流十里，道玉河以出，四十里达于潞。故李唐万福寺，寺废而桥存，泉不减而荇荷盛"②。这些水域之地皆因风光秀丽，成为达官贵人构建私家园林的选址。但遗憾的是，不过百余年光景，这一带的名园到了清代便几乎荡然无存。

京城外之西堤、海淀，天涯水也。皇城内之太液池，天上水也。游，则莫便水关。志有之，曰积水潭，曰海子，盖志名，而游人不之名。游人诗有之，曰北湖，盖诗人名，而土人不之名。土人曰净业寺，曰德胜桥，水一方耳。……坐太师圃、晾马厂、镜园、莲花庵、刘茂才园，目存水北。东望之，方园也，宜夕。西望之，漫园、湜园、杨园、王园也。③

在西直门而西北的高梁桥一带：

水从玉泉来，三十里至桥下，荇尾靡波，鱼头接流。夹岸高柳，丝丝到水。绿树绀宇，酒旗亭台，广亩小池，荫爽交匝。岁清明，桃柳当候，岸草遍矣。④

在崇文门东城角，有洼然一水，称泡子河。在其东西两岸亦多园亭。

---

①震钧.天咫偶闻：卷4.北京：北京古籍出版社，1982：85．

②刘侗，于奕正.帝京景物略：卷3.北京：北京古籍出版社，1980：119．

③刘侗，于奕正.帝京景物略：卷1.北京：北京古籍出版社，1980：18-19．

④刘侗，于奕正.帝京景物略：卷5.北京：北京古籍出版社，1980：191．

南之岸，方家园、张家园、房家园。以房园最，园水多也。北之岸，张家园、傅家东西园。以东园最，园水多，园月多也。[①]

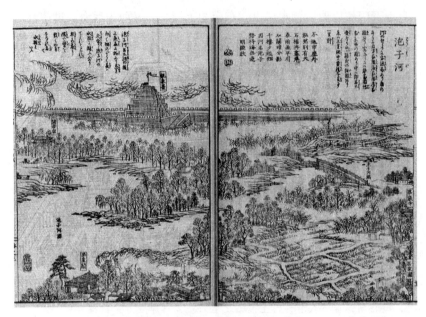

图6-2　清代（中期）泡子河风光

图片来源：冈田玉山等编绘的《唐土名胜图会》卷三，日本文化二年（1805年）刊。

从文献记载看，明朝的园林可以分作以下几类：

○ 皇亲国戚园

明朝初年的北京私家园林，不乏以皇亲国戚名号、爵位命名者，这些人大都是随着明成祖朱棣打下天下的功臣勋旧。例如，英国公园，是

---

①刘侗，于奕正. 帝京景物略：卷2. 北京：北京古籍出版社，1980：52-53.

英国公张辅的赐第。张辅与其父荣国公张玉在朱棣发动的靖难之役中居有首功，"赐第之堂，曲折东入，一高楼，南临街，北临深树，望去绿不已。有亭立杂树中，海棠族而居。亭北临水，桥之。水从西南入，其取道柔，周别一亭而止。亭傍二石，奇质，元内府国镇也"[1]。又如成国公园，园主朱能，也是随朱棣驰骋沙场的功臣，死后，封成国公。其"园有三堂，堂皆荫，高柳老榆也。左堂盘松数十科，盘者瘦以矜，干直以壮，性非盘也。右堂池三四亩，堂后一槐，四五百岁矣。……树傍有台，台东有阁，榆柳夹而营之，中可以射。繇园出者，其意苍然。园曰适景，都人呼十景园也"[2]。

这些园林虽有山水亭台，但却拙朴无华。即便是"太师圃"也不过是徒有虚名而已。"太师圃"又称定国公园，园主是丞相徐达之子徐景昌，但其荒芜之象让它看起来不过是一所未经修饰的园圃，所谓"土垣不垩，土池不甃，堂不阁不亭，树不花不实，不配不行，是不亦文矣乎。园在德胜桥右。入门，古屋三楹，榜曰'太师圃'，自三字外，额无扁，柱无联，壁无诗片。西转而北，垂柳高槐，树不数枚，以岁久繁柯，阴遂满院。藕花一塘，隔岸数石，乱而卧，土墙生苔，如山脚到涧边，不记在人家圃"[3]。这些皇亲国戚园是身份地位的象征，其园林代表着贵气，而缺少文化品位。

进入嘉靖万历年间，随着社会经济的发展，明朝的私家园林也进入到其兴盛的时期，园林的构建也步入了追求山水诗情、亭阁画意的阶

---

①刘侗，于奕正. 帝京景物略：卷1. 北京：北京古籍出版社，1980：43.

②刘侗，于奕正. 帝京景物略：卷2. 北京：北京古籍出版社，1980：54.

③同①29.

段。如驸马万炜的曲水园，"燕不饶水与竹，而园饶之。水以汲灌，善淳焉，澄且鲜。府第东入，石墙一遭，径迢迢皆竹。竹尽而西，迢迢皆水。曲廊与水而曲，东则亭，西则台，水其中央。滨水又廊，廊一再曲，临水又台，台与室间，松化石攸在也。木而化欤？闻松柏槐柳榆枫焉，闻化矣，木尚半焉"[1]，是一令"曲廊与水而曲"的设计，与之相似的还有冉驸马的宜园，以石取胜。这些园林的设计表达了构园开始追逐文化内涵的取向。

○ 李园与米园

明中后期，最著名的园林还属位于西北海淀的"李园"与"米园"。时人刘侗说："园林寺院，有名称著而骈列以地，如净业寺、莲花庵之附水关，李园、米园之附海淀者。"[2]

李园，又叫清华园、李皇亲园、李戚畹园、李戚畹别业。《明水轩日记》称："清华园前后重湖，一望漾渺，在都下为名园第一。若以水论，江淮以北亦当第一也。"[3]李园的主人是锦衣卫都指挥佥事李伟，李伟以女嫁嘉靖帝，生子朱载垕，即隆庆帝。隆庆帝赐李伟养赡庄田七百顷。神宗朱翊钧即皇帝位，加李伟中军都督府同知，晋武清伯。

最早记载李园的文献是明万历年间蒋一葵所作的《长安客话》，书中云："面阳有贵人别业在焉，都人称李皇亲庄，木土甚盛。"[4]沈德符

---

①刘侗，于奕正. 帝京景物略：卷2. 北京：北京古籍出版社，1980：63.

②略例//刘侗，于奕正. 帝京景物略. 北京：北京古籍出版社，1980：7.

③于敏中，等. 日下旧闻考：卷79. 北京：北京古籍出版社，1985：1316.

④蒋一葵. 长安客话：卷4. 北京：北京古籍出版社，1982：69.

在《万历野获编》中指出，此园主人为武清伯。"海淀……有戚畹李武清新构亭馆，大数百亩，穿池叠山所费已钜万，尚属经始耳。"[1]但事实上，构建李园的是第二代武清侯李文全以及第三代武清侯李铭诚。

崇祯年间，刘侗、于奕正在其《帝京景物略》中已将李园作为京城的重要景观着意描述。文中说：

> 武清侯李皇亲园之，方十里，正中，扼海堂。堂北亭，置"清雅"二字，明肃太后手书也。亭一望牡丹，石间之，芍药间之，濒于水则已。飞桥而汀，桥下金鲫，长者五尺，锦片片花影中，惊则火流，饵则霞起。汀而北，一望又荷蕖，望尽而山，剑鈠螺矗，巧诡于山，假山也。维假山，则又自然真山也。山水之际，高楼斯起，楼之上斯台，平看香山，俯看玉泉，两高斯亲，峙若承睫。园中水程十数里，舟莫或不达，屿石百座，槛莫或不周。灵璧、太湖、锦川百计，乔木千计，竹万计，花亿万计，阴莫或不接。[2]

从上述记载来看，李氏的清华园以牡丹和芙蓉为最，以绿蝴蝶和红鲤鱼称奇。对此，《燕都游览志》记述颇详，书中云："武清侯别业额曰清华园，广十里，园中牡丹多异种，以绿蝴蝶为最，开时足称花海。西北水中起高楼五楹，楼上复起一台，俯瞰玉泉诸山。"[3]由此可知，清华园的确不愧有"都下名园第一"的称号，其广植牡丹、芙蓉，"足称花海"，又引"绿蝴蝶和红鲤鱼称奇"，其叠山理水之技巧已经达到明万历年间的山水园之巅峰。

米园，又名"勺园"，为米万钟所建。米万钟（1570—1628），号友

---

①沈德符. 万历野获编：卷24. 上海：上海古籍出版社，2012：512.

②刘侗，于奕正. 帝京景物略：卷5. 北京：北京古籍出版社，1980：217-218.

③于敏中，等. 日下旧闻考：卷79. 北京：北京古籍出版社，1985：1316.

石，系宋代著名的书画家米芾后裔，其先辈早已迁居北京。本人在万历中登进士，官至太仆少卿。他好蓄奇石，有米芾爱石遗风，亦能造园，在北京海淀曾造"勺园"，"构房叠石，植木穿地，甚得山水意趣"[①]；更擅长书画，其书法与董其昌齐名，有"南董北米"之誉，画善山水，亦作花卉。其所作山水，取法北宋以前，《无声诗史》称之为"施为巧瞻，位置渊深，不作残山剩水观"[②]，笔墨虽细润，而气势蓬勃。他的传世作品有《勺园图》卷和《阳朔山水》轴。描绘自家园林的"勺园"卷，树石精工，用笔不苟，构图也有视觉张力。如此一位集传统文化之大雅精粹于一身的文人，由他所构之园林也必然是园林精华中的精华。明刘侗、于奕正记载曰：

　　米太仆勺园，百亩耳，望之等深，步焉则等远。入路，柳数行，乱石数垛。路而南，陂焉。陂上，桥高于屋，桥上，望园一方，皆水也。水皆莲，莲皆以白。堂楼亭榭，数可八九，进可得四，覆者皆柳也。肃者皆松，列者皆槐，笋者皆石及竹。水之，使不得径也。栈而阁道之，使不得舟也。堂室无通户，左右无兼径，阶必以渠，取道必渠之外廊。[③]

　　清人孙承泽在《天府广记》中记载曰：

　　海淀米太仆勺园，园仅有百亩，一望尽水，长堤大桥，幽亭曲榭，路穷则舟，舟穷则廊，高柳掩之，一望弥际。旁为李戚畹园，钜丽之甚，然游者必称米园焉。[④]

　　对于李园与米园，时人叶向高有过最经典的评价，曰："李园壮丽，

---

①吴孟夏．中国画论：卷2．合肥：安徽美术出版社，1995：188.

②姜绍书．无声诗史：卷4．张裔，校注.太原：山西教育出版社，2015：79.

③刘侗，于奕正．帝京景物略：卷5．北京：北京古籍出版社，1980：218.

④孙承泽．天府广记：卷37．北京：北京古籍出版社，1982：574.

米园曲折。米园不俗，李园不酸。"①虽然孙承泽认为"游者必称米园焉"，但似乎二园的水平很难比出上下。李园同样受到文人的追捧，自万历以来盛赞诗文不绝，留下了"总似仙源径易迷"②等名篇名句，但这些诗文也记下了它的衰落。明崇祯进士、清大学士梁清标的《李园行》，就见证了"君不见石家金谷谁为主，丞相平泉亦尘土"③的情况。

此外，李氏在城南三里河故道还建有新园，米氏建有漫园。

时雨则渟潦，泆泆然河也。武清侯李公疏之，入其园，园遂以水胜。以舟游，周廊过亭，村暖隍修，巨浸而孤浮。入门而堂，其东梅花亭，非梅之以岭以林而中亭也，砌亭朵朵，其为瓣五，曰梅也。镂为门为窗，绘为壁，甃为地，范为器具，皆形以梅。亭三重，曰梅之重瓣也，盖米太仆之漫园有之。亭四望，其影入于北渠，渠一目皆水也。亭如鸥，台如凫，楼如船，桥如鱼龙。……园也，渔市城村致矣，园今土木未竟尔。计必绕亭遍梅，廊遍桃、柳、荷蕖、芙蓉，夕又遍灯，步者、泛者，其声影差差相涉也。计必听游人各解典，具酒，且食，醉卧汀渚，日暮未归焉。④

足见，明人的构园热情已经近乎癫狂。

○ 文安园与杏园

文安园与杏园属于供文人官僚唱和吟诵的园林，坐落于京城西北。史称，"王文安英有园在城西北，种植杂蔬，井旁小亭环以垂柳"。杏园

---

① 刘侗，于奕正. 帝京景物略：卷5. 北京：北京古籍出版社，1980：218.
② 孙承泽. 天府广记：卷44. 北京：北京古籍出版社，1982：763.
③ 徐世昌. 晚清簃诗汇：卷22. 闻石，点校. 北京，中华书局，1990：680.
④ 刘侗，于奕正. 帝京景物略：卷3. 北京：北京古籍出版社，1980：104.

在京城东，"文敏（杨荣）随驾北来，赐第王府街，植杏第旁，久之成林"①。两个园林，一个是杂蔬、垂柳，一个是杏林，没有人工的雕琢，一派自然风光，颇似复制魏晋时的自然山水风格。但是，在无花无水的园圃中，士人们同样可以颐养心性。

王英（1376—1449），字时彦，号泉坡，江西金溪县人。明代宿儒，在翰林四十余年，以诗文典雅谨严著称，官至礼部尚书。杨荣（1371—1440），字勉仁，建安（今福建建瓯）人。累官至大学士，内阁三杨之一。二人皆历仕成祖、仁宗、宣宗、英宗四朝，但相对于政治作为方面的名臣，二人更可被视为文坛领袖。

据孙承泽记载，王英曾邀集翰苑诸公宴集其园，其中有钱习礼、李时勉、陈德遵、曾鹤龄等。有关此次出城游幸的过程为：

> 九月五日早朝侍经帷，退，偕出西安门，而李公暂还私第。于是四人者，联辔出宣武门，西行五六里，下马令从者煮茗，而李公至。饮茗罢，南行而西，至天王寺。……出寺又西北行二百步，至予小圃，傍井多柳，其西旷然，远山亭亭，微露秀色，如修眉半出天际。乃酌酒坐柳阴下，钱公喜独尽量饮。既乃至李公园，又东出古城北，绕城河流如练，沿流行数十步，登城，蹬道倚斜，荆棘丛生，微风萧飒，幽思浩然。达李公园剧饮，坐近羊（杨）枣树多浓阴，日将夕乃还。明日钱公以江山留胜迹为韵，各赋五诗，属予记。②

在杨荣的杏园中还留下了著名的《杏园雅集图》。此图出自宫廷名画家谢庭循之手，所绘为正统二年（1437年）大学士杨荣、杨士奇、杨溥、王英、王直、周述、李时勉、钱习礼、陈循，以及画者本人共十人

---

①孙承泽. 天府广记：卷37. 北京：北京古籍出版社，1982：565-566.
②同①.

聚会杨荣家杏园中的情景，另绘童子九人、仆人五人、共计二十四人，其中有画家本人的自画像，同时还绘出了杏园的环境风貌、临时设置的家具、游乐具、炊饮具等，再现了一幅朝廷翰林官们宴乐的历史画面，也可视为当时仕宦生活的真实写照，被后人称为写实的杰作。杨荣的《杏园雅集序》保存完整，其中有云："适休假之辰，馆阁诸公过予，因延于所居之杏园。永嘉谢君庭循旅寓伊迩，亦适来会。时春景澄明，惠风和畅，花卉竞秀，芳香袭人，觞酌序行，琴咏间作，群情萧散，衎然以乐。谢君精绘事，遂用着色写同会诸公及当时景物。"①图卷后保留着当时雅集者手迹，其人题诗各一首，最后为清人翁方纲的考跋。

由此不难看出，这些文翰的所谓别墅、园林与皇亲国戚的园林有着很大的差异，它们多以自然淳朴相尚，更具有书卷气和生活气息，所谓"彼时开国之始，风气淳厚，上下恬熙，官于密勿者多至二三十年，少亦十余年，故或赐第长安，或自置园圃，率以家视之，不敢蘧庐一官也"②。

明人的共同之处是大都喜欢将别墅式的园林建在内城之外，或内城水域周围。除了上述诸园之外，于城外造园的还有虎坊桥的梁家园，崇文门外的祝氏园；伴水的有什刹海的刘茂才园，泡子河的方家园、张家园，积水潭刘伯世的"镜园"等。但这些园林在清初多已废弃。其中，"（崇文门外）祝氏园向最有名，后改茶肆，今亦毁尽"③。"梁园在京城外之西南废城边，引凉水河入其中，亭榭花木，极一时之盛。"④清初也全无踪迹可见。

①孙承泽. 天府广记：卷37. 北京：北京古籍出版社，1982：566-567.

②同①566.

③震钧. 天咫偶闻：卷5. 北京：北京古籍出版社，1982：153.

④孙承泽. 春明梦余录：卷3. 北京：北京古籍出版社，1992：1255.

三、清朝的京城名园

进入清代，构园及园居生活，作为一种文化已是文人官僚们追求的社会时尚，在某种意义上，园林即是宅第的别称，是家居空间的重要组成部分。清朝的私家园林主要由两部分组成，一是王府花园，二是官僚士大夫园林。与明以前不同的是，清代的私家园林大多不再是建于城外郊野的别墅、别业，而是以家居的方式出现，即完全构建于宅邸之内，与家居形成一体。故清代京城的私家园林也就遍布城市的各个区域，且其中不乏名园。

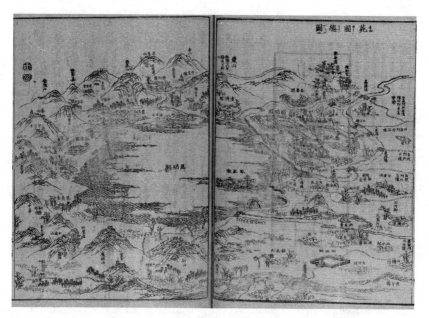

图6-3 清代中期西郊园林分布图

图片来源： 冈田玉山等编绘的《唐土名胜图会》卷四，日本文化二年（1805年）刊。

○ 王府花园

就园林的气势与规模而言，自然以王府花园为胜。崇彝在《道咸以来朝野杂记》中说，清代"京师园林，以各府为胜，如太平湖之旧醇王府、三转桥之恭王府、甘水桥北岸之新醇王府，尤以二龙炕之郑王府为最有名。其园甚钜丽，奥如旷如，各极其妙"①。在上述王府园林中又以位于宣武门内西单牌楼一带的郑亲王府的惠园最有名。相传此园出自清初园林名家李笠翁李渔的手笔，是园"引池叠石，饶有幽致。……园后为雏凤楼，楼前有一池水甚清冽，碧梧垂柳掩映于新花老树之间，其后即内宫门也"，"楼后有瀑布一条，高丈余，其声琅然，尤妙"②。据称，是园的构建缘于亲王府邸的一笔飞来的银子。"德济斋夫子嗣简亲王爵时，邸库中存贮银数万两。王见，诧谓其长史曰："此祸根也，不可不急消耗之，无贻祸于后人也"。因而散给其邸中人若干两，余者建造别墅，亭榭轩然。故近日诸王邸中以郑王园亭为最优，盖王时建造也。③

可见，清代满族新贵进京，并未中止京城园林的发展。而园林的发展，在于时人对园林的热衷。

○ 怡园

怡园坐落于横街西七间楼，即今宣武门外，东起米市胡同南部路

---

①崇彝. 道咸以来朝野杂记. 北京：北京古籍出版社，1983：96.

②钱泳. 履园丛话：卷20. 北京：中华书局，1979：520.

③昭梿. 啸亭杂录：卷6. 北京：中华书局，1980：180.

西，西至南半截胡同，南止南横街，又名七间房。相传为明代严嵩的别墅，顺康时期学士王崇简、王熙父子在此营建为别业。"怡园跨西、北二城"，占地甚广，"铺张尽致，石为张南垣所堆"①，而张南垣是江南叠山垒石的名家，园主诸景多出其手，是故怡园为清初北京具有江南宅第园林特色的名园之一。"有额曰席宠堂，曰耆年硕德，曰曲江风度，皆圣祖御赐。"②"极宏敞富丽"，亦是文人唱和歌咏之所。

据戴璐记载：时怡园"宾朋觞咏之盛，诸名家诗几充栋"③。有名者为胡南苕会恩的《牡丹》十首，浙江海宁查嗣瑮辑的《公孙枚孙景曾庚辰招同年饮怡园》。此外，浙江仁和汤右曾也有《怪园感旧》诗作。这些人都是康熙年间以诗文闻名的翰林官僚。但是园在乾隆初年已经衰败。乾隆初年的军机大臣汪由敦作《感宛平酒器》诗，有"华屋难追金谷盛"之句，注云"怡园毁废数年"。戴璐又缀其后续云：

> 是为乾隆戊午（乾隆三年）。此后房屋拆卖殆尽，尚存奇石老树。其席宠堂"曲江风度"赐匾，委之荒榛中。今空地悉盖官房。相传吾乡沈仑翁太史少游京师，被酒过横街，值怡园诸姬归院，失避，以爆竹炙面而归。故先君上元绝句云："宣南坊里说遗闻，丞相园林步障分。犹记笙歌归院落，一时憔悴沈休文。"④

可见，怡园至乾隆朝早已荒废，历时"不及百年，池塘平，高

---

①戴璐．藤阴杂记：卷9．上海：上海古籍出版社，1985：107．
②吴长垣．宸垣识略：卷10．北京：北京古籍出版社，1981：204．
③同①．
④同①．

台摧"①。乾隆末年，吴长垣所见到的是"今亭馆已圮，其地析为民居矣"②，园林四处鞠为茂草，仅余荒石。

○ 万柳堂

清初，万柳堂再度成为京城的名园，但园主是康熙朝大臣冯溥。冯溥（1609—1691），字孔博，号易斋，益都（今青州）人。康熙初年拜文华殿大学士，加太子太傅。冯溥在政治上"无可訾，亦无可称"③，是个没有多大建树却立身平稳的太平官，平生爱才若渴，因而"天下士归之，如百川之赴巨海"④。他精于诗章，在京做官期间，仿元人廉希宪的万柳堂，在东城广渠门外辟地种植柳树，亦名"万柳堂"。

清人戴璐说："国初，益都相国冯文毅仿廉孟子万柳堂遗制，既建育婴会于夕照寺傍，买隙地种柳万株，亦名万柳堂。"⑤其后，钱泳也称冯溥"仿元时廉希宪遗制，亦名万柳堂"，并说，当时如毛奇龄、乔莱、陈维嵩、朱彝尊辈皆有诗文纪之。⑥需要说明的是，两个万柳堂虽同名却不同址，元廉希宪的万柳堂在钓鱼台附近或距丰台不远的草桥，而清初冯溥的万柳堂在京师广渠门外：

其广三十亩，无杂树，随地势之高下，尽植以柳，而榜其堂曰"万柳之堂"。短墙之外，骑行者可望而见其中。径曲而深，因其洼以为池，而累其土以

---

①徐珂．清稗类钞．第1册．北京：中华书局，1984：196．

②吴长垣．宸垣识略：卷10．北京：北京古籍出版社，1981：204．

③刘大櫆．刘大櫆集：卷9．吴孟复，标点．上海：上海古籍出版社，1990：302．

④李元度．国朝先正事略：卷3．长沙：岳麓书社，2008：89．

⑤戴璐．藤阴杂记：卷6．上海：上海古籍出版社，1985：68．

⑥钱泳．履园丛话：卷20．北京：中华书局，1979：520．

成山，池旁皆蒹葭，云水萧疏可爱。①

闲暇之日，召集文人名士，在此吟诗作赋。故有关万柳堂的描述，多见于当时文人的咏物诗词。诸如朱彝尊诗曰：

十里沙堤万树杨，秋容犹未点新霜。小车稷下将归日，上巳城东旧醉乡。坐立部歌听总好，田园乐事话方长。千秋祖帐赢疏传，录别尊前有和章。

又如严绳孙《柳枝词》：

丹禁城南小苑开，万株新柳拂烟栽。②

严绳孙与朱彝尊、姜宸英被誉为"江南三布衣"，他们与冯溥的交往，说明在达官与士大夫之间有着共同的精神追求。

万柳堂又称"亦园"。戴璐根据高珩的《亦园记》，记有"万缕将披细柳，知浓阴行埒苏堤"之句，冯溥自己也有《亦园春兴》诗，曰："小筑城隅柳满堤，绿云低护草初齐"。次首："乱飘柳絮铺新径，细数桃花过野塘。"③此外，严我斯有《题亦园》，毛奇龄有《亦园修禊》。④

但同怡园一样，冯溥的万柳堂也不及百年便已废毁。乾隆时咏古叙事诗人严遂成有诗记"万柳堂"曰：

卢赵风流去已赊，野云池柳有栖鸦。新荷骤雨潇潇夜，寂不闻歌解语花。

戴璐对诗中描述的景象解释说：

此乾隆初年也，近则柳枯水涸，桥断亭倾，石氏石刻尚嵌壁上，无复知为益都别墅矣。壁黏履郡王七古覃字韵诗，极为盛衰感慨。⑤

---

①刘大櫆.刘大櫆集：卷9.吴孟复，标点.上海：上海古籍出版社，1990：302.

②戴璐.藤阴杂记：卷9.上海：上海古籍出版社，1985：68-69.

③同②70.

④戴璐.藤阴杂记：卷6.上海：上海古籍出版社，1985：68.

⑤同④70.

所以，嘉道时人钱泳说："昔之所谓莲塘花屿者，即今日之瓦砾苍苔也。"①

万柳堂后改为拈花寺，晚清震钧感叹说："京师园亭，自国初至今未废者，其万柳堂乎，然正藉拈花寺而存耳。此园冯益都相国临去赠与石都统天柱，石后改为拈花寺。"②而冯溥告老还乡之后，又在居地之南辟建园林，筑假山，树奇石，环以竹树，名曰"偶园"，优游著述其中达十余年之久。

○ 寄园

寄园，原名"李园"，是康熙朝大学士李霨的别业。李霨（1625—1684），字景霱，号坦园，直隶高阳人，明大学士李国𦂅子。李霨弱冠登第，大拜时年仅三十有四，风度端重，内介外和，久居相位。其后，此园归给事中赵吉士。有记载曰：

> 寄园为高阳李文勤公别墅，其西墅又名李园，狄立人亿于此设宴。见姜西溟诗。其后归赵恒夫给谏吉士，改名寄园。

寄园的地址在广安门南的教子胡同，所谓"教子胡同一宅，略有树木，亦指为寄园故址"。乾隆时军机处章京王昶寓居于此，有蒲褐山房，勒诗于石。赵翼比邻而居，亦有诗曰："寄园本是吾家地"③。稍后，王昶与翁方纲、诸桐屿三人结屋比邻，居于寄园，所谓"国初赵氏寄园旧址，在今给孤寺邻近。乾隆庚辰、辛巳间（乾隆二十五至二十六年），

---

①钱泳．履园丛话：卷20．北京：中华书局，1979：520．

②震钧．天咫偶闻：卷5．北京：北京古籍出版社，1982：136．

③戴璐．藤阴杂记：卷7．上海：上海古籍出版社，1985：83—84．

王述庵侍郎、翁覃溪学士、诸桐屿太史，结屋比邻，时有'三家村'之目"①。可见，文人官僚多居于此。

有关寄园的描述，见康熙时文人查慎行的《九日游》诗：

萦成曲磴叠成冈，高着楼台短着墙。

花气清如初过雨，树阴浓爱未经霜。②

与怡园、万柳堂不同，寄园的园主赵吉士是个普通的小京官，先是由知县擢升为户部主事，康熙二十五年（1686年），升任户科给事中，却因事黜罢。此后即居于宣武门外之寄园。有记载曰：赵吉士，"休宁人，子占浙籍，中式，被某劾之，谪官助教，久住京师"。也就是说，这座园林成为赵吉士被罢官之后寄语情怀的场所。寄园之所以有名，是因为它是士大夫的集会地，在康熙二十三年（1684年），赵吉士与"会辛卯（顺治八年）同年在朝者于寄园，郑山公、王阮亭、沈绎堂、李奉倩等二十九人"③。

然寄园的兴盛仅限于康熙朝，康熙四十五年，赵吉士卒后，以寄园捐作全浙会馆，后被豪强侵占。雍正十二年（1734年），是园重修，有李卫、陈元龙二碑记其修葺诸事。

○ 澄怀园

澄怀园（又称翰林花园），是尚书房暨南书房诸臣的寓斋，皇帝也

---

①陈康祺. 郎潜纪闻：卷8//郎潜纪闻初笔二笔三笔. 北京：中华书局，1984：163.

②查慎行. 敬业堂诗集：卷8//查慎行集：第3册. 张玉亮，辜艳红，校点. 杭州：浙江古籍出版社，2014：179.

③戴璐. 藤阴杂记：卷7. 上海：上海古籍出版社，1985：84.

不时临幸是园，"每年夏月，车驾幸园"①。张廷玉、朱轼等都曾寓居是园。因此，澄怀园是清朝最为特别的园林。

澄怀园位于海淀，即在今圆明园东南隅、颐和园附近。由于它是翰林文士最为集中的地方，所以也是留下诗画最多的地方。

乾隆二十一年（1756年），侍郎蔡新在此园中绘《澄怀八友图》，此图记下了八人同直上书房，为诸皇子皇孙师傅的故事，并留有汪由敦为之作的序，曰："澄怀园在圆明园东南隅半里许，馆舍数十楹，岩壑蔽亏，陂池演迤，杂树桧柏榆柳，清阴袭人，称消暑胜地"。而且，汪由敦明确说，澄怀园起自雍正朝，"宪宗皇帝恩赐内廷侍直，诸臣分寓其中，予以直南书房来寓。至庚午，赐居丽景轩"，居是园中。②而有关"澄怀园"的记载，也多见于文人的笔记诗文中。

乾嘉时文人钱泳称：

澄怀园在圆明园东南隅，每年夏月，车驾幸园，尚书房暨南书房诸臣侍直之所。芳塘若镜，红藕如船，杰阁参差，绿槐夹道，真仙境也。余尝于嘉庆十四年七月，相国英公有笔墨事见嘱，小寓于此。③

乾嘉时礼亲王昭梿曰：

京师西北隅近海淀，有勺园，为明米万钟所造。结构幽雅，今改集贤院，为六曹卿贰寓直之所。其他多诸王公所筑，以和相十笏园为最，近为成邸所居。又右安门外有尺五庄，为祖氏园亭，近为某部曹所售。一泓清池，茅檐数椽，水木明瑟，地颇雅洁，又名小有余芳，春夏间多为游人宴赏。其南王氏园亭，

①钱泳. 履园丛话：卷20. 北京：中华书局，1979：519.
②汪由敦. 澄怀八友图记//余来明，潘金英，校点. 翰林掌故五种. 武汉：武汉大学出版社，2009.
③同①.

向颇爽垲，多池馆林木之盛。嘉庆辛酉为水所冲圮，后明太守保售之，力为构葺，修缮未终而太守遽卒。故今池馆尚未黝画，半委于荒烟蔓草之中，殊可惜也。[①]

戴璐记载，内阁中书蒋士铨有诗赞"澄怀园"之美，诗云：

水木清华退食同，直疑楼阁在虚空。

地邻海淀兼三岛，人异淮南正八公。

春满云边天尺五，昼闻花外漏丁东。

仙源小聚群仙影，照取须眉一鉴中。[②]

晚清震钧则记载了澄怀园的衰落情景，他说：

海甸，大镇也。自康熙以后，御驾岁岁幸园，而此地益富。王公大臣亦均有园，翰林有澄怀园，六部司员各赁寺院。清晨趋朝者，云集德胜、西直二门外，车马络驿。公事毕，或食公厨，或就食肆。其肆多临河，举网得鱼，付之酒家，致足乐也。……自庚申秋御园被毁，翠辇不来。湖上诸园及甸镇长街，日就零落。旧日士夫居第，多在灯笼库一带。朱门碧瓦，累栋连甍，与城中无异。后渐见颓废，无复旧时王谢燕矣。……乙酉冬，有诏：天下今已太平，可重修清漪园，以备临幸，改名颐和园，于是轮蹄复集。然官民窘乏，无复当年欢趣矣。[③]

澄怀园作为南书房和上书房翰林的寓居之地，必然成为汉人文化的交流荟萃之地，而它的出现，在一定程度上体现了满族皇帝对汉人文化精英的礼遇。咸丰皇帝曾有诗云："墙西柳密花繁处，雅集应知有翰林。"[④]

---

①昭梿.啸亭杂录：卷9.北京：中华书局，1980：295.

②戴璐.藤阴杂记：卷12.上海：上海古籍出版社，1985：141.

③震钧.天咫偶闻：卷9.北京：北京古籍出版社，1982：200-201.

④清文宗御制诗集：卷8//故宫珍本丛刊：第583册.海口：三环出版社，2000：207.

○ 半亩园

半亩园位于内城东城的弓弦胡同内，是当时被誉为京城之冠的名园，清初为兵部尚书贾汉复的宅邸，出自造园名家李渔之手。李渔系明末清初的画家，又是造园理论家，而且在戏剧、小说、书法上也很有造诣，别号笠翁。李渔年轻时曾游历名山大川，康熙初年，李渔为贾汉复幕僚，遂有斯园之构建。园内垒石成山，引水作沼，平台曲廊，陈设简洁古雅，奥如旷如，富丽而不失书卷气。而后是园虽转易多人之手，却未改其雅。道光年间此园为江南河道总督麟庆所得，麟庆将其命名为"半亩园"。

麟庆，字伯余，号见亭，嘉庆朝进士，姓完颜氏。完颜氏为满洲官宦世家，簪笏相承，隶满洲镶黄旗。其先世以金世宗之后裔，早在清朝入关前就已有显仕者。顺治中，完颜阿什坦任学士，以理学闻名，被康熙皇帝称为清朝大儒，即麟庆之曾祖。乾隆时麟庆的叔高祖完颜伟官河道总督。至麟庆，仍以河督有名。道光年间，麟庆官江南河道总督十年。父庭镜官至泰安知府，母恽珠乃清初常州画派代表人物恽格之后，阳湖才女。麟庆之向文，多得其母的濡染。故而，麟庆性喜山水，称"最大海水，最好家山。持节防堵，著屐游观。抚三尺剑以寄志，披一品衣而息肩"[1]。麟庆曾周游大江南北，欲"探二水三山之名胜，搜六朝五季之遗闻"[2]。而麟庆之知名，尤以半亩园而跻身文雅之域。

---

①完颜麟庆.鸿雪因缘图记：第三集.汪春泉，等绘.杭州：浙江人民美术出版社，2011：685.
②汪士铎.鸿雪因缘图记序//续修四库全书：第1531册，上海：上海古籍出版社，2002：664.

震钧在《天咫偶闻》中记载：

完颜氏半亩园，在弓弦胡同内牛排子胡同。国初为李笠翁所创，贾胶侯中丞居之。后改为会馆，又改为戏园。道光初，麟见亭河帅得之，大为改葺，其名遂著。纯以结构曲折，铺陈古雅见长。富丽而有书卷气，故不易得。

园中大池盈亩，池中水亭矗立，往来双桥通之，又有楼、廊、榭、轩、馆、室诸景点染。尤为典雅者，为"每处专陈一物"以彰显其文质古朴之味。

每处专陈一物，如永保尊彝之室专弃鼎彝；琅环妙境专藏书；退思斋专收古琴；拜石轩专陈怪石，供大理石屏，有极精者。端砚、印章累累，甚至楹联亦磨石为之。佛寮所供亦唐铜魏石。正室为云荫堂，中设流云槎，为康对山物，乃木根天然，卧榻宽长皆及丈，俨然一朵紫云垂地。左方有赵寒山草篆"流云"二字，思翁、眉公皆有题字。此物本在康山，阮文达以赠见亭先生者，信鸿宝也。云荫堂南，大池盈亩，池中水亭，双桥通之，是名流波华馆。又有近光楼、曝画廊、先月榭、知止轩、水木清华之馆、伽蓝瓶室诸名。先生故，已近六十年。完颜氏门庭日盛，此园亦堂构日新。①

麟庆生平涉历之事，喜为记，且记必有图，故留有《鸿雪因缘图记》，又有《黄运河口古今图说》《河工器具图说》《凝香室集》等，并留下《鸿雪因缘图记》，以图文记述其身世与游历，为别具一格之年谱。是图记由麟庆亲自撰文，幕僚汪春泉和画家陈朗斋作画。麟庆之后继任园主为其长子崇实。崇实系道光朝进士，由翰林渐跻卿贰，历官驻藏大臣、成都将军、刑部尚书等职，光绪时出任盛京将军等职，工书法，以

---

①震钧.天咫偶闻：卷3.北京：北京古籍出版社，1982：63~64.

为官勤慎恪恭，死后谥文勤。

半亩园在今日虽仅存遗迹，但是，其园中无处不体现着主人追逐诗情画意的"书卷气"的风格，传递出的信息是，完颜氏这一簪笏相承的满洲大族已经完全融入到中原的传统文化中。

而在震钧所辑的八旗诗文集中，以"园"命名者不乏其人，诸如《在园杂志》（刘廷玑）、《韫园遗诗》（高其位）、《竹园诗集》（张廷弼）、《宜园集》《溯源堂集》（赛音布）、《兆园集》（贵昌）、《野园诗集》（介福）、《西园集》（罗泰）、《行园集》（柏格）、《坦园初稿》《二稿》《焚馀草》（富森泰）、《瞻园诗钞》（托庸）、《适园诗录》（阿林保）、《怡园诗草》（盛元）、《西园诗钞》（兆佳氏）。可以想象，"园"与"园居"在时人生活中的重要程度，在文化认同上已不分满汉。

四、"园痴"与园林之胜

清人钱泳曾讲到三类酷爱园林的"园痴"。第一类为"乌有园者"。曰："吴石林癖好园亭，而家奇贫，未能构筑，因撰《无是园记》，有《桃花源记》、《小园赋》风格。江片石题其后云：'万想何难幻作真，区区邱壑岂堪论。那知心亦为形役，怜尔饥躯画饼人。'"钱泳把吴石林这样的身为贫寒士子无力构园却又对构园如痴如狂者，称作"画饼充饥之人"。第二类为"园亭必自用者"。曰："有友人购一园，经营构造，日夜不遑。余忽发议论曰：'园亭不必自造，凡人之园亭，有一花一石者，吾来啸歌其中，即吾之园亭矣，不亦便哉！'友人曰：'不然，譬如积赀巨万，买妾数人，吾自用之，岂可与他人同乐耶！'"①这一种人不仅自己必须有自家园林，而且对园林的营造也达到一种疯狂的程度。第三类为"徒拥园亭却未曾一至者"。如江南嘉善县有二十五峰园，"本海昌查氏旧园，有春风第一轩、八方亭、清梦轩、平远楼诸胜，园多湖石，洞壑玲珑。今归苏州汪厚斋氏，终年关锁，命仆守之。三十年来，园主人未尝一至也"②。似这种园主终生未得踏足其园，徒有园主之名的情况并非个别，一些为官京城、出任封疆的官僚往往乐于乡里构置园林。如顺治初年，官居内弘文院大学士的陈之遴于苏州购拙政园，但"陈宦于京十载未归，图绘咏歌，目未睹园中一树一石"③。无独有偶，毕沅也是如此。毕沅为江苏镇洋人，屡任疆臣，但他仍于家乡苏州构置了灵岩山馆，结果终其卒于总督任上，亦未曾踏足一步。所谓"先生自镇抚陕西、河南、山东，总制两广，计二十余年，平泉草木，终未一见。余前游诗云：'灵岩亭馆出烟霞，占尽中吴景物嘉。闻说主人不曾到，邱山华屋可胜嗟！'盖记其实也"④。

此外，还有痴迷于为人造园者。造园名家李渔说过："即使赤贫之家，卓锥无地，欲艺时花而不能者，亦当乞诸名园，购之担上，即使日费几文钱，不过少饮一杯酒，既悦妇人之心，复娱男子之目，便宜不亦多乎！"⑤乾隆时人赵翼亦曰："古来构园林者，多垒石为嵌空险峭之势。自崇祯时有张南垣，创意为假山，以营邱、北苑、大痴、黄鹤画法为

---

①钱泳.履园丛话：卷20.北京：中华书局，1979：546.

②同①544.

③徐珂.清稗类钞：第1册.北京：中华书局，1984：203.

④梁章钜.浪迹续谈：卷1//梁章钜.浪迹丛谈续谈三谈.北京：中华书局，1981：230.

⑤李渔.闲情偶寄.北京：人民文学出版社，2013：55.

之，峰壑湍濑，曲折平远，巧夺化工。南垣死，其子然号陶庵者继之，今京师瀛台、玉泉、畅春苑皆其所布置也。杨惠之变画而为塑，此更变为平远山水，尤奇矣。"①

正因有如许之多的"园痴"，才出现了清朝城市园林发展的盛景。诸如，"扬州仕宦人家，无不有园者。郡人即以其姓名之，如张姓则呼张园，李姓则呼为李园"②。即使在北方的一些中小城市中，缙绅官宦之家也多争构园亭。如郑廉在《豫变纪略·自序二》中称河南中州"士大夫家居者，率为楼台、园囿、池沼，以相娱乐，近水则为河亭游舫"③。且有些文人官僚不但必欲构园，且不以一园为足。乾隆年间的状元、官至湖广总督的毕沅，即以一人之力先后构置三园，为乐园、灵岩山馆、水木明瑟园，皆为当时之名园。

构园虽说以江南为盛，京城作为文人士子的聚居之地，其构园与园居之风也堪表时代之风气，特别是那些寓居京城的高层官僚。

如康熙初年的三大京城名园，即怡园、万柳堂、寄园，其园主分别三位大学士王熙、冯溥、李霨。此外，尚书徐乾学于骡马市大街以南的神仙胡同构建了碧山堂。雍正年间，大学士陈元龙"邸在（外城）绳匠胡同北，有圣祖御书爱日堂额。西有园亭，通北半截胡同"④。"世宗朝，张文和公（张廷玉）在政府，十数年间，六赐帑金，每赐辄以万计。公恳辞，上谕云：'汝父清白传家，汝遵守家训，屏绝馈遗，朕不

---

①赵翼. 檐曝杂记：卷5. 北京：中华书局，1982：82.

②梁章钜. 归田琐记：卷1. 北京：中华书局，1981：3.

③郑廉. 自序二//豫变纪略. 杭州：浙江古籍出版社，1984：7.

④吴长元. 宸垣识略：卷10. 北京：北京古籍出版社，1981：205.

忍令汝以家事萦心也.'公归,以'赐金'名其园。"①"(乾隆朝)傅忠勇公(恒)第,在二条胡同,当时园亭落成,高宗曾临幸之,赐名春和园。忠勇初建此园,其正听事用楠木,高大逾制。及闻将临幸,亟易以它材,其原材遂别修一寺。今其后人尚居此。"②军机大臣汪由敦,府邸在东四北十三巷,后改称汪家胡同。宅在路北,园在路南。在平则门二条胡同,有大学士刘纶的府第,刘纶任军机大臣时,"在枢廷园居,与于文襄公(于敏中)同院,喧寂悬殊"③。满洲大学士尹继善"第有绚春园,又名晚香"④。嘉道时期的官僚梁章钜说:"余三徙宅,而东偏俱有小园。"并有诗曰:"架石疏池并杂花,寻常书画客偏夸。居然吾亦吾庐爱,南北东园又一家。"⑤

可见,居住在京的高级官僚们,无论满人还是汉人都选择了造园与园居的居家方式,这其中有着他们个人的生活理念。对此,康熙朝文人朱彝尊有过这样的认识,他说:"古大臣秉国政,往往治园囿于都下,盖身任天下之重,则虑无不周,虑周则劳,劳则宜有以逸之缓其心,葆其力,以应事机之无穷。非仅资游览燕嬉之适而已。"⑥也即是说,园居可以让那些在官场中处于"紧张"状态的官僚们舒展心力。

除了达官们多有园居外,还有一些园主不见经传的园林,诸如冯园、查园、可园、曦园、祝家园等,数不胜收。震钧有曰:"城西花事,近来以冯园为盛。园在广宁门外小屯,春月之牡丹、芍药,秋季之鞠为

---

①陈康祺.郎潜纪闻:卷13//郎潜纪闻初笔二笔三笔.北京:中华书局,1984:277.

②震钧.天咫偶闻:卷3.北京:北京古籍出版社,1982:60.

③震钧.天咫偶闻:卷5.北京:北京古籍出版社,1982:122.

④戴璐.藤阴杂记:卷4.上海:上海古籍出版社,1985:52.

⑤梁章钜.浪迹续谈:卷11//梁章钜.浪迹丛谈续谈三谈.北京:中华书局,1981:216.

⑥朱彝尊.万柳堂记//于敏中,等.日下旧闻考:卷56.北京:北京古籍出版社,1985:913.

最。城中士夫联镳接轸。"① "崇文门外三条胡同有查氏园，施培叔朝干赁住时，频访。林木葱茜，池馆清幽。未几，以无妄被议，移寓城西，牵复。嗣是遂无京官居住，恐鞠为茂草久矣。"② "阜成门外可园，予于癸未年曾一往游，亭台花木，半已无存。惟古藤一株，真数百年物。此外秋水一潭，为斯园当日胜概，近则修葺为宸游临幸地矣。""肃邸曦园，有卧柳一株，百余年物也。有诗咏之：'太液池边人字柳，当年濯濯好风姿。分来枝派河间邸，可有三眠三起时？'"③ "安定门西有祝家园，关左祝御史别业也。春末，京朝官多休沐其地。梁蕉林《桂枝香》词首句云：'赏心乐事，祝家园里。'曼殊亦为诗云：'阶草衔虚槛，亭榴接断垣。酒阑携锦瑟，请唱祝家园。'"④

在京城，甚至连一些小吏也以造园为时尚，追求构园以居。诸如，"城南诸园，零落殆尽，竟无一存。惟小有余芳遗址，为一吏胥所得，改建全类人家住房式。荷池半亩，砌为正方。又造屋三间，支以苇棚，环以土坣，仿村茶社式为之，过客不禁动凭吊之慨矣"⑤。

当时，修造园林的费用往往要高于住宅建筑，造一座园林，少则需要花费白银千两，多则要耗费万金。明朝官僚文人谢肇淛曾说过，即使园中的假山一项，若请名家叠造，其所需材料及人工之费，也"非千金不可"⑥。进入清代，随着私家园林构筑的勃兴，造园之价必然有增无减。勾稽时人的笔记可知，江南仪征的朴园，曾被誉为"较吴阊之狮子林尤

---

① 震钧. 天咫偶闻：卷9. 北京：北京古籍出版社，1982：195.

② 戴璐. 藤阴杂记. 卷6. 上海：上海古籍出版社，1985：72.

③ 继昌. 行素斋杂记. 卷上. 上海：上海书店出版社，1984：6.

④ 戴璐. 藤阴杂记. 卷4. 上海：上海古籍出版社，1985：53.

⑤ 同①193.

⑥ 谢肇淛. 五杂组：卷3. 上海：上海书店出版社，2001：56.

有过之，实淮南第一名园也"。其营构所需，"费白金二十余万两，五年始成"①。再有，苏州的灵岩山馆，"营造之工，亭台之侈，凡四、五年而始竣，计购值及工费不下十万金"②。扬州的"尉氏之园，湖石亦最胜，闻移植时费二十余万金"③。所以，即便是殷实之家也往往要"拮据数年，粗成小筑"④。

由于构园所费甚巨，达官贵人之家也不能人尽有园。如道光年间官至两广、云贵总督，体仁阁大学士的阮元，当其弟子梁章钜向其询问"吾师府中之园如何"时，阮元笑答曰："我本无买园之力。……若我有园，则亦必被呼为阮园，是诚不可以已乎。"⑤阮元身历乾嘉道三朝，不仅地位显赫，且"身历乾、嘉文物鼎盛之时，主持风会数十年，海内学者奉为山斗焉"⑥，然却也自称无力买园，可见园林的构筑非相当之财力不可。而换一个角度，我们又不难得出这样一个结论，即清代园林的发展，从一定意义上反映出这一时期社会经济发展的状况。诚如礼亲王昭槤说："本朝轻薄徭税，休养生息百有余年，故海内殷富，素封之家，比户相望，实有胜于前代。京师如米贾祝氏，自明代起家，富逾王侯。其家屋宇至千余间，园亭瑰丽，人游十日，未竟其居。"⑦

在土地山林可以自由买卖的前提下，辟地构园成为文人官僚等社会上层创造生存空间环境的一种行为选择，它完全是个人意志与喜好

①钱泳．履园丛话：卷20．北京：中华书局，1979：534．

②梁章钜．浪迹续谈：卷1//梁章钜．浪迹丛谈谈续谈三谈．北京：中华书局，1981：219．

③欧阳兆熊，金安清．水窗春呓：卷下．谢兴尧，点校．北京：中华书局，1984：72．

④同治苏州府志：卷46//中国地方志集成．江苏府县志辑：第8册．南京：江苏古籍出版社，1991：368．

⑤梁章钜．归田琐记：卷1．北京：中华书局，1981：3-4．

⑥赵尔巽，等．清史稿：卷364．北京：中华书局，1977：11424．

⑦昭槤．啸亭续录：卷2//啸亭杂录．北京：中华书局，1980：434．

的反映。从整体上看，私有园林以一种无序状态消长于城市空间，但就个别而言，园林同土地房屋一样，反映出私有财产在各种政治因素的影响下所出现的频繁转移与有序流动。它在一定程度上也表现出在清代商品经济迅速发展、社会生活趋于繁荣的背景下，社会上层依据新的经济实力和社会地位进行财产再分配的一个侧面。而园林作为私有财产，其构建是以经济实力为基础的，园林的大小与精美程度则取决于园主的社会地位与财富，这也是构园者只有那些官僚、士绅、商人的原因所在。

但是，值得注意的是，尽管清代园林的发展总体上进入了我国历史上的极盛时期，具体到每个园林而言，却极少有历经百年以上而经久不衰的名园。进入清朝后期，且不说明朝的古园，即使是清初的许多名园，也大多"已如阿房、金谷，不可复问"[1]。

园林的荒颓倾圮，固然有其自然损坏的部分，但在这里我们所关注的是其非自然的因素。即园林的兴衰不但与园主本身的政治生涯有着直接的关系，更与国势的盛衰紧密相连。清初文人叶梦珠说："昔人谓苑囿之废兴，洛阳盛衰之候也。"[2]即从一定意义上说明了园林与政治的关系。对此，震钧更是举出了实际的例证，他说：至清末"世家自减俸已来，日见贫窘，多至售屋。能依旧宇者，极少。以余所见，如续顺公沈氏、靖海侯施氏，皆数易其居，赁屋以处。至今未易者，惟佟府福文襄后人，果毅公后人，张靖逆后人尚是旧第耳。佟府有野园，介受兹先生

————————
①震钧. 天咫偶闻. 卷7. 北京：北京古籍出版社，1982：159.
②叶梦珠. 阅世编：卷10. 上海：上海古籍出版社，1981：208.

（福）自号野园，即此，至今尚在"①。

园林既是一种凝聚人文之美的物化文明，也是社会政治经济发展到一定历史阶段的产物，故园林的兴衰在直接折射出这一历史时期的社会生活片段的同时，也从另一角度说明了当时社会生产力发展的水平。有清一代自康乾进入盛世，至乾嘉由盛转衰的发展脉络，由园林的兴衰即可略见一二。

五、园林的人格化、立言与寄情

明清时期私家园林的发展，使时人的家居生活呈现出个性化和人格化。在我国传统社会，以四合院为代表的筑房手法，曾规范着社会上各个不同的阶级和阶层，其严格遵循的中轴对称、前堂后寝等儒家礼法已被模式化。但私家园林却能表现出园居者的个性品格。由于个人思想和旨趣的不同，文化层次与文化追求必然有别。清朝构园名家李渔认为，"创造园亭，因地制宜，不拘成见，一榱一桷，必令出自己裁，使经其地、入其室者，如读湖上笠翁之书，虽乏高才，颇饶别致，岂非圣明之世，文物之邦，一点缀太平之具哉？"②特别是当士大夫在追求一种精神境界中构筑自己的生存环境时，其在叠山理水、凿池垒石的过程中，便自然地融入了个性化的思想。从这一意义上说，园林中所布设的山石、花木、亭阁、廊榭、流水以及额匾和楹联，即是主人人格化的作品。

---

①震钧. 天咫偶闻：卷3. 北京：北京古籍出版社，1982：60.
②李渔. 闲情偶寄. 北京：人民文学出版社，2013：122.

如明朝嘉靖万历年间的冉驸马宜园，"在石大人胡同，其堂三楹，阶墀朗朗，老树森立，堂后有台，而堂与树，交蔽其望。台前有池，仰泉于树杪堂溜也，积潦则水津津，晴定则土。客来，高会张乐，竟日卜夜去"。虽有堂有台，有水有树，又有"高会张乐，竟日卜夜去"之客人，但是是园的独特在于它的可称为"万年聚"的石山，所谓"入垣一方，假山一座满之，如器承餐，如巾纱中所影顶髻。山前一石，数百万碎石结成也。风所结，賨为石；卤所结，礌为石；波所结，浮为石；火所结，灰为石；石复凝石，其劫代先后，思之杳杳。园创自正德中咸宁侯仇鸾，后归成国公朱，今庚归冉。石有名曰'万年聚'，不知何主人时所命名也"①。"石"的坚韧、坚硬品格与"万年聚"是园主表达的无声语言。

明万历年间的惠安伯园则以花取胜。惠安伯张昇性喜牡丹，牡丹的富贵寓意表达了主人的意愿。是园建在嘉兴观西二里，其堂室一大宅的后面植牡丹数百亩，每当牡丹花开之日，主人乘一小竹轿子在花中穿行，竟日乃遍。其时，京城牡丹花开时，人无不往观惠安园者。刘侗、于奕正在《帝京景物略》中说："余时荡然藁畦耳。花之候，晖晖如，目不可极，步不胜也。客多乘竹兜，周行塍间，递而览观，日移晡乃竟。蜂蝶群亦乱相失，有迷归迳，暮宿花中者。花名品杂族，有标识之，而色蕊数变。间着芍药一分，以后先之。"②是书作于崇祯年间，说明至明末，惠安伯园的牡丹仍在盛开。据孙承泽的《天府广记》记载：明朝公安学派代表人物"袁宏道游牡丹园记：⋯⋯主人自

①刘侗，于奕正. 帝京景物略：卷2. 北京：北京古籍出版社，1980：56.
②刘侗，于奕正. 帝京景物略：卷5. 北京：北京古籍出版社，1980：199.

言，经营四十余年，精神筋力强半疲于此花，每见人间花实，即採而归之"①。

相比牡丹，古人更爱莲花，莲花象征高洁的品格，多是构园者在凿池后的必选之花。清代还有人在园林中盆养莲花。如赵吉士最初看到的寄园，园主"艾司寇（刑部尚书艾元徵——引者注）方宴客寄园中，盛夏新凿一池"，须来年方能植荷，而艾司寇竟以盆养荷花，置入池中，"则绛云千朵，清香摇曳"②。莲花被宋代理学家周敦颐赞为君子之花，对莲的钟爱，正是其对莲之出于污泥而不染的品格之爱。因此，莲花几乎成为园林水榭中不可或缺的一类水木花草。所谓"西苑。初入苑门，即临太液池，蒲苇盈水际，如剑戟丛立，芰荷翠洁，清目可爱。循池东岸北行，榆柳杏桃，草色铺岸如茵，花香袭人。行百步许，至椒园，松桧苍翠，果树分罗，中有圆殿，金碧掩映，四面豁敞，曰崇智。南有小池，金鱼作阵，游戏其中。西有小亭临水，芳木匝之，曰'玩芳'"③。

即便是在翰林诸臣共居的澄怀园内，也可看到居者的不同玩赏与志向。翰林们往往"各就园中寓庐，移花种竹，叠石疏泉，随意自命所居，题之户册，以志雪泥鸿爪，亦佳话也"。如"食笋斋"为黄钺手辟，"乐泉西舫"则程恩泽所题，"乐泉"盖张泰开所凿，张芾自营一室曰"凿翠山房"，戴熙旧庐名曰"矩室"。④

对园林的热衷往往被视为汉人的附庸风雅，因此京城的园林所处之地也以外城居多。但是，随着满人对汉人文化的深度认同，满人中追逐

---

①孙承泽．春明梦余录．北京：北京古籍出版社，1992：1266．

②赵吉士．寄园寄所寄：卷1．合肥：黄山书社，2008：54．

③赵吉士．寄园寄所寄：卷3．合肥：黄山书社，2008：130．

④陈康祺．郎潜纪闻：卷11//郎潜纪闻初笔二笔三笔．北京：中华书局，1984：245．

践行人与自然的交流

园居者也大有人在。据康熙年间文人官僚王士禛记载，有"色侍卫者，满洲人，少曾驻防东粤，性嗜花卉，凡南方草木异种皆致以归。老而退闲，深谙栽植之法。所居精舍数椽，佛桑、末丽、建兰之属，环绕其中，更不凋谢。又多取蝶蛋养之衾中，每冬月梅花盛开，辄下帘放蝶。千百为群，飞舞花间，忘风雪之寒沍。客至则瀹茗治具，极欢，亦一高士也"①。可见，色侍卫的园林以花草与引蝶为其风格。

此外，康熙年间官刑部尚书的满人介山亦喜园居，但园林风格属意于楼台亭阁的书卷气息。"介（山）少宗伯师第在灯市口，有野园。汪文端（汪由敦）《题野园》诗："数竿修竹静生香，犹记开轩六月凉。多少楼台图画里，吟情不较野园长。庚辰晋谒，尚见池亭佳胜。师于壬午捐馆，遂不复至。"②与之风格相类的还有汉军旗人恩龄的述园，"恩楚湘先生（龄）宅阜城门内巡捕厅胡同"，"慕随园景物，归而绕屋筑园。有可青轩、绿澄堂、澄碧山庄、晚翠楼、玉华境、杏雨轩、红兰舫、云霞市、湘亭、耄画窗十景，总名述园。吟笺歌管，送日忘年，收藏亦最富，宋元名迹极多。元夕放镫于园，自撰《玉华观镫词》，命家姬习歌之"③。

可见，园林中的每一造物都是园林主人心中的寄语，而赋诗歌咏更可视为其内心深处的宣泄，甚或是立言的表达。也正因如此，几乎每一处名园都有文人相邀唱和的历史。

在清代，南方园林以享誉一时的扬州尤为时人乐往，所谓"扬州为

---

①王士禛．古夫于亭杂录//震钧．天咫偶闻：卷5．北京：北京古籍出版社，1982：128．不见今本《古夫于亭录》。

②戴璐．藤阴杂记：卷4．上海：上海古籍出版社，1985：53．

③震钧．天咫偶闻：卷5．北京：北京古籍出版社，1982：123．

南北之冲，四方贤士大夫无不至此。……有游迹数至而无专主之家，以虹桥为文酒聚会之地"[①]。当时的一些名士，如梅文鼎、袁枚、阎若璩、朱彝尊等都多次往来扬州、泛虹桥，一些官员也多在此搜访绩学能文之士，或集之著书，或与之歌咏赋诗。在北方，京城诸名园自然成为文人官僚的流连之所。除了澄怀园之外，在怡园、万柳园以及寄园等处都有他们的足迹与文墨。康熙年间的陈廷敬、毛奇龄、乔莱、陈维嵩、朱彝尊等都曾邀诗连句于万柳堂，查嗣瑮辑《公孙枚孙景曾庚辰招同年饮怡园》，以及乾隆年间蔡新的《澄怀八友图》等都是其中之佳作。

写诗作画是中国传统文化的必修课，但是诗文又不同于反映儒家经典学说的四书五经，诗文中可以相对自由地寄寓他们内心的感情，而园林本身亦诗亦画的环境也可使那些疲于官场、历经尘世之沧桑的人得到心理上的最大抚慰，是其所拥有的最惬意的自由空间。他们更愿意在园中表达自己的心志。寄园主人赵吉士说："予自少至壮，凡见闻新异，辄笔之于册。积之既久，分类成帙，用作座侧之玩。因京园以寄其所寄，故以'寄'名园。"[②]也就是说，在清代，几乎每一个有文人聚居或生活过的园林，都会留下诗赋咏颂的故事。

如顺治年间给事中张惟赤（字螺浮），有新园在枣林街。合肥尚书龚鼎孳过园，遂有诗云："柳市城闉百尺居，枣林街里一囊书。"螺浮有"十年霜雪老黄门"之句，一时名流争和。[③]逢年节佳日更是园林中邀集士人，赋诗连句之时。赵吉士记载："康熙甲戌（三十三年，即1694

---

①李斗. 扬州画舫录：卷10. 北京：中华书局，1960：241.

②赵吉士. 凡例//寄园寄所寄. 合肥：黄山书社，2008：1.

③戴璐. 藤阴杂记：卷8. 上海：上海古籍出版社，1985：98-99.

年）元旦，集寄园者海宁张昆诒、宁波胡鹿亭、金坛于樗乡、铁岭王宛先、代州冯敬南、乌程夏酉山、休宁汪紫沧与余联吟元旦诗，诗成质之隐者，隐者批曰：'诸公诗佳甚'。"①是年清明，赵吉士"偕门生子弟共十六人，步行出石安门，过目耕园踏青，赋春游六叠韵诗二十四首。时少长困惫，恒夫（赵吉士）兴酣，落笔愈唱愈高，同人敛手推服。见《林卧遥集》"②。可见，聚集寄园的大都为小京官之属。

此外，城南刺梅园、祖园等处也是这些小京官们休沐余暇的聚会场所，他们大都会携壶畅饮其间，觞咏间作。这往往就是士大夫最为惬意的时光。朱彝尊的《同何侍御元英钦松下》诗，就是作于刺梅园古松树下。诗中有"禁烟高柳遍龙潭，未得同游只自惭。小楂春风携最好，又骑骢马到城南"之句。又《刺梅园饯陆进》诗："刺梅园里青松树，笑我重来竟白头。"孙松坪致弥诗："好觅南邻朱检讨，典衣还醉刺梅园。"③

由于京城士大夫乐往，祖园同样是留有大量诗文的园林。但据戴璐考证，"今祖园名已莫考。环万泉荷花尚盛。园主屡易。王楼村式丹有《城南褚氏园亭宴集》诗：'祖'、'褚'、'祝'三字，都人音不分明。俟考。"但诗文尚在。康熙年间有王横云《夏日同人祖园宴集》，王士祯《过祖氏园亭》诗，陈廷敬《重游祖氏园》诗，宋荦《游祖园》诗等。严我斯《游祖氏园》诗曰："出郭不数里，名园傍水涯。芦花围野岸，杨柳几人家。小阁临池回，疏篱抱径斜。到来幽兴极，竟日许停车。"

---

① 赵古士. 寄园寄所寄：卷4. 合肥：黄山书社，2008：263.

② 戴璐. 藤阴杂记：卷11. 上海：上海古籍出版社，1985：132.

③ 戴璐. 藤阴杂记：卷10. 上海：上海古籍出版社，1985：118.

说明是园在城外，但不甚远。又有《祖园观荷至万泉寺》七古①，又说明是园有泉水与荷花竞美。

园中不仅可论诗作画，且可受业其中，这就使得一些名园也兼具书院的功能。选择弃官悠游，并将大半生都置于园林中的袁枚曾说道，他的随园就有授业的功能，所谓"青阳秀才陈蔚，字豹章，能文、爱客，受业随园"②。同样，在园林中成长的士大夫也会在园林中发布其人生的理想与志向，即所谓"立言"也。

例如，满人宜壑的且园中留下的《日下联吟集》中就有"立言"之感慨。

同治初，京师士夫结探骊吟社。扶大雅之轮，遵正始之轨，倡而和者，一时称盛。伯敦乃择其尤者刻之，名《日下联吟集》，今录其序云：太上立德、立功，其次立言。吾侪不得志，不能献可替否，致君泽民。不得已发为歌诗，虽不足以当立言之事，然亦未必非立言之一端也。或陶写性情，以抒抑郁；或有所寄托，以备采风。要之不失风人之旨，即可当立言之事。③

且园，建在东城帅府园胡同，为"宜伯敦茂才所构。有小楼二楹，可望西山。花畦竹径，别饶逸趣。伯敦名壑，满洲人。生有俊才，寄怀山水。性复好事，风雅丛中，时出奇致"④。然且园园主虽为满人，但其对汉文化不仅十分喜好且深度认同。而对于包括满人在内的中国士大夫而言，修身齐家治国平天下是儒家赋予每个人为之奋斗的目标，而立言是其实现自身价值的一部分。

---

①戴璐．藤阴杂记：卷11．上海：上海古籍出版社，1985：120．

②袁枚．随园诗话：卷2．王英志，校点．南京，江苏古籍出版社，2006：32．

③震钧．天咫偶闻：卷3．北京：北京古籍出版社，1982：56-57．

④同③56．

在清代，以园会友已在士大夫中形成风气。园林，特别是一些名园往往是士人官僚们论诗抒怀的寄情之地，也是文人官僚政治生活以外的不可缺少的文化生活空间。园林中的一山一石，都激发了文人们吟诗作画的灵感，我国古代文学艺术的精髓也正是在这一吟一诵一题一咏中得以积累起来，这从梁章钜所编著的《楹联三话》大都取材于园林之中即可得到证实。而园林被视为中国封建文学和艺术的集萃之地，应为当之无愧。

六、"归田"：与大自然的交流

我国传统园林艺术，秉承了崇尚自然、效法自然的理念，融入古代文人寄情于山水之间的浪漫情怀，是一种独特的人工造园设计理念和方法。在几亩的私家园林中浓缩大千景象，尽把秀丽山川、江河湖海纳入方寸之地。而园中错落有致的亭台楼阁，水榭池塘，也是为了满足主人的旨趣与追求。"一花一世界，一叶一如来。""春有百花秋有月，夏有凉风冬有雪。"同时，这也是古人淡泊名利，清心寡欲，物我两忘，柔弱守中的意境写照。欲在无争、无为、无欲中修身养性，清净如空，追逐的是回归自然的享受，实现人与自然的交流。

清朝文学家张潮在其《幽梦影》中有这样的说法："艺花可以邀蝶，垒石可以邀云，栽松可以邀风，贮水可以邀萍，筑台可以邀月，种蕉可以邀雨，植柳可以邀蝉。"[①]于此，张潮将人造园林的自然之美作了最为

---

① 张潮. 幽梦影：卷上. 海口：三环出版社，1991：9.

形象的描述，即小池浮萍、高台明月、芭蕉晚雨、柳树蝉鸣、松林风声的自然景致以及艺花赏蝶、垒石观山、凿池戏水、筑台览月。他把这一过程中人的行为看做是回归自然的行为，人与自然于园居中达到了统一。而在实际中，北京的名园，大都体现出上述原则，在叠山理水、凿池垒石上表现出一种合乎自然的景观组合。在以适应自然为原则的过程中，将园林的布局以朴实、自然、含蓄、淡雅的格调表现出来，它成为士人官僚们普遍追求的一种境界。园中山石、花木、涧泉、楼台，浑然天成，幽邃、古朴而富于山野的自然气息。士人官僚一旦置身于园林中，便会有回归自然的感受。所以，园居对于高层官僚来说是一个放松心境的场所，而对于大多数官僚而言，就是一种远离世俗纷争、寻求世外桃源的宁静的一种选择，也是诸多官僚归田的场所。

在明末，有侍郎王心一构园苏州，即将其园名为"归田园"。进入清代，园林仍为那些退隐官场的士子们所首选。如以诗文誉满天下的袁枚，虽有进士出身，有庶吉士的名号，二十五岁便出任知县，但他在而立之年未几便选择了"归田"。所谓"越十年，乃致仕，筑随园于石头城下，拥书万卷，种竹浇花，享清福者四十余年。著作如山，名闻四裔，年八十二而卒"①。袁枚致仕之年不过三十五岁，而后即以其大半生伴于园林之中，表明了他与常人不同的情趣与志向。且袁枚并非仕途不畅，其为知县时，两江总督尹继善"知枚才，枚亦遇事尽其能"。"枚不以吏能自喜，既而引疾家居。再起发陕西，丁父忧归，遂牒请养母。卜筑江宁小仓山，号随园，崇饰池馆，自是优游其中者五十年，时出游佳

---

① 钱泳. 履园丛话. 卷6. 北京：中华书局，1979：145.

山水，终不复仕，尽其才以为文辞诗歌，名流造请无虚日，诙谐谑荡，人人意满。"①可以说，袁枚在园林的山野风光中，完全领略到人间的快乐，寻求到了自己认同的生活价值。

像袁枚这样在弃官后选择栖居园林以求世外桃源之乐的官僚并不多见，但喜欢园居生活中的自然与宁静者却不乏其人。即使是一些在官场上颇为自得之人，他们也乐于在晚年归老园林，毕沅即为其一。钱泳说："毕秋帆尚书为陕西巡抚时，尝买得宋朱伯原乐圃旧地，引泉垒石，种竹栽花，拟为老年退息之所。"②

园林的宁静超俗吸引着士人官僚践行归田的追求。康熙年间内阁学士沈函于李园赋诗云：

> 大隐金门侣，名园休沐宜。
>
> 辋川摩诘画，杜曲牧之诗。
>
> 帘亚文禽入，花阴碧藓滋。
>
> 家传清献鹤，夜静独知诗。③

朱彝尊《王尚书招同人宴集丰台药圃》诗云：

> 上苑寻幽少，东山载酒行。
>
> 发函初病起，出郭始心清。
>
> 元老风流独，群贤少长并。
>
> 甘从布衣饮，真得古人情。④

乾嘉时文人钱泳在谈到寓居京城的澄怀园时，也有这样的感慨，他

---

① 赵尔巽，等．清史稿：卷485．北京：中华书局，1977：13383．
② 钱泳．履园丛话：卷20．北京：中华书局，1979：522．
③ 戴璐．藤阴杂记：卷7．上海：上海古籍出版社，1985：83-84．
④ 戴璐．藤阴杂记：卷11．上海：上海古籍出版社，1985：128．

说，园中"芳塘若镜，红藕如船，杰阁参差，绿槐夹道，真仙境也"，于内"读画评书，征歌度曲，殊不知有春明门外十丈红尘也"[1]。因赋七律有云：

> 楼前车马响如雷，人在青山紫禁隈。
>
> 百顷池台因地起，千年云木傍天开。
>
> 久钦二妙同民部，恰见双星列上台。
>
> 惟我清闲无一事，独随野鹤步苍苔。[2]

道光时官至大学士的阮元在其蝶梦园中有记云：

辛未、壬申间，余在京师赁屋于西城阜城门内之上冈。有通沟自北而南，至冈折而东。冈临沟上，门多古槐。屋后小园，不足十亩。而亭馆花木之胜，在城中为佳境矣。松、柏、桑、榆、槐、柳、棠、梨、桃、杏、枣、柰、丁香、荼蘼、藤萝之属，交柯接荫。玲峰石井，嵌崎其间。有一轩二亭一台，花晨月夕，不知门外有缁尘也。余旧藏董思翁自书诗扇，有"名园蝶梦，散绮看花"之句，常悬轩壁，雅与园合。辛未秋，有异蝶来园中，识者知为太常仙蝶。继而复见之于瓜尔佳氏园中，客有呼之入匣，奉归余园者。及至园启之，则空匣也。壬申春，蝶复见于余园，画者祝曰：苟近我，我当图之。蝶落其袖，审视良久，得其形色，乃从容鼓翅而去。园故无名也，于是始以思翁诗及蝶意名之。秋半，余奉使出都，是园又属他人。回忆芳丛，真如梦境矣。[3]

园林中的自然景致可以净化尘世的喧嚣，所以园居还是士人官僚们于自然中修身养性、陶冶情操、培养情趣的地域空间。孙承泽《题章氏

---

①钱泳．履园丛话：卷20．北京：中华书局，1979：519．

②同①．

③震钧．天咫偶闻：卷5．北京：北京古籍出版社，1982：103-104．

家园王进修同游》：

> 城市谁言无洞天？茂先宅内有琅环，回廊曲曲通幽径，邃阁深深贮暝烟。一抹冈峦高树外，数湾池沼小桥边，两翁策杖登临偏，都下明朝恐画传。[①]

但园居更能满足士人官僚们对世外桃源的精神生活的向往，是许多在官场中失意或涉险后选择隐退的官僚们的栖居之地。

例如，《天府广记》的作者孙承泽就是其一。孙承泽，字耳北，一作耳伯，号北海，又号退谷，一号退谷逸叟、退谷老人、退翁、退道人。原籍山东益都，实际久居北京。明崇祯进士，官给事中。入清，官至吏部左侍郎。富收藏，精鉴别书画，然坎坷仕途。退出官场的孙承泽，居住在宣武门外，建有孙公园，是园藏书丰富，建有"万卷楼"，万卷楼的对面，越过花木扶疏的庭院，有一大厅，即"研山堂"。后有孙公园胡同之称。清顺治十一年（1654年），他又在西山樱桃沟筑造别墅，修造"退翁亭"，自号退翁，自此不问政事，吟诗赏画，以文会友，开始了山林隐逸的文人学者生活。

康熙年间，寄园的主人赵吉士是在罢官后选择园居。戴璐记载："赵恒夫吉士谪官，居寄园。"[②]又说："赵恒夫吉士以给事勘河，与熊尚书一潇同罢。自寄园卜筑西岩，诗称浑河秋涨，不能北渡。来京则在芦沟桥西宅，有见一轩、来爽阁、蓼庄，恒偕吴古逸、毛香令对弈吹箫。附近万安禅院，时往止宿，罕山、延寿、澄果、龙广、圆通诸佛寺，俱有题壁留别诗。西山口赵蓼天有自怡园，恒夫题壁有'峰顶泉来天抱瓮，松根影过月移樽'句。牵复尚住西岩，姜西溟、朱竹垞、何屺瞻焯过访，

---

① 孙承泽. 天府广记：卷44. 北京：北京古籍出版社，1982：763.
② 戴璐. 藤阴杂记：卷11. 上海：上海古籍出版社，1985：132.

赠诗有'月岸一竿寻钓伴，烟汀半棹隐芦人'句。"①而他人为赵吉士撰写的《寄园十二月（并序）》更是直接表达了赵吉士的隐退心境。

> 寄园者，黄门赵公退食之园也，地非偏僻，境隔尘嚣，有台有亭，有桥有池，有山有林，有竹有石，裴晋公之绿野，李文饶之平泉，不是过也。四时之兴不穷，九州之客常集，看花、玩月、饮酒、赋诗、琴尊不辍，啸咏继之。知皇都京官之外，别有清凉闲旷之地。只觉蓬莱、方丈去人不远，而一时从游者，亦胥忘其为何处也。夫居山林之下者，不问功名之事，而处朝廷之上者，又少烟霞之趣。于是或仕或隐，各不相伴而兼之者为难。惟公以特达之姿，超时独立，退无长往之讥，进无沈溺之恋。故束发立朝，名动当世，而沉抑梧垣，悠游数载。门无荣戟，车少八骁，不几令邓禹笑人哉！人方共为公惜，而公淡如也。乃于园中莳花、叠石、编竹篱、引清泉，补前人所未备，日与宾客词人吟咏其中。②

与前者不同，乾隆年间的江苏阳湖人孙星衍选择了辞官不做，"引疾归"。孙星衍出身进士、翰林，乾嘉时期任刑部郎中、山东兖沂漕济道、按察使、布政使等职，饶有干才，官刑部时，"大学士阿桂、尚书胡季堂悉器重之"。且孙星衍博极群书，"深究经、史、文字、音训之学，旁及诸子百家"③。袁枚品其诗，赞为"天下奇才"，与其结为忘年之交。然在嘉庆十六年（1811年）孙星衍"引疾归"，"后不复出，买屋金陵，筑五松园，将为终老计"④。原来，官场险恶使孙星衍选择了归田。据记载，孙星衍以乾隆五十二年（1787年）一甲进士，授翰林院编修，充三

---

①戴璐. 藤阴杂记：卷12. 上海：上海古籍出版社，1985：143.

②赵吉士. 寄园寄所寄：卷4. 合肥：黄山书社，2008：265-266.

③赵尔巽，等. 清史稿：卷481. 北京：中华书局，1977：13224.

④钱泳. 履园丛话：卷6. 北京：中华书局，1979：159.

通馆校理，五十四年（1789年）散馆考试，在"厉志赋"一卷中，孙星衍使用了《史记》中的"絧絧如畏"，大学士和珅疑为别字，将其列为三等改部。"故事，一甲进士改部，或奏请留馆，又编修改官可得员外，前此吴文焕有成案。珅示意欲使（孙星衍）往见，星衍不肯屈节，曰：'主事终擢员外，何汲汲求人为？'自是编修改主事遂为成例。"[①]孙星衍不阿权贵的个性，促使他选择寻求世外桃源的生活环境来规避官场。

此外，晚清时震钧也记载了一位科场失意的旗人选择了园居的故事。园主为汉军旗人刘氏，居于内城西城的大丞相胡同的一亩园，震钧称其为"先师荣吉甫先生（棣）"。"刘氏居家无恒产，性耿介，不妄取予。尤工诗古文，以优行生屡试不中，第授经糊口。曾一入杨子和学使（霁）幕，一言不合，携一童子径归，视万里犹户庭。身后遗诗一卷，门人刊之。"也就是说，刘氏虽工古诗文，却屡屡于科场中败北，又因性格耿直为杨学政做幕僚时与之不和辞归，唯以讲学授经糊口，其在一亩园中的生活可想而知。其友人志刚曾为其诗文作序记其曰："吉甫荣先生为予同学友，……以太学优生屡试不售，益忿激。往往读太史公文辄慷慨悲壮，有不可一世之概。交游中，稍显达，即苛求不少贷。其为人与所为文辞，几如《阳阿》《薤露》，国中属而和者，盖寡矣。"[②]科场的不得志已致刘氏性情偏执。

与刘氏科场失意寄居一亩园不同的是，其友人志刚是因官场失意选择了园居。志刚是满洲镶蓝旗人，号（或字）克庵，曾任贵州石阡府知府，记名海关道道员。作为一个中级官僚，志刚在官书中没有传记，他

---

① 赵尔巽，等. 清史稿：卷481. 北京：中华书局，1977：13224.
② 震钧. 天咫偶闻：卷5. 北京：北京古籍出版社，1982：127.

一生最重要的一件事情就是在同治六年，担任清政府时期的中国首批派出的外交使臣之一。志刚以总理各国事务衙门章京的身份与孙家毂等走出国门，是为中国遣专使之始，回国后作《初使泰西记》（1872年）。①震钧说，志刚"沈潜理学，宗陆、王而不渐其流弊。以经济自期，初以部郎使西洋"，"时使事肇端，人不愿往，先生毅然请行"。但是，由于归国后志刚"卒以不肯事当道，竟不得大其用。遂出为库伦办事大臣，以风节著。未几，乞归。筑陶穴三间于昆明湖之北坞，屏家人独往居之。面对澄湖，荷花十顷，与田夫野老相过从。有往访者，欣然酬接，竟日不倦，或止宿焉。甲申以后，又弃此，北之昌平州之岣岣崖山寺中，遂卒"②。

可见，在世人的眼中，园林中的自然景致可以净化尘世中的一切。园居使士子感受到了归田从而摆脱世俗之后的超脱与轻松，他们追求的是安贫乐道，是归隐之后的心理宁静。以故，清人涨潮才有"胸藏丘壑，城市不异山林，兴寄烟霞，阎浮有如蓬岛"③的名句，即园林代表着毫无人世纷繁的仙境，是所谓蓬岛也，也即指隐士的心胸。

园居以"回归自然"为时尚，表现出士人官僚追求以自然为本的价值观念。在构园的过程中，时人最先强调的是与自然的和谐并顺乎自然。明代园林艺术家计成在其《园冶》一书中说：凡兴造，要"量其广狭，随曲合方"，"架屋随基"，"格式随宜"，"能妙于得体合宜，未可拘率。假如基地偏缺，邻嵌何必欲求其齐，其屋架何必拘三、五间，为

①张德彝. 欧美环游记. 长沙：湖南人民出版社，1981.
②震钧. 天咫偶闻：卷5. 北京：北京古籍出版社，1982：128.
③张潮. 幽梦影：卷下. 海口：三环出版社，1991：47.

进多少？半门一广，自然雅称"。又曰："如方如圆，似偏似曲，如长弯而环璧，似偏阔以铺云。高方欲就亭台，似凹可开池沼"[①]。其中，始终强调了因地制宜、随势赋形的园林建筑理念与建筑原则。清代园林，在构园手法及旨趣上仍是我国古代园林艺术包括山野园林艺术的延续，即以追求自然美为目标，将大自然的无限风光移入城市园林的咫尺空间中来。但任何物质的创造都伴有精神上的也即文化方面的思索。所以，当人们在创造叠山理水、凿池垒石的园林景观组合时，必然表现出主人的情趣与思想，从这一意义上可以说，园林即是主人人格化的自然作品。这种情况在南方的园林中十分普遍。

古代传统文化注重的是人与自然的和谐统一，追求的是人在自然中返璞归真的精神享受，以及充分感受自然与人的物我难分、从而达到合二而一的理想境界，最终形成一种淡泊、高远、幽雅而又古朴的文化风格。这种文化风格应该被视为古人的人文精神。

①计成. 园冶图说. 赵农，注释. 济南：山东画报出版社，2003：33，43，49，60.

参考文献

一、古籍史料

（光绪）清会典. 北京：中华书局，1991.

（光绪）清会典事例. 北京：中华书局，1991.

大清会典则例//景印文渊阁四库全书（第620~625册）. 台北："商务印书馆"，1986.

福州府志. 台北：成文出版社，1967.

明会典. 北京：中华书局，1988.

白居易集. 北京：中华书局，1979.

斌良. 抱冲斋诗集//续修四库全书：第1508册. 上海：上海古籍出版社，2002.

蔡世远. 二希堂文集//故宫珍本丛刊：第592册. 海口：海南出版社，2000.

陈继儒. 小窗幽记. 陈桥生，评注. 北京：中华书局，2008.

陈康祺. 郎潜纪闻初笔二笔三笔. 北京：中华书局，1984.

陈夔龙全集. 贵阳：贵州民族出版社，2013.

陈其元. 庸闲斋笔记. 北京：中华书局，1989.

陈廷敬. 午亭文编//景印文渊阁四库全书：第1316册. 台北："商务

印书馆", 1986.

陈维崧集. 上海：上海古籍出版社, 2010.

陈宗蕃. 燕都丛考. 北京：北京古籍出版社, 1991.

陈作霖. 可园文存//续修四库全书：第1569册. 上海：上海古籍出版社, 2002.

程颢, 程颐. 二程集·周易程氏传. 北京：中华书局, 1981.

崇彝. 道咸以来朝野杂记. 北京：北京古籍出版社, 1983.

戴璐. 藤阴杂记. 上海：上海古籍出版社, 1985.

戴震全书. 黄山书社, 1995.

杜佑. 通典. 北京：中华书局, 1988.

苏舆. 春秋繁露义证. 北京：中华书局, 1992.

鄂尔泰, 等. 词林典故. 沈阳：辽宁教育出版社, 2003.

鄂尔泰, 等. 国朝宫史. 北京：北京古籍出版社, 1987.

鄂尔泰, 等. 八旗通志初集. 长春：东北师范大学出版社, 1985.

鄂容安, 等. 鄂尔泰年谱. 北京：中华书局, 1993.

法式善. 陶庐杂录. 北京：中华书局, 1959.

樊增祥. 樊山续集//续修四库全书：第1574册. 上海：上海古籍出版社, 2002.

法式善诗文集. 北京：人民文学出版社, 2012.

方濬师. 蕉轩随录. 北京：中华书局, 1995.

富察敦崇. 燕京岁时记. 北京：北京古籍出版社, 1981.

高濂. 遵生八笺（重订全本）. 王大淳, 校点. 成都：巴蜀书社, 1992.

高士奇. 苑西集//四库未收书辑刊：第7辑，26册. 北京：北京出版社，1997.

高士奇. 金鳌退食笔记. 北京：北京古籍出版社，1980.

顾汧. 凤池园诗文集·诗集//四库未收书辑刊：第7辑，第26册. 北京：北京出版社，1997.

顾炎武. 京东考古录//昌平山水记·京东考古录. 北京：北京出版社，1962.

顾宗泰. 月满楼诗集//续修四库全书：第1459册. 上海：上海古籍出版社，2002.

国家档案局明清档案馆. 戊戌变法档案史料. 北京：中华书局，1958.

贺长龄，魏源. 清经世文编. 北京：中华书局，1992.

弘昼. 稽古斋全集//四库未收书辑刊：第9辑，第21册. 北京：北京出版社，1997.

胡思敬. 国闻备乘. 北京：中华书局，2007.

黄淳耀. 陶菴全集//景印文渊阁四库全书：第1297册. 台北："商务印书馆"，1986.

继昌. 行素斋杂记. 上海：上海书店出版社，1984.

纪晓岚文集. 石家庄：河北教育出版社，1991.

计成. 园冶图说. 赵农，注释. 济南：山东画报出版社，2003.

江少虞. 宋朝事实类苑. 上海：上海古籍出版社，1980.

蒋一葵. 长安客话. 北京：北京古籍出版社，1982.

蒋士铨. 忠雅堂集校笺. 邵海清，校. 李梦生，笺. 上海：上海古籍出版社，1993.

雷梦水. 北京风俗杂咏续编. 北京：北京古籍出版社，1987.

梁绍壬. 两般秋雨盦随笔. 上海：上海古籍出版社，1982.

梁章钜. 归田琐记. 北京：中华书局，1981.

梁章钜. 浪迹丛谈续谈三谈. 北京：中华书局，1981.

李斗. 扬州画舫录. 北京：中华书局，1960.

李昉. 太平御览. 北京：中华书局，1960.

李若虹. 朝市丛载. 北京：北京古籍出版社，1995.

李卫. 畿辅通志//景印文渊阁四库全书：第505册. 台北："商务印书馆"，1986.

李希圣. 庚子国变记. 上海：上海书店，1982.

黎清德. 朱子语类. 王星贤，点校. 北京：中华书局，1986.

黎翔凤. 管子集注. 梁运华，整理. 北京：中华书局，2004.

李元度. 国朝先正事略. 长沙：岳麓书社，2008.

李贽. 藏书. 北京：中华书局，1959.

李贽. 焚书·续焚书校释. 陈其仁，校释. 长沙：岳麓书社，2011.

李贽. 李贽文集. 张建业，整理. 北京：社会科学文献出版社，2000.

励宗万. 京城古迹考. 北京：北京古籍出版社，1981.

李渔. 闲情偶寄. 北京：人民文学出版社，2013.

刘侗，于奕正. 帝京景物略. 北京：北京古籍出版社，1980.

卢秉钧. 红杏山房闻见随笔//四库未收书辑刊，第9辑，第15册. 北京：北京出版社，1997.

陆以湉. 冷庐杂识. 北京：中华书局，1984.

孟元老，邓之诚. 东京梦华录注. 北京：中华书局，1982.

明神宗实录. 台北："中央研究院历史语言研究所"，1962.

缪荃孙. 艺风藏书记. 上海：上海古籍出版社，2007.

逆旅过客. 都市丛谈. 北京：北京古籍出版社，1995.

欧阳兆熊，金安清. 水窗春呓. 北京：中华书局，1984.

潘荣陛. 帝京岁时纪胜. 北京：北京古籍出版社，1981.

平步青. 霞外捃屑. 北京：中华书局，1959.

钱大昕. 潜研堂集. 上海：上海古籍出版社，1989.

钱泳. 履园丛话. 北京：中华书局，1979.

钱载. 箨石斋诗集//嘉兴文献丛刊：第5册. 上海：上海古籍出版
社，2011.

庆桂，等. 国朝宫史续编. 北京：北京古籍出版社，1987.

清朝通典. 上海：商务印书馆，1935.

清高宗御制文初集//故宫珍本丛刊：第569册. 海口：三环出版社，
2000.

清史列传. 北京：中华书局，1987.

清实录. 北京：中华书局，1987.

阮葵生. 茶余客话. 上海：上海古籍出版社，2012.

宋濂，等. 元史. 北京：中华书局，1976.

沈榜. 宛署杂记. 北京：北京古籍出版社，1980.

沈德符. 万历野获编. 上海：上海古籍出版社，2012.

沈德潜. 沈德潜诗文集. 潘务正，李言，校点. 北京：人民文学出版社，2011.

史玄. 旧京遗事. 北京：北京古籍出版社，1986.

宋荦. 西陂类稿//景印文渊阁四库全书：第1323册. 台北："商务印书馆"，1986.

孙承泽. 春明梦余录. 北京：北京古籍出版社，1992.

孙承泽. 天府广记. 北京：北京古籍出版社，1982.

孙殿起. 琉璃厂小志. 上海：上海书店出版社，2010.

孙星衍. 汉官六种. 北京：中华书局，1990.

孙诒让. 周礼正义. 王文锦，陈玉霞，点校. 北京：中华书局，1987.

汤用彬，等. 旧都文物略. 北京：书目文献出版社，1986.

汤右曾. 怀清堂集//景印文渊阁四库全书：第1325册. 台北："商务印书馆"，1986.

陶宗仪. 南村辍耕录. 北京：中华书局，1959.

童士恺. 庭园术. 北京：中华书局，1935.

脱脱，等. 金史. 北京：中华书局，1975.

脱脱，等. 辽史. 北京：中华书局，1974.

王弼，孔颖达. 周易正义. 北京：北京大学出版社，1999.

王鸿绪. 横云山人集//续修四库全书：第1416册. 上海：上海古籍出版社，2002.

汪启淑. 水曹清暇录. 北京：北京古籍出版社，1998.

王庆云. 石渠余纪. 北京：北京古籍出版社，1985.

王士禛. 池北偶谈. 北京：中华书局，1982.

王士禛. 古夫于亭杂录. 北京：中华书局，1988.

王士禛. 居易录炎//丛书集成初编：第2824册. 上海：商务印书馆，1936.

王士禛. 居易续谈//丛书集成初编：第2824册. 上海：商务印书馆，1936.

王士禛. 香祖笔记. 上海：上海古籍出版社，1981.

王士禛. 渔阳精华录集释. 李毓芙，等，整理. 上海：上海古籍出版社，1999.

王维. 王维诗集笺注. 杨文生，整理. 成都：四川人民出版社，2003.

汪学金. 娄东诗派//四库未收书辑刊：第30册. 北京：北京出版社，1997.

魏裔介. 兼济堂文集. 北京：中华书局，2007.

文廷式. 文廷式集. 汪叔子，编. 北京：中华书局，1993.

翁同龢. 翁同龢日记. 陈义杰，整理. 北京：中华书局，1997.

吴长元. 宸垣识略. 北京：北京古籍出版社，1981.

吴庆坻. 蕉廊脞录. 北京：中华书局，1990.

吴廷燮，等. 北京市志稿. 北京：燕山出版社，1997.

夏仁虎. 旧京琐记. 北京：北京古籍出版社，1986.

熊梦祥. 析津志辑佚. 北京图书馆善本组，辑. 北京：北京古籍出版社，1983.

徐萧. 小腆纪年附考. 北京：中华书局，1957.

徐珂. 清稗类钞. 北京：中华书局，1984.

徐梦莘. 三朝北盟汇编. 上海：上海古籍出版社，1987.

叶观国. 绿筠书屋诗钞//四库未收书辑刊：第10辑，第15册. 北京：北京出版社，1997.

叶隆礼. 契丹国志. 北京：中华书局，2014.

叶梦珠. 阅世编. 上海：上海古籍出版社，1981.

雍正朝汉文谕旨汇编. 桂林：广西师范大学出版社，1999.

于敏中，等. 日下旧闻考. 北京：北京古籍出版社，1985.

袁枚. 小仓山房文集. 南京：江苏古籍出版社，1993.

姚元之. 竹叶亭杂记. 北京：中华书局，1982.

查慎行集. 杭州：浙江古籍出版社，2014.

张潮. 幽梦影. 海口：三环出版社，1991.

张瀚. 松窗梦语. 北京：中华书局，1985.

张集馨. 道咸宦海见闻录. 北京：中华书局，1981.

张爵. 京师五城坊巷胡同集. 北京：北京古籍出版社，1982.

张廷玉，等. 明史. 北京：中华书局，1974.

张廷玉. 皇清文颖//故宫珍本丛刊：第646～650册. 海口：海南出版社，2000.

张学颜. 万历会计录. 万明，徐英凯，整理. 北京：中国社会科学出版社，2015.

张宗法. 三农纪校释. 邹介正，等，校释. 北京：农业出版社，1989.

赵尔巽，等. 清史稿. 北京：中华书局，1977.

昭梿. 啸亭杂录. 北京：中华书局，1980.

赵翼. 瓯北集. 上海：上海古籍出版社，1997.

赵翼. 檐曝杂记. 李解民，点校. 北京：中华书局，1982.

震钧. 天咫偶闻. 北京：北京古籍出版社，1982.

李翰章. 曾文正公全集. 长春：吉林人民出版社，1995.

郑玄，孔颖达. 尚书正义. 廖名春，陈明，整理. 北京：北京大学出版社，2000.

中国第一历史档案馆. 光绪朝上谕档. 桂林：广西师范大学出版社，1996.

中国第一历史档案馆. 康熙起居注. 北京：中华书局，1994.

周长发. 赐书堂诗钞//四库全书存目丛书（集部）：第274册. 济南：齐鲁书社，1997.

周广业笔记四种. 上海：上海古籍出版社，2013.

周家楣、缪荃孙，等. 光绪顺天府志. 北京：北京古籍出版社，1987.

朱熹. 四书章句集注. 北京：中华书局，1987.

朱一新. 京师坊巷志稿. 北京：北京古籍出版社，1982.

朱彝尊. 曝书亭全集. 长春：吉林文史出版社，2009.

朴趾源. 热河日记. 上海：上海书店出版社，1997.

林基中. 燕行录全集. 首尔：韩国东国大学校出版部，2001.

利玛窦，金尼阁. 利玛窦中国札记. 桂林：广西师范大学出版社，2001.

马可波罗. 马可波罗行纪. 冯承钧，译. 上海：上海书店出版社，

1999.

亨利·埃利斯. 阿美士德使团出使中国日志. 北京：商务印书馆，
2013.

斯当东. 英使谒见乾隆纪实. 北京：群言出版社，2014.

二、今人著作

北京文史资料研究会. 北京往事谈. 北京：北京出版社，1986.

旧京人物与风情. 北京：北京燕山出版社，1996.

冰心. 冰心精选集·冰心自传. 北京：北京燕山出版社，2005.

蔡丰明. 城市庙会：人性本质的释放与张扬. 学术月刊，2011（6）：
94-106.

邓云乡. 北京四合院. 北京：人民日报出版社，1990.

韩大成. 明代城市研究. 北京：中国人民大学出版社，1991.

韩光辉. 宋辽金元建制城市研究. 北京：北京大学出版社，2011.

韩星. 儒家人文精神. 西安：陕西人民出版社，2012.

侯仁之. 北京城的生命印记. 北京：三联书店，2009.

胡春焕，白鹤群. 北京的会馆. 北京：中国经济出版社，1994.

胡玉远. 春明叙旧. 北京：北京燕山出版社，1999.

蒋寅. 王渔洋事迹征略. 北京：人民文学出版社，2001.

金寄水，周沙尘. 王府生活实录. 北京：中国青年出版社，1988.

姜德明. 梦回北京：现代作家笔下的北京：1919—1949. 北京：三
联书店，2009.

李建平. 魅力北京中轴线. 北京：文化艺术出版社，2008.

李震. 人与上帝——中西无神主义探讨. 台北：辅仁大学出版社，1997.

林海音. 林海音文集. 南京：江苏文艺出版社，2011.

林语堂. 生活的艺术. 西安：陕西师范大学出版社，2003.

林语堂. 京华烟云（上）. 张振玉，译. 长春：东北师范大学出版社，1994.

林语堂. 吾国与吾民. 长春：陕西师范大学出版社，2002.

梁启超. 清代学术概论. 上海：上海古籍出版社，1998.

刘浦江. 金朝初叶的国都问题——从部族体制向帝制王朝转型中的特殊政治生态. 中国社会科学，2013（3）：161-179、207.

刘小萌. 清代北京旗人社会. 北京：中国社会科学出版社，2008.

鲁西奇. 中国古代历史的结构. 桂林：广西师范大学出版社，2014.

罗岗，倪文尖. 90年代思想文选. 南宁：广西人民出版社，2000.

穆鸿利. 大金国走向盛世的历史摇篮——金中都//朱明德，梅宁华. 蓟门集. 北京：燕山出版社，2005.

孙英刚. 神文时代. 上海：上海古籍出版社，2013.

魏泉. 士林交游与风气变迁——19世纪宣南的文人群体研究. 北京：北京大学出版社，2008.

翁立. 北京的胡同（增订本）. 北京：北京燕山出版社，1992.

邢义田，等. 台湾学者中国史研究论丛·城市与乡村. 北京：中国大百科全书出版社，2005.

徐复观．中国人文主义精神之阐扬．北京：中国广播电视出版社，1996．

俞孔坚．理想景观探源——风水的文化意义．北京：商务印书馆，1998．

余启昌．故都变迁记略．北京：北京燕山出版社，2000．

余英时．中国知识人之史的考察．桂林：广西师范大学出版社，2004．

张德昌．清季一个京官的生活．香港：香港中文大学，1970．

张恨水．啼笑因缘．北京：北京出版社，1981．

张驭寰．我国民间居住房屋之一瞥//中国古建筑学术讲座论文集．北京：中国展望出版社，1986：201-210．

赵洛．京城偶记．北京：北京出版社，2000．

赵正之．元大都平面规划复原的研究//科技史文集（2辑）：建筑史专辑．上海：上海科学技术出版社，1979．

赵志忠．北京的王府与文化．北京：北京燕山出版社，1998．

中国科学院考古研究所，北京市文物管理处元大都考古队．北京西绦胡同和后桃园的元代居住遗址．考古，1973（5）．

中国科学院考古研究所，北京市文物管理处元大都考古队．元大都的勘查和发掘．考古，1972（1）．

朱静．洋教士看中国朝廷．上海：上海人民出版社，1995．

亨利·皮雷纳．中世纪的城市．北京：商务印书馆，2006．

米歇尔·福柯．知识考古学．北京：三联书店，1998．

爱德华·格莱泽．城市的胜利：城市如何让我们变得更加富有、智慧、绿色、健康和幸福. 上海：上海社会科学出版社，2013.

本尼迪克特·安德森. 想象的共同体. 上海：上海人民出版社，2007.

理查德·桑内特. 肉体与石头：西方文明中的身体与城市. 上海：上海译文出版社，2006.

刘易斯·芒福德. 城市发展史：起源、演变和前景. 北京：中国建筑工业出版社，1989.

施坚雅. 中国封建社会晚期城市研究—施坚雅模式. 长春：吉林教育出版社，1991.

施坚雅. 中华帝国晚期的城市. 北京：中华书局，2000.

斯皮罗·科斯托夫. 城市的形成：历史进程中的城市模式和城市意义. 北京：中国建筑工业出版社，2005.

斯波义信. 中国都市史. 北京：北京大学出版社，2013.

奥斯伍尔德·喜仁龙. 北京的城墙和城门. 北京：北京燕山出版社，1985.

崔瑞德. 晚唐的商人、贸易和政府. 大亚细亚（新版），1968（1）：63-93.

D. F. Rennie. Peking and the pekingese during the first year of the british embassy at Peking: Volume 1. London: John Murray, 1865.

V. Turner. Dramas, fields, and metaphors: symbolic action in human society. London: Cornell University Press, 1975.

后　记

这本书的写作最初缘于中国人民大学人文北京研究中心的系列研究，随后申报北京市社科项目获得了批准。三年的时间，我们完成了这本小书。

如何在中国传统文化中寻找思想的发展及传承脉络，是我们在写作本书的过程中反复思考的问题。中国历史悠久绵延，文化博大厚重，对其人文思想与精神的发掘与弘扬是我们义不容辞的责任。写作中，我们紧紧围绕北京城市的空间场域，对北京城遗留下来乃至已经消逝的物质特性，给予了具有人文特点的关怀和诠释，把这些遗迹的自然性与人工雕琢叠加去重构一个空间的结构，进而把中国传统文化中的人与自然和谐的观念以及社会不同阶层在精神层面的文化追求贯穿于城市空间中。在关注传统学术研究中一般性的城市建筑、街道、商区、庙宇、园林等空间要素的同时，本书也关注了作为权力中心的宫城建筑以及城市中的市井环境，努力在僵硬的城市空间架构中填进了实实在在的人类活动气息，增加和凸显人文要素。尽管我们对中国文化的理解还很稚嫩，但我们愿意做一些努力与尝试。写作中我们还对重点遗迹遗存影像资料加以搜集和整理，使本书图文并茂，更具可读性。

此外，我们使用"人文"一词去表述在北京城发生的历史故事，只是要把"人文"概念作为一种思想资源。因此我们对"人文"话语的把握主要偏重于对中国传统文化在现实应用中的考察，重在对历史的叙事。虽然这是一部小书，但我们仍怀着对学术的敬畏之心，不敢草草落笔，并将写作建立在对有关北京城市发展的史料和已有研究成果研读的基础上，尽管我们仍有对自身能力与水准的担忧，但我们更抱有得到学术价值与大众品味双项认同的期待。

本书是我与两名博士生共同完成的。前言和第一、第六章由我执笔，第二、第五章由江晓成执笔，第三、第四章由张一弛执笔。本书的插图，大都由江晓成收录提供。编辑宋义平、盛杰为本书付出了辛勤的劳动，在此表示诚挚的感谢！并感谢所有为本项研究提供帮助的朋友。

刘凤云

2017年春书于北京颐源居

图书在版编目（CIP）数据

人文之蕴：北京城的空间记忆/刘凤云，江晓成，张一弛著. —北京：中国人民大学出版社，2017.10
（北京记忆丛书）
ISBN 978-7-300-24956-8

Ⅰ.①人… Ⅱ.①刘… ②江… ③张… Ⅲ.①城市文化-介绍-北京 Ⅳ.①G127.1

中国版本图书馆 CIP 数据核字（2017）第 221545 号

北京记忆丛书
人文之蕴：北京城的空间记忆
刘凤云　江晓成　张一弛　著
Renwen zhi Yun: Beijingcheng de Kongjian Jiyi

出版发行	中国人民大学出版社		
社　　址	北京中关村大街 31 号	邮政编码	100080
电　　话	010-62511242（总编室）	010-62511770（质管部）	
	010-82501766（邮购部）	010-62514148（门市部）	
	010-62515195（发行公司）	010-62515275（盗版举报）	
网　　址	http://www.crup.com.cn		
	http://www.ttrnet.com（人大教研网）		
经　　销	新华书店		
印　　刷	北京昌联印刷有限公司		
规　　格	170 mm×230 mm　16 开本	版　次	2018 年 1 月第 1 版
印　　张	20.25　插页 1	印　次	2019 年 4 月第 3 次印刷
字　　数	223 000	定　价	72.00 元